职业教育·城市轨道交通类专业教材

城市轨道交通客运服务

余 莉 潘 利 主 编
李 月 副主编
徐 伟 主 审

（第2版）

人民交通出版社

北京

内 容 提 要

本书为职业教育城市轨道交通类专业教材。其主要内容包括：城市轨道交通客运服务要求、城市轨道交通客运服务设施设备、城市轨道交通客运心理服务、城市轨道交通客运服务提供、城市轨道交通客运服务投诉处理、城市轨道交通客运服务质量监督。

本书针对城市轨道交通运营企业客运服务人员的岗位需求，全面系统地阐述了城市轨道交通车站客运服务工作的主要内容。同时，书中穿插了大量的知识链接和案例解析，并针对重要知识点配备了生动形象的动画或视频，以便于教学。本书可作为高等职业院校城市轨道交通运营管理专业学生的教材或教学参考书，也可作为城市轨道交通客运服务岗位培训用书或自学用书，还可供城市轨道交通客运服务从业人员学习、参考。

本书配有教学课件，任课教师可通过加入"职教轨道教学研讨群"获取（教师专用QQ群号：129327355）。

图书在版编目（CIP）数据

城市轨道交通客运服务／余莉，潘利主编．— 2 版．
北京：人民交通出版社股份有限公司，2024.9.
ISBN 978-7-114-19623-2

Ⅰ．U239.5

中国国家版本馆CIP数据核字第20243DL134号

职业教育·城市轨道交通类专业教材
Chengshi Guidao Jiaotong Keyun Fuwu

书　　名：	城市轨道交通客运服务（第2版）
著 作 者：	余　莉　潘　利
责任编辑：	司昌静
责任校对：	刘　芹
责任印制：	张　凯
出版发行：	人民交通出版社
地　　址：	（100011）北京市朝阳区安定门外外馆斜街3号
网　　址：	http://www.ccpcl.com.cn
销售电话：	(010)59757973
总 经 销：	人民交通出版社发行部
经　　销：	各地新华书店
印　　刷：	北京印匠彩色印刷有限公司
开　　本：	787×1092　1/16
印　　张：	15
字　　数：	346千
版　　次：	2017年8月　第1版 2024年9月　第2版
印　　次：	2024年9月　第1次印刷
书　　号：	ISBN 978-7-114-19623-2
定　　价：	49.00元

（有印刷、装订质量问题的图书，由本社负责调换）

前言

随着经济的发展和社会文明程度的提升,人们对服务的要求越来越高。城市轨道交通行业,是一个面向社会广大群体的服务行业,也是城市经济发展水平的体现,更是一个展示城市形象的窗口。因此,城市轨道交通服务人员需要掌握必备的客运服务知识,给乘客提供优质服务,提升企业和城市形象。

为了适应城市轨道交通服务发展的需求,本书在编写过程中,结合《城市轨道交通客运服务规范》(GB/T 22486—2022)、《城市轨道交通客运组织与服务管理办法》(交运规〔2019〕15号)、《城市轨道交通服务质量评价管理办法》(交运规〔2019〕3号)等,在参考以往优秀教材的基础上,组织了从教多年的优秀教师和城市轨道交通一线人员对大纲制定、任务编排、内容选择进行了探讨。

本书在编写过程中,强调以能力培养为本位,教学内容与职业需求相结合。依据城市轨道交通人才培养需求,科学合理地组织课程教学内容。

本书分为6个项目,包括城市轨道交通客运服务要求、城市轨道交通客运服务设施设备、城市轨道交通客运心理服务、城市轨道交通客运服务提供、城市轨道交通客运服务投诉处理、城市轨道交通客运服务质量监督。每个项目由若干任务组成,包括理论知识和实训任务,部分任务配有实训工单,实训工单中有详尽的实训安排和实训评分标准。本书的6个项目具有针对性和实用性,由易到难,使学生学有所用,最终掌握服务技能,提高城市轨道交通的服务质量。

本书由武汉铁路职业技术学院余莉、潘利担任主编,由武汉铁路职业技术学院李月担任副主编。具体编写分工如下:项目1、项目3、项目6由余莉编写,项目2由李月编写,项目4、项目5由潘利编写。全书由余莉统稿、定稿,由武汉光谷现代有轨电车运营有限公司客运中心徐伟担任主审。

本书在编写过程中,参考和引用了许多文献,借鉴了多家城市轨道交通运营管理公司的官方媒体(微博、微信公众号等)资料,在此表示衷心的感谢。同时,特别感谢武汉铁路职业技术学院2021届城市轨道交通运营管理专业优秀毕业生、深圳地铁员工李怡、王士豪出镜,为本书提供了大量精美的客运服务人员行为要求的示范图片。

由于编者水平有限,书中难免存在疏漏之处,敬请广大读者批评指正。

作 者

2024年5月

数字资源列表

序号	资源名称	资源类型	所在位置
1	服务用语要求	二维动画	10
2	站姿要求与禁忌	视频	13
3	坐姿要求与禁忌	视频	15
4	行姿要求与禁忌	视频	17
5	蹲姿要求与禁忌	视频	18
6	城市轨道交通企业文化建设	二维动画	24
7	客运服务标志标识介绍(导向标志)	二维动画	34
8	客运服务标志标识介绍(综合信息标志)	二维动画	42
9	微笑服务的要求	二维动画	100
10	安检服务基本流程	二维动画	115
11	地铁违禁物品介绍(枪支子弹、管制刀具类)	二维动画	116
12	TVM购票引导服务	视频	124
13	一卡通充值一次作业程序	视频	125
14	出售单程票一次作业程序	二维动画	125
15	闸机引导一次作业程序	视频	130
16	进闸时发现儿童超高事件	二维动画	132

续上表

序号	资源名称	资源类型	所在位置
17	乘客与两名儿童共用一张车票进站事件	三维动画	133
18	乘客携带超长物品进站的处理	视频	133
19	站台岗岗位职责	二维动画	136
20	站台候车"五部曲"	视频	136
21	车站口哨的使用规定	视频	136
22	心肺复苏一	视频	157
23	心肺复苏二	视频	157
24	乘客自动扶梯摔伤处理	二维动画	163
25	坠物伤亡事故	二维动画	164
26	缝隙踏空	二维动画	164
27	乘客强行上车	三维动画	164
28	乘客打架处理	二维动画	165
29	列车客运伤亡事故	二维动画	165
30	乘客被碎玻璃割伤事件	三维动画	166
31	乘客擦伤的处理	二维动画	166
32	遗失物品查找服务	二维动画	169
33	用语不当造成乘客误会事件	二维动画	176
34	乘客被扶梯夹伤事件	三维动画	177
35	乘客与工作人员冲突事件	三维动画	182
36	服务态度差顶撞乘客	二维动画	187

目 录

项目 1　城市轨道交通客运服务要求 …………………………………… 1

　任务 1.1　客运服务工作基础知识准备 ………………………………… 3
　任务 1.2　客运服务人员基本职业素质养成 …………………………… 8
　任务 1.3　客运服务环境建设 …………………………………………… 20

项目 2　城市轨道交通客运服务设施设备 ……………………………… 29

　任务 2.1　服务标志的使用 ……………………………………………… 31
　任务 2.2　通行设施的使用 ……………………………………………… 49
　任务 2.3　票务设施设备的使用 ………………………………………… 60
　任务 2.4　乘客信息系统及广播系统的使用 …………………………… 71
　任务 2.5　照明设施的使用 ……………………………………………… 76
　任务 2.6　列车、安全服务设施设备及其他设施设备的使用 ………… 80

项目 3　城市轨道交通客运心理服务 …………………………………… 85

　任务 3.1　城市轨道交通乘客心理分析 ………………………………… 87
　任务 3.2　车站客运服务人员心理分析 ………………………………… 97

项目 4　城市轨道交通客运服务提供 …………………………………… 111

　任务 4.1　进出站服务 …………………………………………………… 113

任务 4.2　售票服务 ·· 123
　　任务 4.3　检票服务 ·· 130
　　任务 4.4　候车服务 ·· 135
　　任务 4.5　行车服务 ·· 141
　　任务 4.6　信息服务 ·· 147
　　任务 4.7　安全应急服务 ·· 151

项目 5　城市轨道交通客运服务投诉处理 ·· 173
　　任务 5.1　投诉基本认知 ·· 175
　　任务 5.2　投诉处理要点、程序与技巧 ···································· 182

项目 6　城市轨道交通客运服务质量监督 ·· 191
　　任务 6.1　城市轨道交通服务质量标准 ···································· 193
　　任务 6.2　服务质量评价 ·· 196

参考文献 ·· 210

实训任务单 ··· 211
　　实训任务 1　客运服务工作基础知识准备 ······························· 213
　　实训任务 2　标准服务用语练习 ··· 214
　　实训任务 3　服务行为练习 ·· 215
　　实训任务 4　客运服务环境建设 ··· 217
　　实训任务 5　服务标志实训 ·· 219
　　实训任务 6　通行设施实训 ·· 221
　　实训任务 7　票务设施设备实训 ··· 222
　　实训任务 8　进出站服务实训 ·· 223
　　实训任务 9　售票服务实训 ·· 224
　　实训任务 10　检票服务实训 ·· 225
　　实训任务 11　候车服务实训 ·· 226
　　实训任务 12　行车服务实训 ·· 227
　　实训任务 13　客伤处理实训 ·· 228
　　实训任务 14　失物处理实训 ·· 229
　　实训任务 15　投诉处理实训 ·· 230
　　实训任务 16　乘客满意度评价实训 ······································· 231

项目 1

城市轨道交通客运服务要求

项目描述

本项目主要内容是熟悉城市轨道交通客运服务的基本要求,为从事客运服务工作做好准备,包括基础知识准备、客运服务人员素质准备和环境准备。

教学目标

知识目标

1. 熟悉客运服务的基本要求、基本内容、工作标准、工作步骤和工作原则。
2. 熟悉服务人员的基本道德、服务用语、服务态度和服务行为要求。
3. 了解城市轨道交通车站环境要求。

能力目标

能根据服务内容和服务对象,使用标准的服务用语,采用正确的服务行为。

素质目标

培养良好的服务态度,具备城市轨道交通职业道德,提升人文素养。

任务1.1　客运服务工作基础知识准备

服务是指服务提供者与顾客接触过程中所产生的一系列活动的过程及其结果,服务的结果通常是无形的。城市轨道交通客运服务是指为使用城市轨道交通出行的乘客提供的服务。乘客是指乘坐交通工具的顾客,不包括工作人员和服务人员。

《城市轨道交通客运服务规范》(GB/T 22486—2022)对城市轨道交通客运服务的一般要求有:

(1)应以乘客的视角为基准,衡量城市轨道交通客运服务质量。

(2)运营单位应有符合《城市轨道交通运营管理规范》(GB/T 30012—2013)要求的组织机构、规章制度和提供客运服务的能力。

(3)运营单位应以安全、准时、便捷、舒适、文明为目标,为乘客提供持续改进的服务。

(4)运营单位应为乘客提供符合服务规范的服务设施、候车环境和乘车环境。

(5)运营单位应为乘客提供规范、有效、及时的信息。在非正常运营状态下,应为乘客提供必要的指导信息。

(6)运营单位应以本文件及服务质量准则为基础,提出服务质量目标,包括确定提供的服务水平,进行服务质量承诺。服务质量和水平应通过服务质量评价进行衡量。服务质量的管理和评价应符合社会经济环境及其变化发展的要求和需求。

(7)运营单位应向残障等特殊乘客提供相应的服务。

(8)为乘客提供的公益或商业服务应不影响安全,并不降低服务质量。

一、客运服务的分类

按照不同的标准,客运服务可以分为不同的种类。

1.按服务时间和销售时间划分

按服务时间和销售时间可以将客运服务划分为售前服务、售中服务和售后服务。售前服务是指服务时间早于销售时间的服务。售中服务是指服务时间与销售时间同步的服务。售后服务是指服务时间晚于销售时间的服务。

城市轨道交通客运服务既有售前服务,又有售中服务和售后服务。售前服务是指乘客购票之前接受的服务,主要包括乘客到达车站后的问询服务、自助查询服务、导向服务等。售中服务是指乘客在购票过程中享受的服务,主要包括乘客的购票服务、找零服务、兑换服务和问询服务等。售后服务是指乘客购票进入车站付费区后的全部服务,它占有的比重最大,主要包括检票服务、列车服务、站台服务等,一旦在这类服务中出现疏忽,将会给运营企业带来很多的不良影响。

2.按照提供服务的主体划分

按照提供服务的主体可以将客运服务划分为自助服务和人工服务。自助服务主要是通过自助设施设备向乘客提供所需要的服务,如自动售票机提供的售票、充值和查询服务。在这类服务中,服务人员必须保证设施设备的干净、整洁和可操作。人工服务主要是依靠服务人员与乘客的交流、询问相关信息、利用相关设备提供乘客所需要的服务,如安检服务、人工售票服务、问询服务等,在这类服务中,服务人员的服务态度和工作效率起到至关重要的作用。

3. 按照是否需要和乘客直接接触划分

按照是否需要和乘客直接接触可以将客运服务划分为前台服务和后台服务。前台服务是指直接和乘客接触的服务,这类服务直接面向乘客,形成乘客对服务质量的感知,因此,前台服务是服务的核心。后台服务不直接面向乘客,而是为前台服务提供技术性和管理性工作,它是对前台服务的一种支持。

二、客运服务的基本要求

1. 站容整洁

车站内外应门窗齐全、明净。各种设备和设施摆放整齐、有序。站厅通道及出入口的墙壁光洁,地面无痰迹,房屋、厕所清洁卫生(图1-1)。

2. 有完善的导向标志

车站出入口应有站名标记,车站内应有到达出入口、检票口、站台、售票处和小商店等的指路标牌(图1-2)。此外,还应有指引乘客换乘其他轨道交通线路或地面公交线路的换乘导向示意图。

图 1-1　站容整洁

图 1-2　导向标志

3. 服务质量第一

客运服务人员应遵守职业道德,文明礼貌、主动热情地为乘客服务。耐心、正确地回答乘客提出的问题,帮助乘客解决疑难问题。经常征求乘客的意见,及时改进工作,提高车站客运服务质量。

4. 严格按规章办事

客运服务人员应严格执行作业规章制度,服从命令,听从指挥。履行职责时,客运服务人员要仪表整洁,按规定着装,并佩戴标志。

5. 掌握客流变化

车站客运部门要经常进行客流调查与分析,积累客流资料,掌握不同季节、不同时间和不同性质的客流变化规律。

6. 搞好联防协作

客运服务人员应随时与行车值班员、列车司机、公安人员等有关工作人员加强联系、密切配合、协调工作,确保列车正常运行与乘客的乘车安全。

三、客运服务的基本内容

客运服务可定义为具有无形特征的一种或一系列活动,通常发生在乘客同服务提供者及有形的资源、商品或系统相互作用的过程中,以便解决乘客的有关问题。城市轨道交通车站客运服务是为广大乘客提供安全、便利、舒适、快捷的乘车和候车环境。乘客从进入城市轨道交通车站开始就接受服务,一直到乘客在目的地下车出站,因此乘客乘坐城市轨道交通的过程就是车站服务的过程。一般来说,车站客运服务的基本内容包括以下几个方面。

1. 引导乘客进站

在城市轨道交通各出入口设立明显的导向标志,方便乘客识别并根据导向标志进站乘车(图1-3)。在城市轨道交通比较发达的城市,几乎每隔500m就有一个明显的导向标志,便于乘客选择各出入口进站。

2. 问询服务

车站的问询服务可分为有人式服务和无人式服务。车站的工作人员应向问询的乘客提供服务。随着时代的发展,车站的问询服务朝无人式服务方向发展,车站设置计算机查询平台,可为乘客提供出行线路、票价以及各类票卡的金额查询等功能。目前部分城市轨道交通车站已经上线智能设备(图1-4),满足乘客问询需求。

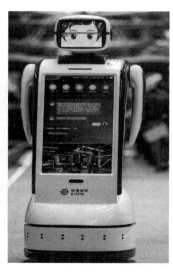

图1-3 进站导向标志　　图1-4 智能问询设备

3. 售检票服务

目前,提供售票服务时以自动售票机售票为主,人工售票为辅,使用自动售票机(图1-5)售票已经成为城市轨道交通售票服务的主流形式。采用自动售检票系统代替人工发售和检票,可以提供更为准确和快捷的服务,提高服务效率和水平,从长远来看,也可以提高企业的经济效益。

4. 组织乘降

站台应设有明显的候车安全线,提示乘客在列车未进站停稳、车门未完全打开前,不要越过安全线,以防发生意外事件。大部分城市轨道交通车站已经采用站台门(图1-6),既可为乘客提供一个舒适的候车环境,又能保证乘客的候车安全。另外,车站还应提供广播服务,为乘客预报本次列车及下次列车进站的时间。目前,已经有两种新的方法投入应用,一种是自动广播系统,即当后续列车驶入接近区段时,广播系统自动工作;另一种是在站台设置同位显示器,向乘客预告列车运行情况及还需几分钟到站。

图1-5　自动售票机

图1-6　站台门

5. 验票出站

乘客到达目的站后,持票卡通过自动检票机(图1-7)验票出站。车站应有各类导向标志,引导乘客从所需的出口出站。对所持票卡票款不足的乘客,车站应提供补票服务。

图1-7　自动检票机

车站客运服务是城市轨道交通客运服务的重要组成部分。车站客运服务工作直接面向乘客,安全便利、舒适文明地为乘客服务,是反映城市轨道交通运营管理水平的标志之一。

四、客运服务工作标准、步骤、原则

1."四好"标准

城市轨道交通客运服务人员应努力达到"四好"标准。

(1)安全运营好。

努力营造安全、舒适的乘车环境,确保乘客安全。

(2)窗口服务好。

讲规范、守纪律、人性化、有特色。

(3)设施使用好。

按规定开启关闭、标识清晰完整、设备设施运行正常。

(4)社会评价好。

主动为乘客排忧解难,提高乘客满意度。

2.客运服务工作步骤

客运服务工作步骤为一观察、二询问、三倾听、四解答、五心、六主动。

一观察:仔细观察乘客的行为举止和面部表情。

二询问:主动询问乘客情况。

三倾听:耐心倾听乘客提出的疑问。

四解答:及时对乘客提出的疑问进行解答。

客运服务人员提倡"五心、六主动"服务。"五心"服务,即诚心、细心、热心、耐心、恒心。

诚心是做好服务工作的基础,要至诚善待乘客,举止规范有礼貌。

细心是做好服务工作的方法,要仔细观察乘客,因人制宜施良方。

热心是做好服务工作的要求,要热情帮助乘客,排忧解难尽努力。

耐心是做好服务工作的心态,要耐心接待乘客,不厌其烦心态平。

恒心是做好服务工作的目标,要贵在持之以恒,不断进取创新路。

六主动:主动问候、主动接待、主动引导、主动扶老携幼、主动排忧解难、主动征求意见。

3.客运服务工作的原则

客运服务工作的原则有:

(1)乘客为先,有理有节。

(2)形象规范,美观大方。

(3)微笑服务,热忱主动。

(4)坚持原则,灵活处理。

任务实施

根据实训任务单,完成实训任务1客运服务工作基础知识准备。

任务1.2 客运服务人员基本职业素质养成

为了完成客运服务工作,客运服务人员应具备基本职业素养,有良好的职业道德、专业的服务用语、热情的服务态度和规范的服务行为。

一、客运服务人员基本要求

服务人员是在运营单位中为乘客提供客运服务的人员。《城市轨道交通客运服务规范》(GB/T 22486—2022)对城市轨道交通服务人员的基本要求有:

(1)运营单位应根据不同岗位的服务要求,制定岗位工作职责及工作标准,应覆盖乘客进入城市轨道交通系统后服务人员提供的所有服务工作。

(2)服务人员应履行首问责任制。

(3)服务人员应进行岗前培训,持证上岗,并进行在岗技能培训。定期组织开展上岗证核证、复证工作。因个人原因离岗6个月及以上的服务人员在归岗前应进行岗位复核测评,通过考核后,方可上岗。

(4)行车值班员、列车驾驶员及行车调度员的技能和素质要求应分别符合《城市轨道交通行车值班员技能和素质要求　第1部分:地铁、轻轨和单轨》(JT/T 1002.1—2015)、《城市轨道交通列车驾驶员技能和素质要求　第1部分:地铁、轻轨和单轨》(JT/T 1003.1—2015)和《城市轨道交通行车调度员技能和素质要求　第1部分:地铁、轻轨和单轨》(JT/T 1004.1—2015)的要求。

(5)志愿者或临时支援人员应在通过培训后上岗。

(6)运营单位应定期组织客运服务各岗位的应急预案演练及评估工作,不断完善应急预案,提高应急处置能力。

(7)当服务人员疑似感染或已感染极具传染性疾病时,不应为乘客提供服务。

二、客运服务人员职业道德要求

城市轨道交通服务人员是城市轨道交通服务效能的直接体现者,是城市轨道交通的基本工作人员。城市轨道交通服务人员的职业道德以社会主义道德准则为指导,是城市轨道交通服务人员在实际工作中从思想到行为必须遵守的基本准则和规范。

1. 热爱本职、忠于职守

这是城市轨道交通服务人员的一个基本职业道德要求,也是由服务人员在城市轨道交通行业运营服务中的地位、作用及工作特性所决定的。要培养服务人员热爱本职、忠于职守的职业道德品质,必须使他们充分认识到本职工作的意义,珍惜自己的劳动成果。随着客运市场竞争日益激烈,城市轨道交通对乘客的依赖性被普遍认识,服务与被服务的观念日益得到强化,这就决定了服务人员的言行要服从乘客利益。这既是城市轨道交通企业在竞争中取得优势的基础,也是服务人员热爱本职、忠于职守的表现。

案例 1-1

暖心服务,随时待命

在武汉轨道交通香港路站,一位头发花白的婆婆搀扶着身体虚弱的老伴儿向站台工作人员小刘求助,称其老伴儿刚在医院做完手术,体力不支,无法长距离自主行走。小刘与行车值班员小李取得联系,立即联动当值值班站长携带轮椅前往站台接应,并一路护送乘客登上列车,并联动后续车站做好帮扶工作。

车站工作人员接到求助后,不仅解决了乘客在本站乘车的困难,还联动了乘客下车车站,为乘客解决后续乘车困难,这是"急乘客之所急,想乘客之所想"的体现,也是工作人员尽职尽责履行本职工作的体现。

2. 文明待客、热情服务

城市轨道交通行业以运营服务为中心的经营指导思想和以服务为本、乘客至上的经营宗旨,决定了服务人员的职业道德是以全心全意为乘客服务为核心。因此服务人员应以文明礼貌的态度,热情周到地接待每一位乘客,既使他们的人格得到尊重又使他们的需求得到满足。

(1)文明礼貌,尊重乘客。

这是服务人员的一个最基本的职业道德要求。文明礼貌是处理人际关系的一种美德,其核心是尊重和关心他人。对城市轨道交通服务人员来说,尊重乘客就是用文明礼貌的言行和以理服人、得理让人的态度去对待乘客。

(2)方便周到,热情服务。

为乘客乘车提供方便和周到的服务,努力满足乘客的各种合理需求,是服务人员主要的职责和义务。例如,开关车门提醒乘客注意安全,关心和体贴老、幼、病、残、孕、抱小孩乘客和外地乘客,满足乘客的需求。

案例 1-2

爱心预约,便捷出行

在武汉轨道交通光谷广场站,客运值班员小汤巡站时发现一名盲人独自在车站徘徊,小汤立即上前询问,得知该乘客想前往融众国际写字楼,却不知道该从哪个出口出站。因站外还下着小雨,小汤立即拿来车站便民雨伞,撑伞并搀扶该乘客,将其送至融众国际写字楼。小汤告诉该乘客:"现在武汉轨道交通提供爱心预约服务,需要帮助时可以打服务热线或者车站电话。您办完事后,如果有需要,可以给我们打电话,我过来接您。"该乘客表示感谢,并感叹服务如此细致周到。随后乘客返程时联系车站,小汤将乘客接回地铁站、送上列车并联动目的地车站进行接续服务。

武汉轨道交通工作人员热情周到的服务,深深温暖了乘客的心,给予乘客充分的安全感。盲人乘客由独自出行变成主动预约服务,是对武汉轨道交通服务的信赖。

3. 遵章守纪、顾全大局

城市轨道交通是一个由车到线、由线成网、协作关系特别密切的整体。要保证运营服务生产各环节的正常联系,保证线网结构整体运送能力的有效发挥,必须依靠规章制度纪律和运营生产人员全局观念的约束。

(1) 遵章守纪,维护正常运营。

城市轨道交通服务人员要从维护企业信誉和自身形象出发,严格遵守企业规定的各项纪律。服务人员往往远离指挥中心,在无人监督的情况下独立工作。这就要求服务人员必须有正确的劳动态度,自觉遵守各项规章制度。

(2) 顾全大局,提高运营效率。

由于城市轨道交通运行环境变化比较大,服务人员必须服从城市轨道交通全局的总体安排,做到勇挑重担,保证运行畅通,提高城市轨道交通运营效率。

4. 仪表端庄、站容整洁

服务人员的仪表和城市轨道交通车站的环境,是广大乘客对城市轨道交通的第一印象。城市轨道交通服务人员要在职业活动中表现出良好的形象,就需要做到仪表端庄和站容整洁。这对创造舒适的乘车环境、树立良好的服务形象、促进社会道德风尚的提高,有着积极的意义。

5. 勤奋学习、钻研业务

随着社会的发展,城市轨道交通服务已从简单劳动发展为集服务意识、服务知识、服务技巧于一体的综合活动。若没有一定的业务知识,乘客询问时无法解答,发生矛盾不会处理,服务工作肯定做不好。因此,服务人员要勤奋学习、钻研业务,熟悉沿线地理环境,掌握政策、法规和处理矛盾的方法,学习方言、手语和英语,了解一些心理学知识等。

6. 团结互助、协作配合

团结互助、协作配合是集体主义原则在服务人员职业道德中的具体表现。城市轨道交通的运营服务是多工种的联合作业,各工种之间的协作配合非常重要。团结互助、协调配合是衡量城市轨道交通职工整体职业道德素质的重要标志。

三、客运服务人员服务用语要求

语言是为乘客服务的第一工具,客运服务人员与乘客的交流主要是借助语言进行的,它对做好服务工作有十分突出的作用。得体的语言会使乘客倍感亲切。客运服务人员在工作中应做到亲切和蔼,语言文雅,使用普通话。

1. 服务用语基本要求

结合《城市轨道交通客运服务规范》(GB/T 22486—2022),对城市轨道交通服务人员服务用语的要求如下:

服务用语要求

(1) 服务语言应使用普通话(乘客提问时使用方言或外语的除外)。

(2) 问询、播音宜提供英语服务。

(3) 服务用语应表达规范、准确、清晰、文明、礼貌。

(4)服务文字应用中文书写,民族区域自治地区还应有当地的民族文字。

(5)运营单位应根据本地区的特点提出服务忌语,对服务人员应进行防止使用忌语的培训。

2.服务用语的其他要求

(1)语言规范。

城市轨道交通客运服务人员必须规范用语,做到主动热情,有问必答。在服务过程中,应使用普通话(服务人员在为乘客服务时必须使用普通话,只有当对方使用方言时,服务人员才可用相应的方言提供服务),口齿清晰;对车站、车厢进行人工广播时必须使用普通话,语速中等,语调平缓,音量适中,吐字清晰,内容简洁明了。服务用语应文明、简练、规范、通俗易懂,对乘客的称呼应礼貌得体。

(2)认真倾听。

与乘客交流时,说话清晰,声调柔和,声音不过高也不过低,做到热情接待、热心督办、耐心解答、语言文明、急乘客之所急、想乘客之所想;乘客讲话时要全神贯注、用心倾听,看着乘客的面部(但不要长时间注视乘客),要等乘客把话说完,不要打断乘客的谈话,不要有任何不耐烦的表现,要停下手中的工作,面带笑容,要有反应。不可心不在焉、左顾右盼、漫不经心、不理不睬,对于没有听清楚的地方要礼貌地请乘客重复一遍。

(3)文明用语。

为乘客服务时使用"您好""请""谢谢""对不起""再见"十字文明用语。表示歉意时常用的词语有"对不起""请原谅""很抱歉""打扰了""给您添麻烦了"等。车站工作人员应坚持使用"敬语""暖语""谦语"等语言。应掌握与服务岗位相关的简单英语会话。提倡使用双语(普通话及英语)。

(4)首问责任制。

为乘客服务时应执行"首问责任制"。首问责任制是指首位接待乘客的员工有责任、有义务解答乘客问询。如果乘客询问的问题确实不知道,也应将其引导至可解答问题的地方或人员处。严禁对乘客说"我不知道""我不清楚"等推诿的话语。当乘客提出某项暂时无法满足的服务要求时,应主动向乘客讲清原因,并向乘客表示歉意,同时要给乘客一个解决问题的建议或主动联系解决,要让乘客感到虽然问题一时未能解决,但受到了重视,得到了应有的帮助。

客运服务人员应做到:不讲伤害乘客自尊心的话;不讲伤害乘客人格的话;不讲怪话、埋怨乘客的话;不讲粗话、脏话、无理的话和讽刺挖苦的话。

客运服务人员忌用责难的语言、侮蔑的语言、冷漠的语言、随意的语言。

服务用语标准如表1-1所示。

服务用语标准　　　　　　　　　　　　　　　　表1-1

序号	岗位	服务项目	态度、用语
1	通用	乘客询问时	面带微笑:"您好,请讲。"
2		乘客问路	规范引路动作:"请走××号口。""请走这边上站台候车。"
3		对重点乘客	主动上前:"您好,需要我帮助吗?"

续上表

序号	岗位	服务项目	态度、用语
4	通用	纠正、劝阻乘客	"对不起,请……"
5		工作失误	"对不起,请原谅。"
6		受到乘客表扬时	"谢谢,这是我们应该做的。"
7		受到乘客批评时	"对不起,谢谢您的批评。"
8		乘客之间发生矛盾时	"请不要争吵,有问题我们可以商量解决。"
9		对配合工作的乘客	"谢谢。"
10		乘客多,需穿行时	"对不起,请让路,谢谢。"
11		检查危险品时	"对不起,请您将包打开,谢谢。"
12	检票	对出示证件的乘客,验完证件后	"谢谢。"
13		专用通道放行	"请""对不起,请稍等。"
14		对持票、卡无法进出闸机的乘客	"请稍等,我帮您分析。"
15		对不会进站的乘客	"请将票(卡)放在感应区上,推杆进闸。"
16		对不会出站的乘客	"请将票(卡)放在感应区上,推杆出闸。""请将车票投入回收孔。"
17	站台	安全宣传	"请站在黄色安全线内候车。"
18		上车人多时	"请不要拥挤,分散上车。"

四、客运服务人员服务态度要求

在客运服务工作中,客运服务人员的服务态度对服务质量起着至关重要的作用。客运服务人员只有端正了态度,才可以做到全心全意为乘客服务。客运服务人员在工作中应做到全面服务、重点照顾。

1. 全面服务

(1)接待乘客要文明礼貌,纠正违章行为要态度和蔼,处理问题要实事求是。

(2)接待乘客热心,解决问题耐心,接受意见虚心,工作认真细心。

(3)主动迎送,主动扶老携幼、照顾重点人群,主动解决乘客困难,主动介绍乘车常识,主动征求乘客意见。

2. 重点照顾

对老、弱、病、残、孕及怀抱小孩或其他一些有特殊困难的乘客,应体贴照顾,热情周到,满足乘客的特殊需要,并尽量解决乘客的特殊困难。提供帮助前应先征得对方的同意,等对方愿意接受你的帮助并告诉你怎么做时再做。

老、弱、病、残、孕及怀抱小孩或其他一些有特殊困难的乘客虽然为数不多,但却是客运服务人员应重点服务的对象。这些乘客的自理能力或活动能力不及一般乘客,对出行往往有特殊的需要,特别需要客运服务人员的帮助。因此,城市轨道交通客运服务人员应热情周到地为他们服务,尽力满足他们的特殊需要。

满足乘客的特殊需要,要求客运服务人员首先了解特殊乘客的困难和不便,体谅他们的难处,热情地为他们服务;其次,还要尽力予以特别照顾,积极为他们排忧解难。特殊乘客中有些耳目不便的,客运服务人员就要对他们多留心一点。对一些残疾乘客,客运服务人员还要注意说话用语,不要伤害他们的自尊心,以免产生不快。这些特殊乘客需要的满足,最能体现城市轨道交通运营企业以人为本的服务理念。

解决乘客的特殊困难,满足乘客的特殊需要,是城市轨道交通客运服务人员的良好道德传统。广大客运服务人员应心怀热情,针对乘客的特殊需要,在服务工作中当好"老年人的儿女""婴孩的保姆""病人的陪护""残疾人的拐杖""盲人的眼睛""聋哑人的耳朵和嘴巴",规范服务工作,从而体现城市轨道交通客运服务人员高尚的职业道德情操。

坚决杜绝客运服务中忌讳的五种服务态度:不热情的态度、不耐烦的态度、不主动的态度、不负责的态度、不尊重的态度。

五、客运服务人员服务行为要求

1. 服务行为的基本要求

《城市轨道交通客运服务规范》(GB/T 22486—2022)对城市轨道交通服务人员服务行为的要求如下:

(1)服务人员应按规定着装,正确佩戴服务标志。
(2)服务人员应坚守岗位,严格遵守规章制度。
(3)服务人员应做到精神饱满、端庄大方、真诚亲切、举止文明、动作规范。
(4)服务人员应及时响应乘客询问或要求,回答询问认真、专业。
(5)服务人员应为有需要的乘客提供无障碍乘车服务。

2. 服务行为的具体要求

行为举止是人际交往过程中的礼仪表现形式,它讲究人体动作与表情的礼仪。它是通过人的肢体、器官的动作和面部表情的变化,来表达思想感情的语言符号,也叫人体语言或肢体语言。

优美的举止不是天生就有的,客运服务人员应当掌握正确的举止姿态,矫正不良习惯,积极主动地参与形体训练,以规范的行为举止为乘客提供优质的服务。

1)站姿

站姿是指人在停止行动之后,直立身体、双脚着地的姿势。它是一种静态的身体造型,是平常采用的最基本姿态。优美的站姿是展现人体动态美的起点,是培养仪态美的基础。

站姿要求与禁忌

(1)站姿的基本要求。

基本站姿是指人们在自然直立时所采用的正确姿势。标准是正和直,基本要求是头正、肩平、臂垂、躯挺、腿并。

头正:两眼平视前方,嘴微闭,收颔梗颈,表情自然,稍带微笑。

肩平:两肩平正,微微放松,稍向后下沉。

臂垂:两肩平整,两臂自然下垂,中指对准裤缝。

躯挺:胸部挺起,腹部内收,腰部正直,臀部向内向上收紧。

腿并:两腿立直,贴紧,两脚跟靠拢,脚尖分开45°为宜。

(2)常见站姿。

不同的工作岗位对站姿有不同的要求,但任何一种形式的站姿都是在基础站姿基础上变化而来的,工作人员在实际工作中可选择合适的站姿为乘客服务。服务过程中常见的站姿有以下几种。

①垂放站姿(图1-8)。

双臂自然下垂,双手中指分别放于裤缝或裙缝处,手指自然放松。适用于训练标准体态时练习或重要领导审查、检阅时。

②前搭手位站姿(图1-9)。

双手四指并拢,右手在外,左手在内,将右手食指放于左手手指跟处,并将拇指放于手心处。前搭手位站姿是工作时运用最多的站姿,一般与乘客交流时都采用前搭手位站姿。

③后搭手位站姿(图1-10)。

后搭手位站姿一般适用于男士,右手在外,左手在内,双脚打开,双脚的距离不超过自己肩的宽度。未接待乘客时可采用这种站姿。

图1-8　垂放站姿

图1-9　前搭手位站姿

图1-10　后搭手位站姿

(3)站姿禁忌。

站姿禁忌是指工作人员在工作岗位上不应采用的站立姿势。在与乘客交流时,工作人员要尽量注意身体各部位的要求,避免出现以下不良站姿。

①头部歪斜,左顾右盼。

②高低肩、含胸或过于挺胸。

③双手插兜或叉腰,双臂抱于胸前。

④腰背弯曲,小腹前探。

⑤腿部抖动,两腿交叉过大,膝盖无法收拢。

(4)站姿的训练方法。

①背靠背站立。两人一组,要求两人后脚跟、小腿、臀、双肩、脑后枕部相互紧贴。

②顶书训练。在头顶平放一本书,保持书的平衡,以检测是否做到头正、颈直。

③背靠墙练习。要求头、背、臀均紧挨着墙。

2)坐姿。

坐姿是臀部置于椅子、凳子、沙发等物体之上,单脚或双脚放在地上的姿势。它是一种静态的仪态造型,也是常用的姿势之一。不同的坐姿传达不同的意义和情感,文雅的坐姿可以展现人体静态美。车站客运服务人员日常在进行售票作业、沟通服务时,需要坐着面对乘客,因此具有良好的坐姿非常重要。

坐姿要求与禁忌

(1)坐姿的基本要求。

上身挺直,勿弯腰驼背,也不可前贴桌边后靠椅背,最好坐满椅子的2/3部位,上身与桌和椅背均应保持一拳左右的距离。

坐姿不仅包括坐的静态姿势,还包括入座和离座的动态姿势,"入座"作为坐的"序幕","离座"作为坐的"尾声"。

①入座时要轻稳。宜从座位左侧入座,到座位前转身后,右脚向后退半步,然后轻稳坐下,再把右脚与左脚并齐。如果是女士,入座时应先背对着自己的座椅站立,右脚后撤,使右脚确认椅子的位置,再整理裙边;挺胸,双膝自然并拢,双腿自然弯曲,双肩自然平正放松,两臂自然弯曲;双手自然放在双腿上或椅子、沙发扶手上,掌心向下。

②臀部坐在椅子1/2或者2/3处,两手分别放在膝上(女士双手可叠放在左膝或右膝),双目平视,下颌微收,面带微笑。

③离座时要自然稳当,右脚向后收半步,然后起立,起立后右脚与左脚并齐,宜从座位左侧离座。

(2)女士常见坐姿。

①正坐式坐姿(图1-11)。

双腿并拢,上身挺直、落座,两脚两膝并拢,两手搭放在双腿上,置于大腿部的1/2处。要求上身和大腿、大腿和小腿都应呈直角,小腿垂直于地面,双膝、双脚(包括两脚的脚跟)都要完全并拢。入座时,若女士穿着裙装,应用手先将裙摆稍稍拢一下,然后坐下。

②开关式坐姿(图1-12)。

要求上身挺直,大腿靠紧后,一脚在前,一脚在后,前脚全脚着地,后脚脚掌着地,双脚前后保持在一条直线上。

图1-11 正坐式坐姿

图1-12 开关式坐姿

③点式坐姿(图1-13)。

双膝先并拢,然后双脚向左或向右斜放,力求使斜放后的腿部与地面呈45°。这种坐姿适用于穿裙子的女士在较低处就座时。

④重叠式坐姿(图1-14)。

将双腿完全地一上一下交叠在一起,交叠后的两腿之间没有任何缝隙,犹如一条直线。

图1-13　点式坐姿

图1-14　重叠式坐姿

⑤侧挂式坐姿(图1-15)。

双腿重叠后,斜放于左侧或右侧,斜放后的腿部与地面呈45°,叠放在上的脚尖垂向地面。这种坐姿适合于穿短裙的女士。

(3)男士常见坐姿。

①正坐式坐姿(图1-16)。

上身挺直、坐正,双腿自然弯曲,小腿垂直于地面,两脚、两膝分开一脚长的宽度,双手以自然手型分放在两膝后侧或椅子的扶手上。

图1-15　侧挂式坐姿

图1-16　正坐式坐姿

②重叠式坐姿(图1-17)。

一条腿垂直于地面,另一条腿在上重叠,双脚小腿向里收,脚尖向下,双手放在扶手上或腿上。

(4)坐姿禁忌。

坐姿禁忌是指工作人员在工作岗位或与乘客交谈时不应出现的坐姿。坐姿是人际交往过程中持续时间较长的一种姿态,如果出现以下坐姿禁忌,会给对方留下不好的印象。

①侧肩、耸肩、上身不正。

②含胸或过于挺胸。

③双臂交叉抱于胸前。双手抱于腿上或夹在腿间。

④趴伏桌面,背部拱起。

⑤跷二郎腿,两腿叉开过大,腿部伸出过长。

⑥脚步抖动,蹬踏他物,脚尖指向他人。

图1-17 重叠式坐姿

(5)坐姿的训练方法。

①加强腰部、肩部的力量和支撑力训练,进行舒展肩部的动作练习,同时利用器械进行腰部力量的训练。

②按照动作要领体会不同坐姿,经常性地纠正和调整不良习惯。

③每种坐姿训练持续10min,提高腰部支撑能力。

3)行姿

行姿是一种动态美。每个人都是一个流动的造型体,优雅、稳健、敏捷的行姿,会给人以美的感受,产生感染力,反映出积极向上的精神状态。

(1)行姿的基本要求(图1-18)。

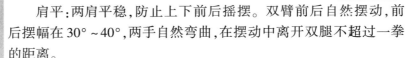

行姿要求与禁忌

头正:双目平视,收颌,表情自然平和。

肩平:两肩平稳,防止上下前后摇摆。双臂前后自然摆动,前后摆幅在30°~40°,两手自然弯曲,在摆动中离开双腿不超过一拳的距离。

躯挺:上身挺直,收腹立腰,重心稍前倾。

步位直:两脚尖略开,脚跟先着地,两脚内侧落地,走出的轨迹要在一条直线上。

步幅适当:一般前脚脚跟与后脚脚尖的距离约为脚长,步伐稳健,步履自然,要有节奏感,保持一定的速度。但因性别不同、身高不同、服饰不同,步幅的大小也有一定的差异。一般情况下,每分钟行走110步。当然,这还取决于工作的场合和岗位。

图1-18 行姿

行姿整体上要给人以步态轻盈敏捷、有节奏的感觉。

(2)不同工作情况下的行姿要求。

在具体的工作中,工作人员的行姿有着不同的要求和规范,轨道交通工作人员需要根据工作的具体情况有所注意。

①与乘客迎面相遇时,工作人员应放慢脚步,面带微笑目视乘客,表示致意,并实时伴随礼貌的问候用语。遵循规范的"右侧通行"原则,让乘客先行。

②陪同引领乘客时,如果与乘客同行,应遵循"以右为尊"的原则,工作人员应走在乘客的左侧。引领乘客时应走在乘客的左前方两三步的位置。行进步速需与乘客保持一致。

③进出升降式电梯、无人驾驶电梯时,乘客后进先出,有人驾驶电梯时乘客先进先出。

④搀扶帮助他人时,注意步速与对方保持一致。在行进过程中适当停顿,询问乘客身体状况。

(3)行姿禁忌。

工作人员在工作岗位上不应出现以下行姿,要尽量控制和克服不良行姿的出现。

①走路"内八字"或"外八字"。

②蹬踏和拖蹭地面,踮脚走路。

③步伐过快或过慢。

(4)行姿的训练方法。

①画直线或沿着地面砖的直线缝隙进行直线行走练习。

②顶书练习,要求练习者以立正姿势站好,出左脚时,脚跟着地,落于离直线5cm处,迅速过渡到脚尖,脚尖稍向外,右脚动作同左脚,注意立腰、挺胸、展肩。

4)蹲姿

蹲姿是指由站姿转换为两腿弯曲,身体高度下降的姿势,常用于工作人员捡拾物品。

(1)蹲姿的基本要求。

站在所取物品的旁边,一脚前、一脚后,双膝弯曲,不要低头且双脚支撑身体,蹲下时要保持上身的挺拔,体态自然。

(2)常见蹲姿。

①高低式蹲姿(图1-19、图1-20)。特点是两膝一高一低。女士两腿膝盖相贴靠,男士膝盖朝向前方。

②交叉式蹲姿(图1-21)。仅限于女士。蹲下时双膝交叉在一起,两腿交叉重叠,后腿脚跟抬起,脚掌着地,上身略向前倾。

图1-19　女士高低式蹲姿　　图1-20　男士高低式蹲姿　　图1-21　交叉式蹲姿

(3)蹲姿禁忌。

①行进中突然下蹲。

②背对他人或正对他人蹲下。

③女士着裙装时下蹲毫无遮饰。

④在正常工作中以蹲姿休息。

(4)蹲姿的训练方法。

①加强脚踝、膝盖等关节的柔韧性,练习提腿、压腿、活动关节等动作。

②要有意识地控制平衡,保持蹲姿,形成好习惯。

5)引导手势

(1)引导手势的基本要求。

引导手势的运用要规范。在引路、指示方向时,五指并拢,小臂带动大臂,小臂与地面保持平行。根据指示距离的远近调整手臂的高度,身体随着手的方向自然转动,收回时手臂应略成弧线。在做手势的同时,要配合眼神、表情和其他姿态,才能显得大方(图1-22~图1-24)。切忌用单个食指指示方位。

图1-22　引导手势1　　　　图1-23　引导手势2　　　　图1-24　引导手势3

(2)引导手势的适用场合。

①走廊引导法:接待工作人员在客人两三步之前,走在客人的左侧。

②楼梯引导法:引导客人上楼时,应让客人走在前面;若是下楼,则是接待工作人员走在前面,客人在后面,上下楼梯时应注意客人的安全。

③电梯引导法:引导客人进入电梯时,接待工作人员先进入电梯,等客人进入后关闭电梯门,到达时按开门按钮,打开电梯门,让客人先走出电梯。

任务实施

1.根据实训任务单,完成实训任务2 标准服务用语练习。

2.根据实训任务单,完成实训任务3 服务行为练习。

任务1.3　客运服务环境建设

城市轨道交通一直践行"节约集约、绿色低碳"的环保理念。同时,城市轨道交通车站致力于营造良好的车站卫生环境、人文环境和企业文化环境,促使身心愉悦,保持环境友好,形成文明窗口,促进人、机、环境有机统一,彰显物质文明风貌,使物质文明与精神文明和谐发展。

一、车站卫生环境

城市轨道交通车站是人来客往的公共场所,保持车站整洁,向乘客提供良好的候车环境是客运服务工作内容之一。每个客运服务人员都应树立"维护车站卫生人人有责"的观念并保持本岗位环境清洁整齐。

1. 车站服务卫生要求

《城市轨道交通客运服务规范》(GB/T 22486—2022)对城市轨道交通车站服务卫生方面的要求如下:

(1)运营单位应向乘客提供适宜的候车和乘车的环境。

(2)运营单位应科学做好公共区域通风、换气等工作,保证空气清新和环境整洁;列车客室内的温度、新风量应符合《地铁车辆通用技术条件》(GB/T 7928—2003)的规定;封闭式车站的温度、新风量应符合《地铁设计规范》(GB 50157—2013)的规定。

(3)车站的候车和乘车环境应整洁,应及时清除尘土、污迹、垃圾等,车站及车厢内座椅、扶手、内墙、玻璃及通风口无明显积灰;车站地面一旦发现大件垃圾或大面积水现象,应立即清理。

(4)洗手间应保持干净、无明显异味,无明显的垃圾、污物、涂鸦、小广告、杂物堆放(工具摆放区除外)情况。

(5)车站、列车车厢、空调系统、公共卫生间等直接与乘客接触的服务设施、反复使用的车票应定期清洁、消毒。

(6)运营单位应建立完善环境、卫生和重大传染性疾病的投诉、报警的公众信息渠道、设备和设施,通过车站电子屏、站内广播、车载视频、海报等多种形式,根据卫生防疫工作需要开展卫生防护和疫情防控知识宣传。

(7)运营单位应在车站储备应对公共卫生突发事件便捷使用的装备、器材和卫生用品用具。

(8)出现公共卫生事件或异常情况疑似公共卫生事件时,运营单位应在第一时间进行情况报告,视情况联系120救护机构或疾病预防控制中心开展人员救治和疾病防治工作,并组织该站人员进行疏散隔离。

2. 车站环境卫生标准

(1)车站站厅、站台、楼梯、通道应保持"四无"(无痰迹、无污垢、无杂物、无积尘)。

(2)出入口外的地面按"门前三包"(包卫生、包绿化、包秩序)要求,保持清洁。

(3)车站出入口、站厅、站台、通道要保持畅通,任何单位和个人均不得在上述范围内停放车辆、堆放杂物。

(4)不留卫生死角。

(5)运营时间内,在乘客乘车区域内,不应悬挂与运营活动无关的物品。

(6)车站设置的各类标志不应产生倾斜、卷翘、破损现象。

(7)车站张贴、悬挂的各类公示牌应整齐,不应有破损;过时的规定、公告等应及时更新、更换。

(8)车站临时张贴的宣传标语、招贴画等,在张贴期间破损的应及时更换,按期撤除、清理。

(9)车站壁画应洁净,不应有残、蚀、剥落现象,不应有积尘、污垢。

(10)车站宣传字画应有艺术性,并保持完好、美观,不应产生卷曲、褶皱现象,不应产生脱色、水渍。

3. 车站设施卫生标准

(1)乘客座椅、不锈钢栏杆、扶手、公告栏、消防设施箱柜及车站工作亭等表面必须无积尘、无污迹。

(2)玻璃窗必须明亮,无印迹、无花雾。

4. 其他区域卫生标准

(1)茶水间地面清洁、无积水,水池清洁、无杂物、无异味。

(2)厕所无污物及堵塞物,地面清洁、无积水。

(3)废物箱内垃圾应低于投掷口,箱内、箱外保持整洁。

(4)各种物品、工具要按规定位置摆放,不得妨碍列车运行和乘客通行,不得发生有碍站容、站貌的现象。

(5)车站商业网点外观整洁、内部物品(含商品)摆放整齐。

5. 列车的环境卫生要求

城市轨道交通列车整体应做到玻璃洁净、清洁舒适、协调美观,车厢内卫生做到无污垢、无杂物、无沙尘、无水渍,保持干爽洁净;车身卫生做到无污垢、无水渍、无明显灰尘,洁净明亮;车顶卫生做到无明显油垢、无灰尘,洁净。

(1)投运列车在发车前,应做好清洁工作,确保列车外观的清洁;车厢内窗户明亮,座椅清洁,地板无纸屑、无污渍。

(2)车厢内各种宣传与张贴栏应保持完好、齐全,过期、无效、破损的张贴应及时清除或更新。

(3)运行列车在终端站应由专人利用列车折返的时间进行清扫,至少保证终端站发行的列车内部及地面无纸屑、无污渍。

(4)对于行车过程中乘客在车厢内的突发性不洁事件,如乘客呕吐、物件散落、饮料泼洒等,应组织人员及时跟车处理。

(5)确保车厢内的照明、通风、空调等符合有关规程的要求,为乘客提供舒适的内部乘环境。

(6)列车应定期清洗,保持车厢外立面清洁,无锈蚀、无污垢;车厢门窗、玻璃、扶杆、吊环、灯具、出风口、座椅应随时保持清洁。

(7)车厢内外相关服务标识应完好,各类显示设备应保持清洁。

(8)根据需要对列车进行定期消毒。

(9)列车应保持空气清新,车厢内的温度、新风量应符合相关规范要求。

6. 客运服务人员的卫生要求

客运服务人员应持有效的健康证上岗,患有传染性疾病时,不应从事直接为乘客服务的工作。

7. 站内维修施工时的环境卫生要求

站内维修、施工作业时应注意:

(1)按照客运工作需要设置相关的警示、提示标识,并保持周边环境卫生,作业完毕后,应将现场清理整洁。

(2)施工作业需要在站台存放工具、工料时,应在车站指定地点放置整齐,施工结束后,应对占用场地进行彻底清扫,恢复原貌。

(3)在站内实施土建及设备、设施的拆装作业时,应对现场进行有效遮挡,遮挡物、标识牌应整洁、无破损。

8. 环境保护要求

《城市轨道交通客运服务规范》(GB/T 22486—2022)要求城市轨道交通在环境保护中做到列车客室噪声限值应符合《城市轨道交通列车噪声限值和测量方法》(GB 14892—2006)的规定,车站噪声限值应符合《城市轨道交通车站站台声学要求和测量方法》(GB/T 14227—2006)的规定,如表1-2和表1-3所示。

列车噪声等效声级最大容许限值 表1-2

车辆类型	运行线路	位置	噪声限值(dB)
地铁	地下	司机室内	80
	地下	客室内	83
	地上	司机室内	75
	地上	客室内	75
轻轨	地下	司机室内	75
	地上	客室内	75

车站站台最大容许噪声限值 表1-3

列车运行状态	噪声限值(dB)
列车进站	80
列车出站	80

二、车站人文环境

随着社会经济快速发展,城市轨道交通已不再是单纯意义上的交通工具,而是城市文化意识形态的一种彰显,逐渐成为城市文化建设的重要载体之一。同时,城市轨道交通车站里良好的人文环境能有效提升乘客乘车的舒适度,人文环境对客运服务人员的服务态度、服务方式和服务内容都有重要意义,因此,各个城市轨道交通企业都非常注重车站人文环境的建设。

车站公共空间的客流大、使用频率高,其视觉效果在一定程度上会对乘客产生潜移默化的影响。在车站的公共空间里,人们已经开始将艺术品当作展现民族文化、区域文化的一种重要载体。

以武汉轨道交通为例,黄浦路站的文化主题为"铁铸军魂"(图1-25),在黄浦路站附近有两座重要的抗战历史旧址,即八路军武汉办事处旧址纪念馆、汉口新四军军部旧址纪念馆。站内文化墙通过片段化构图处理方式,将铁铸军魂、勿忘历史的精神表现出来。

图 1-25　武汉轨道交通黄浦路站文化墙

武汉轨道交通彭刘杨站的文化主题为"英雄之城"(图1-26),展现了"英雄的人民",制作者通过浮雕,使各行各业代表人物形象跃然墙上。

武汉轨道交通首义路站的"红色首义"壁画(图1-27)以150幅手绘的辛亥革命时期人物、事件历史照片为背景,通过中国传统水墨画制作手法,加以蒙太奇艺术重组,重现首义之城磅礴厚重的视觉记忆。

图 1-26　武汉轨道交通彭刘杨站文化墙

图 1-27　武汉轨道交通首义路站文化墙

三、城市轨道交通企业文化环境

1. 城市轨道交通企业文化内容

企业文化是在企业长期的经营活动中,不断总结成功经验和失败教训后逐渐形成和发展起来的,其核心内容是企业精神和企业价值观。广义上的企业文化,是指企业在生产经营过程中形成的企业物质文化、制度文化和精神文化的总和。狭义上的企业文化,是指企业在长期经营实践中形成,并被本企业员工自觉遵守和奉行的共同价值观念、经营哲学、精神支柱、伦理道德、典礼仪式及智力因素和文娱生活的总和。

城市轨道交通企业文化建设

城市轨道交通企业文化是指城市轨道交通企业在经营管理过程中形成的一种独特的文化氛围和价值观念体系。它是城市轨道交通企业的精神支柱,是推动城市轨道交通企业发展的重要力量。

城市轨道交通企业文化包括核心价值观、使命和愿景、行为准则、组织文化、员工培训和激励机制等方面。

1)核心价值观

城市轨道交通企业文化的核心价值观是指城市轨道交通企业所追求的最基本的价值观念。例如,以客户为中心、安全第一、服务至上、团队合作等。这些核心价值观能够指导员工的行为和决策,使城市轨道交通企业在竞争激烈的市场中保持竞争优势。

2)使命和愿景

城市轨道交通企业文化的使命是城市轨道交通企业的宗旨和存在的意义,是城市轨道交通企业为客户提供优质服务的根本动力。例如,城市轨道交通企业的使命可以是"为城市居民提供高效、安全、舒适的交通服务"。城市轨道交通企业文化的愿景是城市轨道交通企业未来的发展目标和追求的理想状态。例如,城市轨道交通企业的愿景可以是"成为全国领先的城市轨道交通运营商"。

3)行为准则

城市轨道交通企业文化的行为准则是指员工在工作中应遵守的规范和行为规则。例如,城市轨道交通企业可以制定严格的安全操作规程,要求员工在工作中必须佩戴安全帽、遵守交通信号等。此外,城市轨道交通企业文化还可以强调诚信、责任、创新等方面的行为准则,以提高员工的工作素质和服务质量。

4)组织文化

城市轨道交通企业的组织文化是指城市轨道交通企业内部的共同价值观和行为模式。例如,城市轨道交通企业可以倡导平等、开放、互助共享的组织文化,鼓励员工之间的合作和沟通,营造和谐的工作氛围。

5)员工培训和激励机制

城市轨道交通企业还包括员工培训和激励机制。城市轨道交通企业可以通过培训提升员工的专业素质和服务意识,使员工能够更好地适应工作要求。同时,城市轨道交通企业还可以建立激励机制,如薪酬激励、晋升机会等,激励员工积极工作,提高工作效率和服务质量。

总之,城市轨道交通企业文化是城市轨道交通企业的精神支柱和核心竞争力,它能够凝聚员工的力量,推动城市轨道交通企业的发展。通过建立和培育良好的城市轨道交通企业文化,城市轨道交通企业能够提供更好的服务,满足乘客的需求,为城市的交通发展做出贡献。

2. 城市轨道交通企业文化实例

城市轨道交通企业作为一个面向公众、服务社会的公益性企业,应该塑造良好的企业形象以及具有鲜明行业特点的企业文化,树立企业的公信力,扩大企业的影响力。城市轨道交通是一项取之于民用之于民的事业,在给公众带来便捷的同时,也是一个传递城市信息的窗口,拥有巨大的受众面以及包容性。

因此,城市轨道交通企业的形象是否正面以及通过企业形象传递给公众的信息是否健康,对企业成败至关重要。

以下列举国内部分城市轨道交通企业文化,供学习了解。

1) 北京地铁企业文化

企业愿景:国内领先,世界一流。

企业使命:畅通北京,让首都更美好。

核心价值观:安全为基础,服务为根本,效益为目标。

企业精神:忠诚,担当,联动,创新。

安全理念:以人为本创平安,永远追求零风险。

服务理念:需求导向,持续改进,首善服务。

人才理念:让平凡者成功,让成功者卓越。

品牌理念:"六型地铁",快乐出行。

2) 武汉地铁企业文化

核心价值观:诚信,敬业,高效,奉献。

企业使命:引领城市发展,市民出行首选。

企业愿景:植根武汉,立于全球。

企业精神:拼搏赶超,有诺必达。

行为准则:听话,出活,干净。

人才理念:崇德尚能,惟志乐勤。

创新理念:集众之智,聚众之力。

安全理念:始于责任,因爱谨行。

管理理念:高效运作,活力无限。

战略理念:地铁 + 物业。

服务理念:知你心忧,懂你所求。

3) 广州地铁企业文化

核心价值观:诚信,务实。

管理理念:文化引领,战略驱动。

经营理念:共享成果,永续发展。

人力资源理念:以人为本,快乐成长。

服务理念:至诚至爱,知心贴心。

安全理念:让安全成为习惯。

廉洁理念:诚实做人,干净干事,共享幸福。

企业愿景:致力成为城市轨道交通行业典范。

企业使命:地铁,为广州提速。

 任务实施

根据实训任务单,完成实训任务4 客运服务环境建设。

练习题

一、填空题

1. 按照提供服务的主体可以将客运服务划分为_____和_____。
2. 按照是否需要和乘客直接接触可以将客运服务划分为_____和_____。
3. 按照服务时间和销售时间可以将客运服务划分为_____、_____和_____。
4. 客运服务工作步骤:_____、_____、_____、_____、_____。
5. 站姿标准是正和直,基本要求是_____、_____、_____、_____、_____。

二、多选题

1. 以下属于服务用语的要求的是(　　)。
   A. 语言规范　　　　　　　　B. 文明用语
   C. 认真倾听　　　　　　　　D. 首问责任制
2. 以下属于客运服务人员职业道德要求的是(　　)。
   A. 热爱本职、忠于职守　　　B. 文明待客、热情服务
   C. 勤奋学习、钻研业务　　　D. 遵章守纪、顾全大局
3. 以下属于服务行为的基本要求的是(　　)。
   A. 服务人员应坚守岗位,严格遵守规章制度
   B. 精神饱满、端庄大方
   C. 按规定着装,正确佩戴服务标志
   D. 服务人员应及时响应乘客询问或要求,回答询问认真、专业
4. 以下属于坐姿禁忌的是(　　)。

A. 侧肩、耸肩、上身不正
B. 含胸或过于挺胸
C. 双腿并拢,上身挺直
D. 趴伏桌面,背部拱起

5. 以下属于蹲姿禁忌的是(　　)。
A. 行进中突然下蹲
B. 背对他人或正对他人蹲下
C. 女士着裙装时下蹲毫无遮饰
D. 正常工作中蹲姿休息

三、简答题

1. 客运服务的基本要求有哪些?
2. 客运服务的"五心、六主动"服务是什么?
3. 客运服务人员的职业道德要求有哪些?
4. 客运服务人员服务用语有哪些要求?
5. 客运服务人员服务行为有哪些要求?
6. 车站环境卫生标准是什么?
7. 车站设施卫生标准是什么?
8. 列车的环境卫生要求有哪些?
9. 企业文化的内涵有哪些?

项目2

城市轨道交通客运服务设施设备

项目描述

服务乘客离不开设备设施的辅助与应用,本项目主要内容是熟悉车站的基础服务设施设备,包括服务标志,通行设施,票务设施设备,乘客信息系统及广播系统,照明设施,列车、安全服务设施设备和其他设施设备。

教学目标

知识目标

1. 熟悉服务标志的分类和设置原则。
2. 熟悉各类通行设施的功能及服务乘客使用注意事项。
3. 熟悉票务设施设备的功能。
3. 熟悉乘客信息系统及广播系统的基本功能。

能力目标

1. 能正确放置服务标志。
2. 具备操作自动扶梯、垂直电梯、楼梯升降机等通行设施的能力。
3. 能正确使用自动售票机、检票机、半自动售票机等票务设施设备服务乘客。

素质目标

养成规范、严谨的工作习惯。

任务2.1 服务标志的使用

服务标志是最常见的服务设施设备之一,乘客往往在未进入轨道交通车站之前,就能看到轨道交通服务标志。服务标志为乘客提供位置提示、方向指引、内容提示、安全提醒等信息,能帮助大多数乘客完成自助出行。《城市轨道交通客运服务规范》(GB/T 22486—2022)对城市轨道交通客运服务标志的一般要求有:

(1)标志的图形符号、标志形状、颜色和设置要求应符合《城市轨道交通客运服务标志》(GB/T 18574—2008)的要求,安全标志还应符合《图形符号 安全色和安全标志 第1部分:安全标志和安全标记的设计原则》(GB/T 2893.1—2013)、《图形符号 安全色和安全标志 第2部分:产品安全标签的设计原则》(GB/T 2893.2—2020)、《图形符号 安全色和安全标志第3部分:安全标志用图形符号设计原则》(GB/T 2893.3—2010)、《图形符号 安全色和安全标志 第4部分:安全标志材料的色度属性和光度属性》(GB/T 2893.4—2013)、《图形符号安全色和安全标志 第5部分:安全标志使用原则与要求》(GB/T 2893.5—2020)、《安全标志及其使用导则》(GB 2894—2008)、《公共信息图形符号 第3部分:客运货运符号》(GB/T 10001.3—2021)、《消防安全标志 第1部分:标志》(GB 13495.1—2015)、《消防安全标志设置要求》(GB 15630—1995)的有关要求。

(2)城市轨道交通车站内应有完善的客运服务标志。标志应醒目、信息易辨、设置合理、引导连续、系统整体,使用和管理方便,不被其他设施遮挡和遮盖。

(3)车站入口处应张贴禁止携带物品进站乘车的目录,宜张贴限制携带物品进站乘车的目录。

(4)车站和列车内配备的优先座椅和轮椅摆放位等应设置醒目、清晰的无障碍设施位置标志。

(5)在城市轨道交通车站外800m范围内提供清晰、明确、设置合理、引导连续和统一的城市轨道交通导向标志。

(6)导向标志应实现明晰有效的客流路径引导,满足不同交通方式之间的换乘引导需求。

(7)车站公共区以及与车站相连物业公共区应在显著位置设置导向标志。

(8)车站客流组织发生变化,应立即设置临时性标志疏导客流。

(9)在站台、站厅、出入口、疏散通道、区间、列车车厢及其他客运场所应设置安全标志。站台和车厢紧急停车装置、车站和车厢消防报警装置旁边应设置明显的标志、使用说明和警示。

(10)列车上应有各种安全标志,包括车门防夹警示、车门防倚靠警示、紧急报警提示、车门紧急解锁操作提示、消防设备标志等。

一、标志的分类

城市轨道交通客运服务标志一般包括安全标志、导向标志、位置标志、综合信息标志、无障碍标志等。

1. 安全标志

安全标志是指通过颜色与几何形状的组合表达通用的安全信息,并且通过附加图形符号表达特定安全信息的标志。

城市轨道交通安全标志应包括禁止标志、警告标志、提示标志和消防安全标志。

(1)禁止标志。

为保证乘客出行安全,根据现行《城市轨道交通客运组织与服务管理办法》第三十五条规定,禁止乘客有下列影响城市轨道交通运营安全的行为:

①拦截列车,在列车车门或站台门提示警铃鸣响时强行上下列车,车门或站台门关闭后扒门;

②擅自操作有警示标志的按钮和开关装置,在非紧急状态下动用紧急或者安全装置;

③携带有毒、有害、易燃、易爆、放射性、腐蚀性以及其他可能危及人身和财产安全的危险物品进站、乘车;

④攀爬或者跨越围栏、护栏、护网、站台门等,擅自进入驾驶室、轨道、隧道或者其他有警示标志的区域;

⑤向轨道交通线路、列车以及其他设施投掷物品;

⑥损坏车辆、站台门、自动售检票等设备,干扰通信信号、视频监控设备等系统;

⑦损坏、移动、遮盖安全标志、监测设施以及安全防护设备;

⑧在车站、列车内吸烟,点燃明火;

⑨在运行的自动扶梯上逆行、推挤、嬉戏打闹;

⑩影响运营安全的其他行为。

根据《城市轨道交通客运组织与服务管理办法》第三十六条规定,乘客不得有下列影响城市轨道交通运营秩序的行为:

①在车站或者列车内涂写、刻画或者私自张贴、悬挂物品;

②携带动物(导盲犬、军警犬除外)进站乘车,携带有严重异味、刺激性气味的物品进站乘车;

③推销产品或从事营销活动,乞讨、卖艺及歌舞表演,大声喧哗、吵闹,使用电子设备时外放声音;

④骑行平衡车、电动车(不包括残疾人助力车)、自行车,使用滑板、溜冰鞋;

⑤在列车内进食(婴儿、病人除外);

⑥随地吐痰、便溺、乱吐口香糖,乱扔果皮、纸屑等废弃物,躺卧或踩踏座席;

⑦在车站和列车内滋扰乘客的其他行为。

因此,轨道交通站内会有相应的禁止标志(图2-1),提醒乘客注意。

(2)警告标志。

警告标志是提醒乘客有危险行为的标志。在有安全隐患的地方或需要禁止乘客某种行为时,均会设置一种或多种明确的警告标志(图2-2、图2-3),如自动扶梯三角区的"当心碰头",列车上的"靠门危险""防止坠落""请勿倚靠""当心夹手""当心触电"等标志。

图 2-1　禁止标志

图 2-2　警告标志 1

图 2-3　警告标志 2

（3）提示标志。

提示标志是在乘客的行进路线上，或者使用设施设备时，给出必要的提示，提醒乘客注意。如"紧急出口""勿倚靠侧板""先下后上"等标志（图 2-4、图 2-5）。

图 2-4　扶梯提示标志

图 2-5　站台门候车提示标志

（4）消防安全标志（图2-6、图2-7）。

图2-6 消防安全标志1

图2-7 消防安全标志2

客运服务标志标识介绍（导向标志）

2. 导向标志

导向标志是在乘客行进过程中，提供方向引导的标志。导向标志包括站外导向标志，乘车、换乘导向标志，客运服务设施导向标志，检（验）票设施导向标志，站台导向标志，列车运行方向导向标志，出站导向标志，公共服务设施导向标志。

（1）站外导向标志（图2-8、图2-9）。

图2-8 站外导向标志1

图2-9 站外导向标志2

《城市轨道交通客运服务标志》（GB/T 18574—2008）对城市轨道交通客运服务站外导向标志的一般要求有：

①宜在轨道交通车站周边500m左右范围内的公交车站、商业设施、交叉路口等人流密集的地点连续设置。

②站外导向标志信息内容应包括箭头和城市轨道交通位置标志;宜包括线路名称及线路标志色和车站名称;可包括到车站的距离等。

③站外导向标志中的城市轨道交通位置标志应符合相关国家现行标准的规定,不得使用企业徽标代替。

(2)乘车、换乘导向标志(图2-10、图2-11)。

《城市轨道交通客运服务标志》(GB/T 18574—2008)对城市轨道交通客运服务乘车、换乘导向标志的一般要求有：

①乘车导向标志应设置在车站出入口、通道、站厅等通往站台通行区域的相应位置。换乘导向标志应设置在换乘站台通往目的站台通行区域的相应位置。当通行区域行程大于30m时,宜重复设置。

②地面或侧墙上的附着式乘车、换乘导向标志可作为辅助导向标志,其颜色应使用线路标志色。

③乘车、换乘导向标志信息内容应包括箭头、线路名称及线路标志色;宜包括文字注释等。

图2-10 乘车导向标志

图2-11 换乘导向标志

(3)客运服务设施导向标志。

常见的客运服务设施导向标志有自动售票机导向标志(图2-12)、电梯导向标志(图2-13)等。

图2-12 自动售票机导向标志

图2-13 电梯导向标志

《城市轨道交通客运服务标志》(GB/T 18574—2008)对城市轨道交通客运服务设施导向标志的一般要求有：

①自动售票机、自动查询机、自动充值机、乘客服务中心、自动扶梯、自动步道、楼梯、升降梯等导向标志应设置在乘客通往该设施的通行区域的相应位置。

②自动扶梯、自动步道、楼梯、升降梯导向标志可与乘车、换乘、出站导向标志组合。

③客运服务设施导向标志信息内容应包括箭头、图形符号；可包括文字注释等。

(4)检(验)票设施导向标志。

常见的检(验)票设施导向标志有进站导向标志(图2-14)、出站导向标志(图2-15)。

图2-14　进站导向标志　　　　图2-15　出站导向标志

《城市轨道交通客运服务标志》(GB/T 18574—2008)对城市轨道交通客运服务检(验)票设施导向标志的一般要求有：

①检(验)票设施导向标志可根据实际运营需要选择设置。

②需要检(验)票设施导向标志时，检(验)票设施导向标志应设置在站厅非付费区的乘客通往自动检(验)票设备或人工检(验)票口的通行区域的相应位置。

③检(验)票设施导向标志信息内容应包括箭头、文字注释等。

(5)站台导向标志(图2-16、图2-17)。

图2-16　站台导向标志1　　　　图2-17　站台导向标志2

《城市轨道交通客运服务标志》(GB/T 18574—2008)对城市轨道交通客运服务站台导向标志的一般要求有：

①站台导向标志应设置在乘客通往站台的通行区域的相应位置。

②站台导向标志信息内容应包括箭头、列车行进方向的文字注释；可包括线路名称及线路标志色等。

(6)列车运行方向导向标志(图2-18、图2-19)。

《城市轨道交通客运服务标志》(GB/T 18574—2008)对城市轨道交通列车运行方向导向标志的一般要求有：

①列车运行方向导向标志应根据站台形式和结构设置在站台的侧墙、立柱或屏蔽门❶或站台边缘上方等位置。

②站台上用于列车内乘客视读的列车运行方向导向标志设置的位置应使乘客都能够透过车窗视读。

③列车运行方向导向标志信息内容应包括箭头、下一站站名、本站站名；宜包括线路标志色；可包括上一站站名。

④本站站名的字号应大于下一站站名和上一站站名的字号，下一站站名宜比上一站站名醒目。

图2-18　列车运行方向导向标志1　　　图2-19　列车运行方向导向标志2

(7)出站导向标志(图2-20、图2-21)。

图2-20　出站导向标志1　　　图2-21　出站导向标志2

---

❶ 有的标准规范中称站台门，此处按被引标准规范原文。本书其他地方用站台门。

《城市轨道交通客运服务标志》(GB/T 18574—2008)对城市轨道交通出站导向标志的一般要求有：

①出站导向标志应设置在站台通往出入口的通行区域的相应位置。当通行区域行程大于30m时，可重复设置。

②出站导向标志信息内容应包括箭头、出入口编号；宜包括车站周边信息、文字注释、方位。

(8)公共服务设施导向标志。

公共服务设施导向标志如卫生间导向标志见图2-22。

《城市轨道交通客运服务标志》(GB/T 18574—2008)对城市轨道交通公共服务设施导向标志的一般要求有：

①卫生间、公共电话、信息查询机、警务室等导向标志应设置在乘客通往该设施的通行区域的相应位置。

②公共服务设施导向标志信息内容应包括箭头、图形符号；可包括文字注释等。

图2-22　卫生间导向标志

3. 位置标志

(1)城市轨道交通位置标志(图2-23、图2-24)。

《城市轨道交通客运服务标志》(GB/T 18574—2008)对城市轨道交通位置标志的一般要求有：

①城市轨道交通位置标志应设置在车站出入口的醒目位置。

②城市轨道交通位置标志信息内容应包括表示城市轨道交通的图形；可包括文字注释等。

③城市轨道交通位置标志中表示城市轨道交通的图形应符合相关国家标准的规定，不得用企业徽标代替。

④在城市轨道交通位置标志中增加企业徽标时，表示城市轨道交通的图形应布置在主要位置，企业徽标应布置在次要位置；企业徽标的面积不得大于表示城市轨道交通的图形面积的三分之一。

图2-23　城市轨道交通位置标志1

图2-24　城市轨道交通位置标志2

(2)车站位置标志(图2-25)。

《城市轨道交通客运服务标志》(GB/T 18574—2008)对城市轨道交通车站位置标志的一般要求有：

①车站位置标志应设置在车站出入口的醒目位置。

②车站位置标志信息内容应包括车站名称、线路名称及线路标志色；宜包括出入口编号、文字注释等。

③车站位置标志可与城市轨道交通位置标志组合设置。

(3)客运服务设施位置标志。

常见的客运服务设施位置标志有自动售票机位置标志(图2-26)、自助终端位置标志(图2-27)等。

图2-25 车站位置标志

图2-26 自动售票机位置标志

图2-27 自助终端位置标志

《城市轨道交通客运服务标志》(GB/T 18574—2008)对城市轨道交通客运服务设施位置标志的一般要求有：

①自动售票机、自动查询机、自动充值机、乘客服务中心、升降梯等位置标志应设置在相应设施的上方或附近位置。

②客运服务设施位置标志信息内容应包括图形符号、文字注释。

(4)检(验)票设施位置标志(图2-28、图2-29)。

《城市轨道交通客运服务标志》(GB/T 18574—2008)对城市轨道交通检(验)票设施位置标志的一般要求有：

①检(验)票设施位置标志宜设置在检(验)票设施的上方。

②根据运营需要改变检(验)票设施闸口的出/入状态时，检(验)票设施位置标志应能随之显示各闸口的出/入状态。

③在发生紧急情况时，检(验)票设施位置标志显示闸口出/入状态信息应与乘客疏散方向一致。

④检(验)票设施位置标志信息内容应包括图形符号或文字注释。

⑤轮椅通路宜使用无障碍图形符号。

图 2-28　检票设施位置标志 1

图 2-29　检票设施位置标志 2

（5）站台站名标志（图 2-30、图 2-31）。

《城市轨道交通客运服务标志》（GB/T 18574—2008）对城市轨道交通站台站名标志的一般要求有：

①站台站名标志应根据站台形式和结构设置在站台的上方、侧墙、站柱等位置。

②用于列车上的乘客视读的站台站名标志的设置位置应能够使乘客透过车窗视读。

③站台站名标志信息内容应包括本站站名；宜包括线路标志色等。

图 2-30　站台站名标志 1

图 2-31　站台站名标志 2

（6）车门位置标志（图 2-32、图 2-33）。

《城市轨道交通客运服务标志》（GB/T 18574—2008）对城市轨道交通车门位置标志的一般要求有：

①车门位置标志应设置在站台的列车停车后车门所在位置的地面或屏蔽门❶上。

②车门位置标志信息内容应包括图案；宜包括箭头图形符号。

③车门位置标志设置在地面时，应设置在站台安全线以内；引导乘客上下车箭头方向应表示中间下车，两侧上车。

---

❶　此处按被引标准规范原文。

图 2-32　车门位置标志 1　　　　　图 2-33　车门位置标志 2

（7）出口位置标志（图 2-34、图 2-35）。

《城市轨道交通客运服务标志》（GB/T 18574—2008）对城市轨道交通出口位置标志的一般要求有：

①出口位置标志应设置在出入口内的相应位置。

②出口位置标志信息内容应包括出入口编号、文字注释；宜包括周边地理信息、方位。

图 2-34　出口位置标志 1　　　　　图 2-35　出口位置标志 2

（8）公共服务设施位置标志（图 2-36、图 2-37）。

《城市轨道交通客运服务标志》（GB/T 18574—2008）对城市轨道交通公共服务设施位置标志的一般要求有：

①卫生间、公共电话、信息查询机、警务室等位置标志应设置在相应设施的上方位置。

②公共服务设施位置标志信息内容应包括公共服务设施图形符号；可包括文字注释。

图 2-36　公共服务设施位置标志 1　　图 2-37　公共服务设施位置标志 2

4. 综合信息标志

(1) 运营时间(图 2-38)。

《城市轨道交通客运服务标志》(GB/T 18574—2008) 对城市轨道交通运营时间的一般要求有：

① 运营时间应包括本站首末车时间、车站开/关门时间。在城市轨道交通形成网络运输后，轨道交通运营时间表上还应包括轨道交通线路运营时间。

② 本站首末车时间、车站开/关门时间、轨道交通线路运营时间表宜设置在车站的出入口等适当位置。

③ 轨道交通线路运营时间宜设置车厢等处。

客运服务标志标识介绍(综合信息标志)

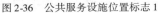

图 2-38　运营时间

(2)轨道交通线路网络图(图2-39)。

《城市轨道交通客运服务标志》(GB/T 18574—2008)对城市轨道交通线路网络图的一般要求有:

①轨道交通线路网络图宜设置在车站的出入口内、通道、售票机(处)、站台、车厢等适当位置。

②轨道交通线路网络图中的各条线路应使用标志色。

③轨道交通线路网络图中可突出标注本站,图中的换乘车站应区别于非换乘车站。

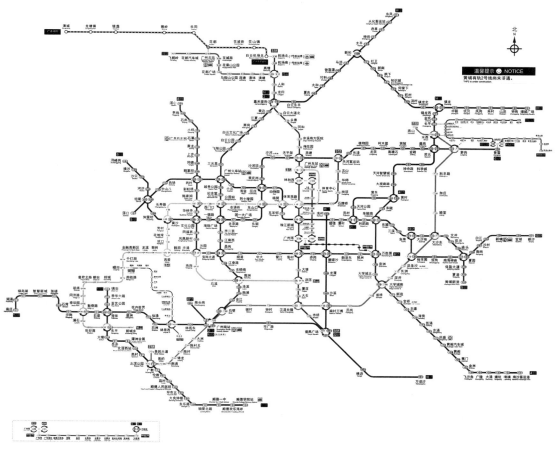

图2-39 轨道交通线路网络图

(3)线路图(图2-40)。

《城市轨道交通客运服务标志》(GB/T 18574—2008)对城市轨道交通线路图的一般要求有:

①宜设置在车站的出入口内、通道、售票机(处)、站台、车厢等适当位置。

②线路图中的各条线路应使用标志色。

③线路图中应突出标注本站,图中的换乘车站应区别于非换乘车站。

④站台上和车厢里的线路图可与列车运行方向标志结合。

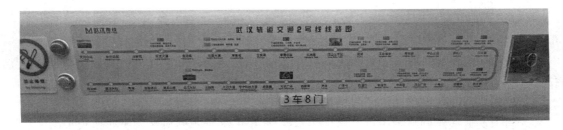

图 2-40　线路图

(4)票价表(图)。

票价表见图 2-41。

1号线\1号线	莘庄	外环路	莲花路	锦江乐园	上海南站	漕宝路	上海体育馆	徐家汇	衡山路	常熟路	陕西南路	黄陂南路	人民广场	新闸路	汉中路	上海火车站	中山北路	延长路	上海马戏城	汶水路	彭浦新村	共康路	通河新村	呼兰路	共富新村	宝安公路	友谊西路	富锦路
莘庄		3	3	3	3	4	4	4	4	4	4	4	4	5	5	5	5	5	5	6	6	6	6	6	6	6	6	7
外环路	3		3	3	3	3	4	4	4	4	4	4	4	4	5	5	5	5	5	5	5	6	6	6	6	6	6	6
莲花路	3	3		3	3	3	3	4	4	4	4	4	4	4	5	5	5	5	5	5	5	5	6	6	6	6	6	6
锦江乐园	3	3	3		3	3	3	3	4	4	4	4	4	4	4	5	5	5	5	5	5	5	5	6	6	6	6	6
上海南站	3	3	3	3		3	3	3	3	4	4	4	4	4	4	4	5	5	5	5	5	5	5	5	6	6	6	6
漕宝路	4	3	3	3	3		3	3	3	3	4	4	4	4	4	4	4	5	5	5	5	5	5	5	5	6	6	6
上海体育馆	4	4	3	3	3	3		3	3	3	3	4	4	4	4	4	4	4	5	5	5	5	5	5	5	5	6	6
徐家汇	4	4	4	3	3	3	3		3	3	3	3	4	4	4	4	4	4	4	5	5	5	5	5	5	5	5	6
衡山路	4	4	4	4	3	3	3	3		3	3	3	3	4	4	4	4	4	4	4	5	5	5	5	5	5	5	5
常熟路	4	4	4	4	4	3	3	3	3		3	3	3	3	4	4	4	4	4	4	4	5	5	5	5	5	5	5
陕西南路	4	4	4	4	4	4	3	3	3	3		3	3	3	3	4	4	4	4	4	4	4	5	5	5	5	5	5
黄陂南路	4	4	4	4	4	4	4	3	3	3	3		3	3	3	3	4	4	4	4	4	4	4	5	5	5	5	5
人民广场	4	4	4	4	4	4	4	4	3	3	3	3		3	3	3	3	4	4	4	4	4	4	4	5	5	5	5
新闸路	5	4	4	4	4	4	4	4	4	3	3	3	3		3	3	3	3	4	4	4	4	4	4	4	5	5	5
汉中路	5	5	5	4	4	4	4	4	4	4	3	3	3	3		3	3	3	3	4	4	4	4	4	4	4	5	5
上海火车站	5	5	5	5	4	4	4	4	4	4	4	3	3	3	3		3	3	3	3	4	4	4	4	4	4	4	4
中山北路	5	5	5	5	5	4	4	4	4	4	4	4	3	3	3	3		3	3	3	3	4	4	4	4	4	4	4
延长路	5	5	5	5	5	5	4	4	4	4	4	4	4	3	3	3	3		3	3	3	3	4	4	4	4	4	4
上海马戏城	5	5	5	5	5	5	5	4	4	4	4	4	4	4	3	3	3	3		3	3	3	3	4	4	4	4	4
汶水路	6	5	5	5	5	5	5	5	4	4	4	4	4	4	4	3	3	3	3		3	3	3	3	4	4	4	4
彭浦新村	6	5	5	5	5	5	5	5	5	4	4	4	4	4	4	4	3	3	3	3		3	3	3	3	4	4	4
共康路	6	6	5	5	5	5	5	5	5	5	4	4	4	4	4	4	4	3	3	3	3		3	3	3	3	4	4
通河新村	6	6	6	5	5	5	5	5	5	5	5	4	4	4	4	4	4	4	3	3	3	3		3	3	3	3	4
呼兰路	6	6	6	6	5	5	5	5	5	5	5	5	4	4	4	4	4	4	4	3	3	3	3		3	3	3	3
共富新村	6	6	6	6	6	5	5	5	5	5	5	5	5	4	4	4	4	4	4	4	3	3	3	3		3	3	3
宝安公路	6	6	6	6	6	6	5	5	5	5	5	5	5	5	4	4	4	4	4	4	4	3	3	3	3		3	3
友谊西路	6	6	6	6	6	6	6	5	5	5	5	5	5	5	5	4	4	4	4	4	4	4	3	3	3	3		3
富锦路	7	6	6	6	6	6	6	6	5	5	5	5	5	5	5	4	4	4	4	4	4	4	4	3	3	3	3	

图 2-41　票价表

《城市轨道交通客运服务标志》(GB/T 18574—2008)对城市轨道交通票价表(图)的一般要求有：

①票价表(图)应设置在售票机(处)附近。

②实行计程票价制时,票价表(图)应突出标注出本站,并标注从本站到达各站的票价。

(5)站内示意图(图2-42)。

《城市轨道交通客运服务标志》(GB/T 18574—2008)对城市轨道交通站内示意图的一般要求有：

①站内示意图应设置在车站的站厅、站台等适当位置。

②站内示意图应提供车站功能区域分布、服务设施分布等信息。

③站内示意图应标注乘客的当前位置。

④站内示意图中信息的方位应与乘客所在位置的实际场景一致。

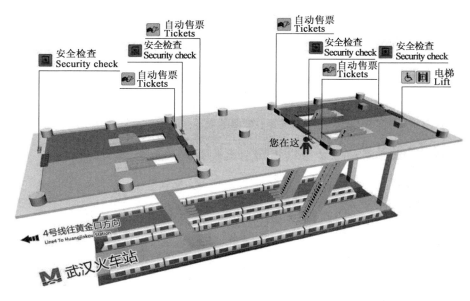

图 2-42　站内示意图

(6) 车站所在街区导向图 (图 2-43)。

《城市轨道交通客运服务标志》(GB/T 18574—2008) 对城市轨道交通车站所在街区导向图的一般要求有：

① 车站所在街区导向图宜设置在站台和站台通往出入口的通行区域的适当位置。

② 车站所在街区导向图应包括车站周边道路、主要公共服务机构、著名景区、轨道交通与其他交通工具换乘等重要信息。

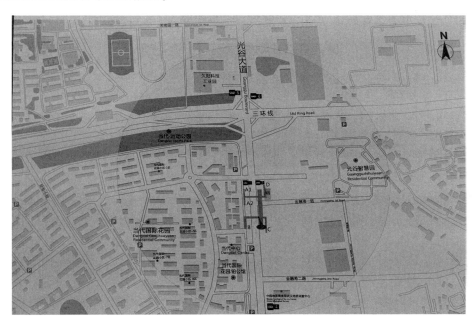

图 2-43　车站所在街区导向图

(7)实时运营信息(图2-44)。

《城市轨道交通客运服务标志》(GB/T 18574—2008)对城市轨道交通实时运营信息的一般要求有:

①实时运营信息宜在站台、车厢等处发布。

②发布的实时运营信息宜包括全线运营信息、车站运营信息、列车运营信息等。

图2-44 实时运营信息

(8)公告(图2-45)。

《城市轨道交通客运服务标志》(GB/T 18574—2008)对城市轨道交通公告的一般要求有:

①公告宜设置在出入口、通道、站厅、站台、车厢等适当位置。

②公告宜发布乘客在轨道交通公共场所应注意的事项、通知等信息。

图2-45 公告

5. 无障碍标志

(1)无障碍设施导向标志(图2-46)。

《城市轨道交通客运服务标志》(GB/T 18574—2008)对无障碍设施导向标志的一般要求有：

①无障碍设施导向标志应设置在通往无障碍设施(无障碍通路、自动检票机轮椅通路、升降梯、专用厕所、列车轮椅席等)的通行区域的相应位置。

②无障碍设施导向标志信息内容应包括箭头、无障碍设施图形符号；可包括文字注释等。

图2-46 无障碍设施导向标志

(2)无障碍设施位置标志(图2-47)。

《城市轨道交通客运服务标志》(GB/T 18574—2008)对无障碍设施位置标志的一般要求有：

①无障碍设施位置标志应设置在无障碍设施(无障碍通路、自动检票机轮椅通路、升降梯、专用厕所、列车轮椅席等)的上方等相应位置。

②无障碍设施位置标志信息内容应包括无障碍设施图形符号；可包括文字注释。

(3)视觉障碍者标志。

站台盲道见图2-48。

图2-47 无障碍设施位置标志

图2-48 站台盲道

《城市轨道交通客运服务标志》(GB/T 18574—2008)对城市轨道交通视觉障碍者标志的一般要求有：

①车站出入口至站台候车处应连续铺设用于引导视觉障碍者步行的盲道；合理设置行进盲道和提示盲道，以利于有视觉障碍的乘客顺利、安全地完成进站—乘车—出站的全过程。

②盲道的设计应符合《城市道路和建筑物无障碍设计规范》(JGJ 50—2001)的规定。

③车站出入口、站厅、站台、楼梯扶手的起点和终点、列车内车门等处应设置盲文触摸信息牌，可设置声音提示等信息装置。

④盲文应符合《中国盲文》(GB/T 15720—2008)的规定。

⑤轨道交通线路各车站的视觉障碍者专用标志的设置位置应尽可能一致，以利于视觉障碍者掌握设置规则，帮助他们发现和使用此标志。

二、标志的设置原则

《城市轨道交通客运服务标志》(GB/T 18574—2008)对城市轨道交通标志设置的基本原则有：

(1)客运服务标志应能给乘客必要的导向、提示和警示，以方便乘客，确保安全，利于客运组织。

(2)客运服务标志应包括安全标志、导向标志、位置标志、综合信息标志，应形成完整的客运服务标志系统。

(3)客运服务标志应规范、协调、清晰、明确、易懂、易辨、易记，设置适当。应根据需要进行及时调整，以利于持续改进和提高服务水平。

除此之外，客运服务标志的设置还应该满足统一性、连续性、实用性和安全性四个原则。

1.统一性原则

标志的设置要确保乘客快速找到并识别其含义，忌让乘客驻足寻找标志或者站在标志前苦苦思索其含义。统一性原则就是解决这个问题，尤其是在轨道交通网络化运营的城市。

(1)图形符号统一。

标准化的图形符号辨识度高，适合大部分群体快速找到所需目标。优先设置图形标志，是轨道交通安全、高效运营的有力保证。轨道交通运营场所内使用的图形符号要少而精，不宜创新，避免乘客不解其意。

(2)位置统一。

相同内容或作用的标志要尽量设置在相同位置。例如固定在天花板上的方向标志，不仅是同一个车站，而且一个城市所有的车站如无特殊情况都应设置在一致的位置，这样乘客就不需要搜寻整个空间，而只需要注视部分固定的区域即可，省去了寻找标志的麻烦。

2.连续性原则

连续性原则是指连续地设置标志，加强人们的认知与记忆。轨道交通车站通道长、方向多，标志需要连续设置，指导乘客到达目的地，其间不能出现标志视觉盲区。除此之外，标志之间的距离要适当安排,过长则视觉缺乏连贯及序列感,过短会造成视觉过度紧张,可视性差。在无岔路的直通道,一般20~30m应重复设置一次,以免乘客产生"是否正确"的疑问。这样不熟悉路线的乘客就可以一直看到标志,知道自己的方向是否正确。

3. 实用性原则

(1)根据需要将不同标志组合。标志组合时,应通过信息要素的排序或不同尺寸区分信息的主次,方便乘客快速获取信息。

(2)重要位置的导向标志、位置标志和安全标志应该独立设置。

(3)在实际外部光照或内部照明条件下,标志的底色与图形符号,文字使用的颜色色调和明度应有较大差异,应能使色盲和色弱者区分。

(4)合理安排商业信息占比和呈现方式,不得喧宾夺主,影响乘客获取服务信息。

4. 安全性原则

(1)标志设置后不应有造成人体伤害的任何潜在危险。

(2)标志设置要牢固。悬挂和悬臂设置时,应注意标志的下边缘不伤害人的头部,要求标志下边缘与地面的高度不低于2.3m。

(3)存在潜在危险的地点应设置必要的安全标志。

(4)当轨道交通客运组织和设施使用功能发生变化时,应设置相应的临时标志,并将与之相矛盾的标志进行遮挡。

(5)为使标志设置后能够高质量服务乘客,应保证材料耐用、不变色、环保、不反光、易于维护;标志在制作构造上,要达到一目了然的效果,使用的材料、颜色必须准确、稳定,所有材料须符合消防及安全要求。

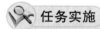

根据实训任务单,完成实训任务5服务标志的使用。

任务2.2　通行设施的使用

城市轨道交通的通行设施的使用主要包括楼梯、自动扶梯、垂直电梯、楼梯升降机、自动人行道、站台门等,《城市轨道交通客运服务规范》(GB/T 22486—2022)对城市轨道交通通行设施的使用的一般要求有:

(1)车站出入口、步行梯、通道、站厅、站台等场所应通畅,地面应保证完好、平整、防滑。

(2)自动扶梯、电梯、轮椅升降机等乘客输送设施应安全、可靠、运行平稳。自动扶梯和电梯运行时间应与车站运营时间同步。

(3)站台门应保证安全可靠、状态完好。站台门发生故障无法关闭时,应安排专人值守,做好安全防护;无法打开时,应通过广播等方式通知乘客,引导乘客从其他站台门上下车;出现大面积故障时,应及时采取相应措施,并及时通知乘客,引导乘客出行。

(4)自动扶梯应有明确的运行方向指示。自动扶梯或电梯发生故障时,应立即停止使用,放置安全护栏等设施,引导乘客采用其他方式通行。

一、楼梯

1. 楼梯设计基本要求

楼梯一般采取26°34′倾角,其宽度单向通行不小于1.8m,双向通行不小于2.4m。当宽度大于3.6m时,应设置中间扶手,每个梯段不宜少于3级且不宜超过18级,当台阶数量多时,在不同段设置长度1.2~1.8m的休息平台。楼梯宽度应满足车站人流量需要。

车站主要管理区内的站厅与站台层间,应设置内部楼梯。

2. 楼梯使用注意事项

在车站发生紧急情况时,楼梯主要用于向外疏散乘客,所以车站楼梯平时应保持畅通,任何物品不得堆放在楼梯处,任何人员不得滞留在楼梯处。日常服务中,应注意楼梯是否有异物,雨雪天气放置防滑用具,乘客携带大件行李物品或者婴儿车、轮椅时,应该引导乘客使用垂直升降梯。

二、自动扶梯

自动扶梯也称电扶梯,是带有循环运动梯路向上或向下倾斜输送乘客的固定电力驱动设备。由一台特种结构形式的链式输送机和两台特殊结构形式的胶带输送机所组合而成,带有循环运动梯路,用以在建筑物的不同层高间向上或向下倾斜输送乘客。它的用途主要是解决乘客的快速疏通问题,在列车到达后,大量的乘客乘自动扶梯从站台向站厅移动,因此应特别关注乘客是否正确使用自动扶梯。

1. 自动扶梯的操作

(1)自动扶梯运行前的准备。

自动扶梯运行前应检查安全设施标志、有无异物、紧急停止按钮等。

①检查安全设施标志。确认自动扶梯周围的安全设施[三角区的护板(图2-49)、防止进入的围栏(图2-50)]有无破损等异状,年审合格证是否过期。

图2-49 自动扶梯上方三角区的护板

图2-50 自动扶梯口防止进入的围栏

②检查有无异物。检查自动扶梯梯级踏板、扶手带、梳齿板和裙板(图2-51)及裙板与梯级的间隙,清除夹杂的碎纸、碎石和口香糖等异物。

图2-51　自动扶梯的梯级踏板、扶手带、梳齿板和裙板

③检查紧急停止按钮。检查紧急停止按钮(图2-52)是否处于正常状态。

(2)开启自动扶梯。

①鸣笛。将钥匙插入"蜂鸣、停止开关"旋转至"蜂鸣器"位(图2-53),鸣响警笛数秒,发出自动扶梯即将运行的信号,放手后钥匙将回到中央位置,将其拔出。

图2-52　自动扶梯的紧急停止按钮　　图2-53　自动扶梯的开关示意图

②开启自动扶梯。确认自动扶梯的踏板和梯级上没有乘客时,将钥匙插入运行开关(图2-53)后,向需运行方向(上或下)旋转,自动扶梯开始运作,待稳定运行后放手,钥匙自动回到中央位置,将其拔出。注意启动时一只手旋转钥匙同时另一只手按在紧急停止按钮上,当出现异常时及时按动紧急停止按钮。

③试运转。确认梯级和扶手带是否正常转动,如有异常声响或振动,要立即按动紧急停止按钮,停住自动扶梯,同时通知维修人员。确认正常运转后,再乘坐试用,检查有无其他异常情况。

④撤除防护栏。确认无异常后,撤掉防护栏,乘客方能正常使用。

如果试运转中按动紧急停止按钮,在问题处理完毕后,必须将红色罩复原。

(3)关闭自动扶梯。

①观察外观。观察自动扶梯外观和运行情况,确认无异常。

图 2-54 自动扶梯的隔离护栏

②鸣笛、关闭自动扶梯。将钥匙插入"蜂鸣、停止开关"旋转至"蜂鸣器"位,鸣响警笛数秒,确认无人在自动扶梯上后,将钥匙转至"停止"位,使自动扶梯停止运行。

③放置护栏。关闭自动扶梯后,在自动扶梯两端放置隔离护栏(图 2-54),不允许乘客进入自动扶梯的梯口。

④检查与清扫。一天的正常运行结束后须认真检查并清扫扶梯踏板、扶手带、梳齿板、裙板以及自动扶梯机房。

(4) 转换运行方向。

当车站客流发生异常变化,需要转换自动扶梯的运行方向时,应按以下操作步骤进行。

①观察外观。观察自动扶梯外观和运行情况,确认无异常。

②鸣笛、关闭自动扶梯。

③转向。待自动扶梯完全停止后,将钥匙插入运行开关,向需运行方向(上或下)旋转。

④试运转。确认梯级和扶手带是否正常转动,确认正常运转后,再乘坐试用,检查无异常情况后方可离开。

(5) 紧急停止按钮的使用。

在异常状况下,必须使用紧急停止按钮时,应大声通知乘客"紧急停止,请抓住扶手"后,再进行操作。

使用紧急停止按钮有两种操作方式。

①现场操作。自动扶梯两端的紧急停止按钮在正常状态时,按钮红色罩呈向外膨胀凸出状。操作时,用手指按压,凸起状态变塌陷状态,自动扶梯紧急停止。

紧急情况解除后,用手指按压红色罩的周围,使其中部恢复正常状态,紧急停止按钮复原。

②车站控制室操作(图 2-55)。操作时,敲破紧急停止按钮外的玻片、按压按钮,自动扶梯紧急停止。

紧急情况解除后,拔起按钮,紧急停止按钮复原。

(6) 人为按压紧急停止按钮后的处置。

车站工作人员发现自动扶梯紧急停止后,查看情况,根据自动扶梯设备上的停机代码,判断是否为人为按压紧急停止按钮的停机代码。对于人为按压紧急停止按钮导致的停梯且无其他异常情况时,可由车站当场按开启自动扶梯的操作程序恢复自动扶梯运行,不必报修。

图 2-55 车站控制室的自动扶梯紧急停止按钮

2. 自动扶梯使用注意事项

（1）自动扶梯进行试运行时，或自动扶梯日常运行中发生异响、异常振动等情况时，都应阻止乘客搭乘，停止自动扶梯运行并通知维修人员。

（2）车站工作人员应引导乘客正确搭载自动扶梯，对乘客不正确使用自动扶梯的行为应及时制止，以免发生意外。目前，大多数城市已经不再倡导"左行右立"乘梯。

（3）各种灾害（如火灾、地震、爆炸等）警报解除后或自动扶梯排除积水后，应由专业维修人员进行全面检修，确认没有问题后，方可投入使用。

（4）不同品牌的自动扶梯开启、关闭的操作方式不同。

案例 2-1

轨道交通车站里的"狂奔小姐姐"

在武汉轨道交通3号线后湖大道站内，一名老人乘自动扶梯时没站稳，身体有些踉跄，险些滑倒，站务员小周远远看到后拔腿就跑，飞奔现场按停自动扶梯，扶住老人，并仔细检查老人是否受伤，老人被小周的热心服务感动。小周提醒乘客，行动不便时，尽量选择乘坐垂直电梯，以保证安全出行。

小周的这一次"奔跑"，被热心乘客记录下来，并发布到网上。新华社、人民日报点赞小周为"最美狂奔小姐姐"。一时间"狂奔小姐姐"火遍全国互联网，众多网友纷纷为她点赞。谈及突然间走红，小周冷静回答："我火不火不要紧，那个爷爷没摔倒就是万幸，乘客安全乘车就是自己的责任。"

车站工作人员应熟练操作自动扶梯，保证乘客的生命安全。

三、垂直电梯

车站应设置垂直电梯，它是无障碍设施的一种。垂直电梯门前等候区深度不宜小于1.8m，当条件困难时等候区梯门可正对轨道区，但门前等候区不得侵占站台计算长度的内侧站台宽度。垂直电梯井出地面部分应采取防淹措施。垂直电梯平台与室外地面高差处应设置坡道。垂直电梯内部应安设视频监视装置。垂直电梯应能实现车站控制室、轿厢、控制柜或机房之间的三方通话功能。

1. 垂直电梯的操作

轿厢内的按钮一般分为报警按钮、楼层选择按钮、开门按钮和关门按钮等几种（图2-56、图2-57）。

（1）垂直电梯的开启。

在垂直电梯厅门口，用钥匙插入运行开关，并转到"0"位置（图2-58），然后将钥匙拔出，垂直电梯即开启，观察垂直电梯运行正常后方可离开。

（2）垂直电梯的关闭。

在垂直电梯厅门口，用钥匙插入运行开关，并转到"1"位置，出现"暂停"字样后，垂直电梯重新开关门一次,当再次关好门后垂直电梯关闭。最后拔出钥匙,操作完毕。

图 2-56　垂直电梯轿厢内的按钮 1　　　图 2-57　垂直电梯轿厢内的按钮 2

图 2-58　垂直电梯开关

2. 垂直电梯故障应急处理

(1)垂直电梯困人。

①接报有乘客被困电梯后,立即赶到故障电梯处。

②安抚被困乘客,告知被困乘客不要惊慌、踹门、撬门、试图自救,以免发生伤害。

③电梯维护人员到达现场后,协助开展救助,打开轿门,解救被困乘客。每个层门可以通过三角形的专用钥匙从厅门上部的锁孔插入将门锁打开。

④电梯修复后,维修人员应确认电梯运行正常,方可投入使用。

⑤发生客伤事件时,按《客伤事件应急处理预案》处理。

(2)水浸事故。

①发现或接报发生水浸事故将会危及电梯运行时,应立刻通知车站控制室,通过轿厢对讲机通知乘客从最近的楼层离开受影响的电梯。

②将受影响的电梯轿厢升至最高处,并关闭电梯。

③拦住水浸楼层的电梯口,以防水浸入电梯井。

(3)巡查中发现垂直电梯异常。

①巡查中发现垂直电梯运行异常,如钢缆有毛刺、断股,控制柜有异声、异味,轿厢升降异常等将危及垂直电梯安全运行时,应立即通知车站控制室。

②通过轿厢对讲机告知乘客从最近的楼层离开故障电梯。

③关闭故障电梯,立故障告示牌。

四、楼梯升降机

楼梯升降机又称斜挂式无障碍升降机(平台)、楼道升降机等。楼梯升降机是一种设置在楼梯旁用于运送坐轮椅车的乘客上、下楼梯的设备。楼梯升降机一般设置在城市轨道交通地面到站厅、站厅到站台的步行楼梯一侧,是建筑楼道系统中,乘坐轮椅或爬楼梯困难的人员上下楼梯的专用设备。楼梯升降机为特殊电梯的一种,属于车站无障碍设备设施的一部分。大多数城市的楼梯升降机采用轮椅平台式升降机(图2-59),此处主要介绍这种楼梯升降机。

图2-59　轮椅平台式升降机

1. 轮椅平台式升降机的控制方式

轮椅平台式升降机一般都采用微机控制方式,对升降平台的动作可实现各种自动控制,故障情况下也可采用手动控制。

(1)平台的收放。

自动平台可通过操作外召唤盒的上按钮和下按钮来控制平台收放。在升降机到达端点位置时,只要持续按住上按钮或下按钮,底板便会自动向上折放。在平台折叠或者张开过程中,如果遇到故障,也可以通过手动方式完成。

(2)护栏的收放。

当平台底板自动向上折放时,护栏会自动向下折放。护栏安装在支承架上,由人工或自动收放,只有放下护栏,升降机才能启动运行。

(3)平台的召唤和返回。

操作专用设备可实现平台的召唤和返回。

2. 轮椅平台式升降机的操作方式

(1)自助式操作。

自助式操作是指由使用者自行操作、使用升降机。采用这种操作方式的升降机,在楼梯的上下端都设置有专用操作箱,使用者只需按下操作箱上的"使用开关",升降机运行至使用端,然后平台自动打开。升降平台上安装有"护栏开关"和"运行开关",使用者可自行操作护栏的收放和平台的运行。"运行开关"一般是点压式的,使用者只要一松手,平台就会停止运行。自助式操作方式的升降机,必须具备前述三种自动控制功能。

(2)他助式操作。

他助式操作是指由他人协助操作、使用升降机。采用这种操作方式的升降机,在楼梯的上下端也都设置有专用操作箱(图2-60)。操作箱上设有对讲机,需要使用升降机时,先通过对讲机与现场管理人员取得联系,由管理人员到现

图2-60　楼梯升降机操作箱

场打开升降平台,协助使用者在平台上就位,然后用外接式运行控制器控制平台的运行。这种操作方式的升降机,在升降平台上设有钥匙开关,由管理人员管理钥匙,现场开停升降机。

五、自动人行道

自动人行道(图2-61)也称水平代步梯或电步梯,可用于距离长的通道,以减少乘客的步行量,适用于车站、码头、商场、机场、展览馆和体育馆等人流集中的地方。自动人行道是带有循环运行走道,用于水平或倾斜角不大于12°输送乘客的固定电力驱动设备。其结构与自动扶梯相似,主要由活动路面和扶手两部分组成,路面宽度不小于1m,其活动路面在倾斜情况下通常不形成阶梯状。

图2-61　自动人行道

为了达到与自动扶梯零部件通用和经济的目的,常采用相同的梯级结构和扶手结构。扶手应与活动路面同步运行,以确保乘客安全。自动人行道的运行速度、路面宽度和输送能力等均与自动扶梯相近。

自动人行道使用时有以下注意事项:
(1)面朝运行方向站立,双脚应站立在踏板的安全区域内。
(2)站稳并扶握扶手带。
(3)乘扶梯至出口处不要停留。
(4)儿童和老弱病残人员应由有行为能力的成年人一手拉紧或搀扶搭乘,婴幼儿应由上述成年人抱住搭乘。
(5)留心宽松衣物和拖鞋、软底鞋、鞋带等,以免被夹住。
(6)宠物应由主人抱住乘梯。
(7)依靠拐杖、助行架、轮椅等辅助器械行走的乘客不能使用。

六、站台门

站台门系统一般由机械和电气两大部分构成(图2-62),机械部分包括门机系统、门体结构,电气部分包括电源系统、监视系统、控制系统。

图 2-62 站台门结构

1. 站台门的控制方式

站台门控制系统一般有系统级控制、站台级控制、手动级控制三级五种控制方式(图 2-63)。按照优先级由低到高的顺序依次为 SIG(信号系统)控制、PSL(就地控制盘)控制、IBP(综合后备盘)控制、LCB(就地控制盒)控制、手动控制。

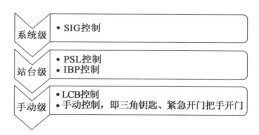

图 2-63 站台门控制方式

1) SIG 控制

SIG 控制是在正常运行模式下由信号系统直接对站台门进行控制的方式。在系统级控制方式下,列车到站并停在允许的误差范围内时,信号系统向站台门发送开/关门命令,控制命令经信号系统发送至站台门 PSC(中央接口盘,图 2-64),中央接口盘通过对滑动门开/关进行实时控制,实现站台门的系统级控制。

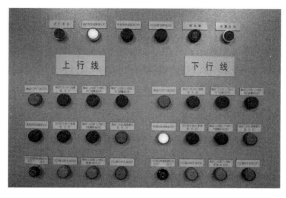

图 2-64 中央接口盘

2) PSL 控制

PSL 控制是由电客车司机或站务人员在站台就地控制盘(图 2-65)上对站台门进行开/关门的控制方式。当系统级控制不能正常实现时,如 SIG 故障、中央接口盘对控制失败等故障状态下,电客车司机或站务人员可在 PSL 上进行开门、关门操作,实现站台门的站台级控制操作。

3) IBP 控制

IBP 控制模式设计以每侧站台为独立的控制对象。紧急情况下,在车站控制室操作 IBP 盘上的钥匙开关打到开门位,打开站台门系统滑动门,滑动门完全打开后 PSC 面板、PSL 盘、IBP 盘上的开门指示灯亮。本命令属于紧急状态下的紧急开门命令。IBP 站台门盘面(图 2-66)通常不能用于紧急关门。

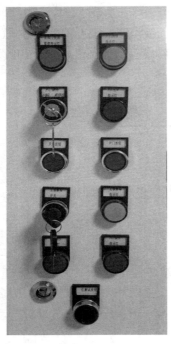

图 2-65　站台门就地控制盘

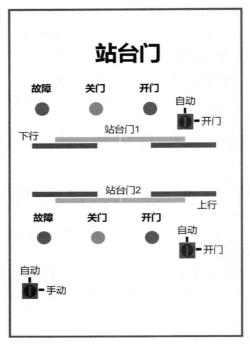

图 2-66　IBP 站台门盘面

4) LCB 控制

当滑动门因故障无法正常开关时,站务人员可将该道滑动门关闭锁紧后使用专用钥匙打到隔离位,并做好安全防护措施,在维修测试情况下,由维保人员使用 LCB 进行单道滑动门的操作。

LCB 通常有自动/隔离/手动三位式开关(图 2-67)及隔离/自动/手动关/手动开四位式开关(图 2-68),方便站台侧工作人员通过钥匙进行模式转换,且钥匙通常只有在自动位时,方能取出。

 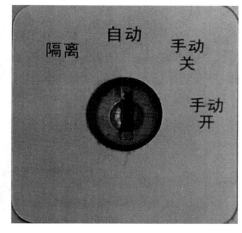

图 2-67　三位式 LCB　　　　　　　图 2-68　四位式 LCB

四位式 LCB 各挡位的作用分别如下：

(1)"隔离"位：单个滑动门单元与系统隔离，切断本单元的电力供应，不影响整个系统的正常工作，便于维修。在此模式下，该道门的安全回路不被旁路，当该滑动门未关闭且锁紧时，列车无法正常到发。

(2)"自动"位：可由 SIG、PSL、IBP 控制滑动门开关。

(3)"手动关"位：可使该滑动门执行关门动作。在此模式下，该道滑动门的开关门状态安全回路被旁路，无论滑动门是否关闭锁紧，都不影响列车正常到发。

(4)"手动开"位：可使该滑动门执行开门动作。在此模式下，该道滑动门的开关门状态安全回路被旁路，无论滑动门是否关闭锁紧，都不影响列车正常到发。

5)手动控制

手动控制是由站务人员或乘客对站台门进行的操作。当控制系统电源发生故障、个别站台门操作机构发生故障时，车站工作人员可在站台侧(锁孔见图 2-69)用钥匙或乘客在轨道侧通过开门把手(图 2-70)手动打开滑动门、应急门、端门。这一机械操作开门过程的优先级高于所有电气控制方式，但滑动门与应急门轨道侧手动解锁装置仅限于应急时刻使用。

图 2-69　滑动门站台侧锁孔　　　　　图 2-70　滑动门轨道侧开门把手

2. 站台门故障处理要点

站台门故障影响列车运行及乘客乘降。当发生站台门故障时，应坚持"先通后复"的原则，如无法及时处理，应先发车后处理。车站人员处理好后，应及时向司机显示"好了"信号，司机在确保安全的情况下按时刻表的要求行车，确保列车准点运行。

当运营期间站台门发生异常情况时，司机、车站人员要及时进行处理，在妥善组织行车的同时做好乘客广播、引导等客运组织工作。

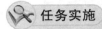

根据实训任务单，完成实训任务6通行设施的使用。

任务2.3　票务设施设备的使用

乘客出行最重要的环节就是售检票环节，良好的票务设施设备能有效提升乘客的出行效率，因此票务设施设备非常重要。票务设施设备一般包括自动售票机、自动检票机、半自动售票机、车站其他票务终端设备。

《城市轨道交通客运服务规范》（GB/T 22486—2022）对城市轨道交通票务设施设备的一般要求有：

(1) 票务设施应布局合理、满足通过能力和客流疏散要求。

(2) 售检票设施应安全可靠、状态完好。

(3) 每个售票点正常运行的自动售票机不应少于2台。

(4) 车站售票类设施设备应支持现金和移动支付方式。

(5) 每组进出站自动检票机群正常使用的通道不应少于2个。

(6) 自动检票机应能识别实体票、信用票等车票形式，具备移动支付检票功能。

(7) 自动售票机上或附近应有醒目、明确、详尽的操作说明。

(8) 当票务设施设备发生故障无法使用时，应有明显的标志引导乘客使用其他可用设施设备；大面积故障时，应增加人工售检票通道。紧急疏散时，检票机阻挡装置应全部处于释放状态。

一、自动售票机

自动售票机（Automatic Ticket Vending Machine，简称TVM）设置在非付费区，用于乘客自助购买城市轨道交通单程票、自助充值储值票/一卡通，有的TVM还具有自助扫码取票功能。自动售票机见图2-71。

TVM是对人工售票的代替和补充，减少了城市轨道交通运营公司的人力成本，方便乘客快速购票，是现代城市轨道交通自动售检票系统（Automatic Fare Collection System，简称

AFC系统)的重要组成部分之一。TVM可进行硬币、纸币识别和储存,硬币、纸币找零,乘客可使用硬币、纸币、银行卡、支付宝、微信、城市轨道交通官方App、商业银行App等多种方式进行支付。

1. TVM的操作

1)购票操作

乘客可使用硬币、纸币在TVM上购买单程票,可接受的支付方式包括硬币、纸币、硬币和纸币混合等。TVM通过触摸屏接收乘客的输入信息,采用形象化的地图模式、线路模式、语音提示引导乘客购票。同时给乘客提供中文/英文界面切换功能(默认中文方式)。

TVM为乘客提供三种购票方式,所有的操作方式在风格和细节上保持最大的一致性,避免因方式不同而让乘客产生使用障碍。

图2-71 自动售票机

(1)按地图购票。

操作步骤分为四步,乘客屏幕点击可小于3次,下面是详细购票步骤:

第一步,乘客在主界面点击TVM的地图区域(图2-72),地图区域放大,此时乘客可以点击站点,或通过位移按钮调整显示区域并选择站点。

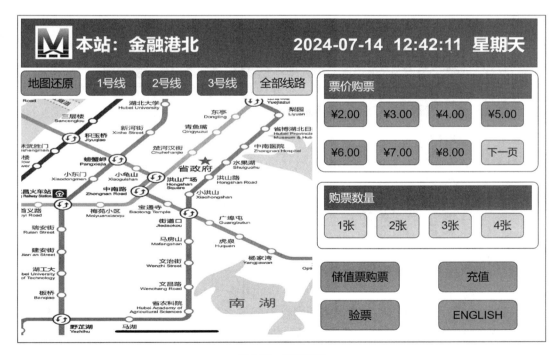

图2-72 浏览地图

第二步，选择目的地站点后，购票信息窗口（图2-73）将显示所到目的站点的名称、票价、数量（默认为一张）、应付金额和提示信息，乘客此时如需要修改购票数量，可直接点击购买票数量按钮。

图2-73　购票信息窗口

第三步，用户投入购票款，可根据设备状态显示器的提示，选择付款方式，如：硬币、纸币、硬币和纸币组合等。购票信息窗口实时显示乘客投入的购票款金额。当有现金投入后，选择车票数量按钮、票价按钮、线路按钮和地图按钮均无效；也可以选择电子支付方式（图2-74）。

图2-74　电子支付界面

第四步，出票完成之后，TVM弹出提示框，提醒乘客取票和取找零（若用现金支付），并结束购票流程，操作面板显示待购票界面，系统等待下一个乘客的操作。

（2）按线路购票。

对于熟悉城市轨道交通线路的乘客，设计了按线路购票的方式，向乘客显示独立的线路供其选择,使得乘客能够快速选择目的站点,这种方式除在乘客选择站点界面上不同外,其他操作步骤均与按地图购票方式一致。

购票步骤:首先,乘客在操作面板选择所要乘坐的线路按钮,地图区域将显示该线路地图(图2-75)。如果此时乘客希望采用按地图购票方式,可以点击地图按钮进行切换。之后的操作步骤与按地图购票方式完全一致。

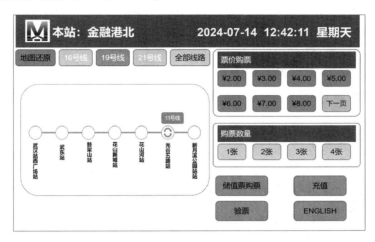

图 2-75　按线路购票界面

(3)按票价购票。

TVM 为乘坐城市轨道交通的另一个庞大的固定群体,如:上班族、学生等通勤乘客,设计了一种按票价购票的方式,这种方式适用于乘坐固定区域段的乘客,他们已经熟悉每日所乘坐的城市轨道交通票价,并有相对固定的目的站点。这种购票方式能使乘客对操作面板的点击次数减少一次,从而为他们提供更为快速的购票服务。

具体操作步骤如下:

首先,在待购票界面直接选择单程票票价,此时目的车站信息为空白(图2-76)。

图 2-76　按票价购票界面

其次，依然是确认或修改购票数量，投入足额购票款，出票找零，完成购票操作。与前两种购票方式无异。

2）充值操作

TVM 有储值票一卡通充值接口，乘客能在 TVM 上使用纸币、微信、支付宝等方式对所持的储值票进行充值，享受储值票一卡通带来的便利服务。

使用纸币充值通常仅接收乘客使用 50 元、100 元面额纸币，TVM 对操作超时、储值票一卡通单次最大充值金额等参数，可由 SC（车站计算机）下达或在 TVM 维护终端设置。

使用现金充值操作步骤如下：

第一步，乘客在主界面选择充值按钮，TVM 将切换到充值界面。

第二步，乘客根据界面提示，输入充值金额，TVM 提示投入充值现金，乘客通过纸币接收器支付充值款（图 2-77）。当乘客未投足充值款时，可选择取消按钮取消交易，TVM 将返还乘客投入的所有现金（图 2-78）。

图 2-77　插入卡后界面

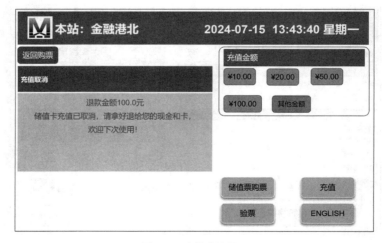

图 2-78　充值取消界面

第三步,当乘客投入了纸币后,TVM 对面额进行识别。如果乘客放入其他面额的纸币,或其他不可识别的货币,TVM 将拒绝接收。

如果 TVM 产生错误而无法完成充值,乘客投入的所有现金将被返还。TVM 根据错误类型,进行自动恢复或进入相应的功能受限制模式。

需要注意的是,下列任一情况发生时可中止当前的交易,并返还乘客投入的钱币:在未支付足够金额前,乘客可按取消按钮中止;操作超时,即乘客任何一步操作完成超过15s(可参数设置)后,下一步操作还未开始,则自动中止当前交易。

2. TVM 的服务要点

(1)根据客流情况,及时增开或关闭自动售票机;

(2)及时巡查,当自动售票机进入降级运行模式或故障模式时,采取必要的措施;

(3)自动售票机前排队乘客超过一定数量时(一般为5人),引导乘客使用其他售票机;

(4)乘客不会操作自动售票机时,协助乘客使用自动售票机,但应尽量避免完全替代乘客操作;

(5)乘客在使用自动售票机出现卡币、卡票、找零不足时,应按照规定程序排除故障,如自动售票机暂时无法恢复,引导乘客至客服中心办理。

> **案例 2-2**
>
> **赠人玫瑰,手有余香**
>
> 在武汉轨道交通2号线江汉路站,站务员小王发现一名乘客在自动售票机前徘徊许久,立即上前询问情况。原来该乘客急着赶往天河机场站,可在要扫码购票时,发现自己的手机无法连接网络,身上又没带现金,正不知如何是好。小王了解情况后,立即向值班站长报告,拿出自己的手机,打开手机流量的热点,快速帮助该乘客购买了一张前往天河机场的单程票。
>
> 乘客及时到达目的地后,在微博上发布了一封感谢信:"早上急着去机场,手机莫名没有网络了,现金又不够,谢谢武汉轨道交通江汉路站帅帅的小哥哥开热点帮我买票,给力!城市轨道交通一直棒棒的!"
>
> 城市轨道交通工作人员不仅要对自动售票机的操作方法熟练掌握,更要学会关注乘客需求,及时发现和解决乘客在使用自动售票机时出现的问题。

二、自动检票机

自动检票机(Automatic Gate Machine,简称 AGM)俗称闸机(图 2-79),安装于车站付费区与非付费区的交界处,是自动售检票系统中实现乘客自助进出站检票交易(在非付费区和付费区之间通行)的设备。AGM 检验到有效车票,通道阻挡装置释放,允许乘客进出站。

传统的 AGM 可以供乘客使用实体车票进出闸。不少城市轨道交通公司的传统 AGM 经改造后不仅可以供乘客使用实体车票进出闸,还可以供乘客使用二维码车票、云卡、银联手机闪付、一卡通手机票等虚拟车票进出闸。部分新型的 AGM 还可以直接通过低功耗蓝牙技术、面部识别（图 2-80）、掌静脉识别（图 2-81）等方式过闸。

图 2-79　闸机

图 2-80　面部识别闸机

图 2-81　掌静脉识别闸机

1. AGM 的基本功能

（1）自动对车票进行有效性检验，对有效车票进行相应处理后放行乘客，对于无效车票拒绝放行。

（2）对车票处理结果给出明确的提示信息。

（3）对通道的通行状态给出明确的指示。

（4）对特殊车票的使用给出明确的提示。

（5）对需要回收的车票执行回收操作。

（6）对各部件的工作状态进行自动监测，并向车站计算机系统上报工作状态。

（7）接收车站计算机系统下发的参数和控制命令，并执行相应的操作。

（8）存储并上传交易信息。

（9）具有进/出站客流记录、扣除车费记录、黑名单使用记录，以及信息输出功能。

（10）接收紧急按钮信号并控制设备的操作。

2. AGM 的服务要点

（1）AGM 上要有明显的使用标识，引导乘客正确使用。

（2）密切关注重点乘客的过闸情况，必要时协助其过闸。

（3）当乘客进出闸机出现问题时，及时上前询问，协助解决。

（4）当乘客违规过闸时，及时制止，并向其讲解正确的过闸方式。

案例 2-3

暖心一抱护乘客安全

在武汉轨道交通 3 号线二七小路站，黄女士像往常一样走进城市轨道交通站准备乘车。监控画面显示，她走到进站闸机前准备过闸时，突然趔趔趄趄，即将歪倒。该站工作人员小陈发现这一幕后，在 5s 之内冲到黄女士身后，在她即将晕倒时将其紧紧抱住。紧接着，值班站长小甘也赶到现场，她推来轮椅扶黄女士坐下休息，休息期间黄女士脸色苍白，伴随呕吐。值班站长小甘忙询问病情，并帮助联系家人。

经询问得知，黄女士是突发胃疾导致身体不适，于是工作人员取来温水递给黄女士，并为其清理身上的呕吐物。

1h 后，黄女士面色好转，身体有所恢复，家人也赶到车站将她接走。

黄女士及其家人离开城市轨道交通站时，特别感谢工作人员小陈，为轨道交通细心周到的服务点赞。

三、半自动售票机

半自动售票机（Booking Office Machine，简称 BOM）设于城市轨道交通车站客服中心，其安装位置一般可兼顾付费区和非付费区的乘客。售票员使用半自动售票机（图 2-82）处理各类实体车票及虚拟车票。

图 2-82　半自动售票机

1. BOM 的主要功能

(1) 对票卡进行分析、发售、充值、更新、激活、延期、退款、交易查询、解锁等处理。

(2) 处理车站乘客事务，记录票务行政处理。

(3) 所有操作员的班次信息和收益信息都会即时上传到 SC，这些数据文件都会入库和生成报表，SC 同样会把需要更新的参数下传到本站所有 BOM。

(4) 为车站运营部门提供相关信息服务，BOM 将自动按照系统设置要求定时将相关资料上传到 SC，以便车站管理部门进行分析、统计，提高城市轨道交通运营的整体服务品质和效率。

2. BOM 的服务要点

(1) 系统登录时，要注意信息的准确性。系统登录时会验证用户的合法性，同时系统会根据注册的用户进行功能授权和权限控制，使得用户只能合法地操作已授权的功能。离开 BOM 时，要注意及时退出登录。

(2) 出售单程票、储值票时，严格按照流程操作，并注意票款安全。

(3) 乘客的车票出现超时、超程、超时又超程、进出站次序错误、无票乘车、遗失车票、车票损坏等异常情况时，要问清楚乘客具体情况后再进行处理。

(4) 发售团体票、行李票、出站票、纸票等票种时，要做好票卡使用的说明。

四、车站其他票务终端设备

1. 自动加(充/增)值机

自动加(充/增)值机(Automatic Value-adding Machine，简称 AVM)通常安装在非付费区内，用于对一卡通或储值票进行充值和查验。AVM 通常支持现金、银行卡、微信、支付宝等多种支付方式。自动加(充/增)值机见图 2-83。

AVM 将充值、维护等主要操作过程记录到日志中，并具备上传到 SC 后传至 LCC(线路中心计算机)的功能。

图 2-83　自动加(充/增)值机

AVM 具有自检功能，若发现影响充值的部件发生故障时进入暂停服务状态，并在维护单元报告故障原因。

AVM 具有与 TVM 相似的乘客用户界面，如使用乘客显示屏，设有插卡口、入钞口，并有详细的用户操作指引等。

2. 自动验票机

自动验票机(Ticket Checking Machine，简称 TCM)安装在城市轨道交通车站非付费区，用于实现乘客自助查询车票。自动验票机见图 2-84。

TCM 能读出城市轨道交通发行的所有车票以及储值票卡中的数据内容。通常可以显示储值票卡最近 10 次交易记录。对于无效车票，乘客到客服中心处理。所有信息可用中英文双语显示。TCM 可独立运行。

TCM 能够对车票进行有效性分析，按种类所规定的规则，将有效车票的数据显示在乘客显示器中（图 2-84）。

3. 自助售卡充值机

自助售卡充值机（图 2-85）设置在非付费区，能实现给储值类票卡充值，售纪念票、日票、互通卡等票卡，查询车票等功能。

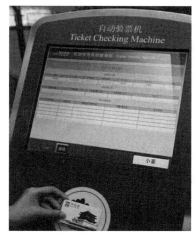

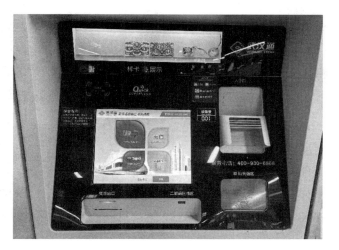

图 2-84　自动验票机　　　　　　图 2-85　自助售卡充值机

4. 云购票机

云购票机（图 2-86）设置在非付费区，用于实现乘客扫码购票或取票，不能使用现金支付。扫码购票的操作方法为点击云购票机上的购票按钮，选择车站、购票张数，确认后扫码支付，支付成功后取票即可。互联网订票扫码取票的操作方法为手机支付购票后生成二维码，点击云购票机上的取票按钮，再将手机二维码靠近二维码读票区，最后取票即可。

5. 云闸机

云闸机（图 2-87）设置在付费区与非付费区的交界处，用于乘客自助使用实体车票进出闸（由于云闸机出闸端无单程票回收装置，所以出闸端不能使用单程票），并拓展了使用二维码车票、一卡通手机票等进出闸的功能。

6. 自助客服中心

自助客服中心（图 2-88）安装于付费区内，可处理单程票、日票、储值票、纪念票、一卡通的票务事务，并提供单程票电子发票开票业务。

自助客服中心可处理的事务主要有：

（1）可分析车票，并处理超时、超程及进出站码更新业务，乘客可根据设备的提示指引操作处理，涉及车票更新收费只能通过支付宝或微信支付。

（2）对于付费区非当天超时的车票及本站发售的单程票，自助客服中心会指引乘客到客服中心处理。

图2-86 云购票机　　　　　图2-87 云闸机

7. 自助票务处理机

自助票务处理机（图2-89）设置于车站付费区及非付费区，可供享受优惠乘车政策的60周岁及以上老人进行注册，注册成功后可通过边门检票机"刷脸"进出站。此外，自助票务处理机还可供乘客快速查询一卡通、单程票等票卡余额和交易记录，以及进行票卡超时、超程等异常情况处理。

图2-88 自助客服中心　　　　　图2-89 自助票务处理机

任务实施

根据实训任务单，完成实训任务7 票务设施设备的使用。

任务2.4　乘客信息系统及广播系统的使用

乘客信息系统及广播系统能为乘客提供乘车相关信息,《城市轨道交通客运服务规范》(GB/T 22486—2022)对城市轨道交通乘客信息系统及广播系统的一般要求有：

(1)车站应有乘客信息系统,提供及时、清晰、有效的乘车、出站和疏散信息。

(2)乘客信息系统终端显示设备的布置应与照明灯具协调,安装应避开眩光和视线遮挡。

(3)站台应设置醒目、画面清晰、准确可见的乘客信息系统终端显示设备。其他位置终端显示设备应画面清晰、信息准确。

(4)车站的广播设施应具备集中广播和分区广播功能。自动广播发生故障时,应能够进行人工广播。

(5)广播设施应音质清晰、音量适中、不失真。

(6)车站内信息显示设施应设置在站台、站厅等乘客易于发现的位置。

一、乘客信息系统

1.乘客信息系统的构成

乘客信息系统(Passenger Information System,简称PIS)包含司机室广播主机、客室广播主机、终点站LED(发光二极管)显示屏、客室LED显示屏、司机室扬声器、客室扬声器、司机室全景摄像头、客室全景摄像头、司机室前视摄像头、监控触摸屏、LCD(液晶显示)显示屏、LCD动态地图、司机室广播控制盒、乘客紧急对讲装置(含麦克风)和网络硬盘录像机。

整个系统按照模块化和集成化的原则进行设计,由视频监控系统、列车广播系统、运营控制中心广播系统、数字化自动报站系统、信息显示系统等组成。

1)视频监控系统

视频监控系统提供的功能包括：

(1)司机室内的实时音频监控；

(2)客室内的实时视频监控；

(3)对环网中的监视头进行实时录像；

(4)当紧急警报触发时,视频监控系统能够自动进行联动,将指定的摄像头画面显示在司机室监控屏上；

(5)提供运营控制中心监控功能接口。

2)列车广播系统

列车广播系统由司机室广播主机、司机室广播控制盒、乘客紧急对讲装置(含麦克风)、司机室扬声器、客室扬声器和客室广播主机组成。列车广播系统自动接收车载无线电系统发出的控制信号,并使运营控制中心对乘客的广播功能有效。

3）运营控制中心（Operating Control Center，简称 OCC）广播系统

打开列车广播设备相应广播通道播放 OCC 广播信息，并传送到司机室和客室。在任何驾驶模式下 OCC 都能实现对列车的广播，OCC 对列车的广播由 PIS 系统自动响应，不需要司机的控制。列车广播系统具有相应的音频接口、控制接口。

4）数字化自动报站系统

数字化自动报站系统支持普通话和英文两种语言，包括全自动报站、半自动报站和手动报站等工作模式。系统通过硬线切换接口，可以对全自动、半自动和手动报站模式进行切换。站间广播分为两次：出站广播、到站广播。

数字化自动报站系统将需要播报的有关该线路信息、车站信息、乘客注意事项、应急信息、广告、换乘信息和紧急信息等需要公开告知的语音片段和显示的相关信息事先录制好并经过数字化处理后存放于广播主机内。当需要播放时由系统自动调用通过车辆内扬声器广播，并同步在客室显示器显示相应的信息。

5）信息显示系统（Passenger Information Display System，简称 PIDS）

信息显示系统由终点站 LED 显示屏、客室 LED 显示屏、LCD 显示屏、LCD 动态地图组成。

所有的 LED 显示屏都具有超时保护功能，如果 10min（该时间可调）没有从主机收到信号，为避免乘客接收到错误信息，LED 显示屏会自动关闭；当重新收到信号后，LED 显示屏自动恢复显示。LCD 显示屏具有超时保护功能，当 10min（该时间可调）没有接收到信号或信号微弱时，超时保护将起作用，显示屏将显示固定图像，以避免向乘客显示错误信息。

2. 乘客信息系统的功能

在城市轨道交通正常运营时，PIS 根据城市轨道交通车站和车载式显示设备向乘客公布乘车须知、列车到发的时间、转乘引导、运营安全性、列车时间表、管理人员公示、政府公告、交通出行参照、个股信息、媒体新闻、比赛直播、广告等动态的多媒体系统新闻资讯与游戏娱乐信息，包含天气预告、新闻时事、电视栏目等。

在城市轨道交通发生火灾事故、阻塞及恐怖事件等非正常情况下，PIS 给予动态性应急疏散提醒，车载设备根据宽带传输网传送即时或预录接收信息，另外在列车 LCD 显示屏上播放音频视频。乘客根据正确服务信息可以安全、方便、快捷地搭乘城市轨道交通。

乘客信息系统的具体功能有：

（1）列车服务信息的显示功能。

车站子系统的车站服务器实时从 ATS（列车自动监控系统）接收列车服务信息，再控制指定的终端显示器显示相应列车服务信息，如下一趟列车的到站时间、列车时间表、列车阻塞/异常、特别的列车服务安排等信息。

（2）时钟显示功能。

PIS 可以读取时钟系统的时钟基准，并同步 PIS 所有设备的时钟，确保终端显示屏幕显示时钟的准确性。屏幕可以在播出各类信息的同时提供时间和日期显示服务。

（3）实时信息的显示功能。

屏幕不同区域的信息可根据数据库信息的改变而随时更新。实时信息的更新可以采用

自动的方式或操作员人为的干预。实时信息包括新闻、天气、通告等。

通过车站操作员工作站或中心操作员工作站,操作员可以即时编辑指定的提示信息,并发布至指定的终端显示屏,提醒乘客注意。

操作员可以设定实时信息是否以特别信息形式或者紧急信息形式发放显示,发放优先级的信息可以即时打断原来正在播放的信息内容,即时显示。

移动列车应能实时接收多媒体制作中心发布的多媒体视频信号。

（4）广告播出功能。

PIS 可为轨道交通引入一个多媒体广告的发布平台,通过广告的播出,为轨道交通带来经营效益。广告可以分为图片广告、文字广告和视频广告。广告可与其他各类信息同步播出,提高系统的工作效率。

（5）车载监视功能。

在列车上设置车载监控系统,满足运营控制中心和列车对相应的管辖区域的监视需要。主要是为了监视运行列车车厢内的乘客活动情况,保障乘客安全。

运营控制中心可对所有运营列车的所有车厢进行实时监视,具备自动循环监视等功能。除各种监视功能外,还包括预览、录像、回放功能,报警功能,网络功能,综合控制功能。

（6）预置报警功能。

PIS 可以预先设定多种紧急灾难报警模式,当发生异常情况时,PIS 自动或人工触发进入报警模式。此时,相应的终端显示屏显示报警信息及人流疏导信息。

（7）即时编辑功能。

可在多媒体制作中心和车站操作员工作站即时编辑紧急灾难告警信息,发布至指定的终端显示屏,对人流进行疏导。

（8）集中网管维护功能。

为了确保系统的正常运行,PIS 能提供完备网管功能。可实时监控各终端节点的状态,车站服务器管理各自车站的 PIS 设备。中心网管工作站可动态显示系统各设备的工作状态,实时监控系统,实现智能声光报警,并能自动生成网络故障统计报表,智能分析故障。

二、广播系统

广播系统一般又称为扩声音响系统,其作用是将语音信息通过扩声系统发送并重现声音。它用于对乘客进行广播,通知列车到站、离站、线路换乘、时刻表变化、列车晚点、安全状况等信息;在突发事故或紧急情况时,作为事故抢险、组织指挥的防灾广播,对乘客进行及时有效的疏导和指引,提高应急响应能力。此外,广播系统还可以对运营人员进行广播,发布有关通知信息,便于协同配合工作,提高服务质量。

广播系统一般由音源、音频放大器和扬声器系统组成。其音响效果与系统的配置有关,也与播放环境有密切关系。音源广播系统能够重现原始声音和原始声场,它需要高保真音源设备。高保真音源设备一般包括传声器、CD 播放机、DVD 播放机、MP3 播放机等。音频放大器是广播系统的主体,包括前置放大器和功率放大器两部分,必要时可以插入图示均衡器。音频放大器对音频信号进行处理和放大,用足够的功率去推动扬声器系统发声。扬声器系统由扬声器、分频器和箱体三部分组成,其作用是将功率放大器输出的音频信号分频段不失真地还原成原始声音。扬声器系统对重放声音的音质具有举足轻重的作用。城市轨道交通系统中的广播系统按照设备的安装地点可以分为地面广播和车载广播两个部分。

1. 地面广播

地面广播的作用是对乘客进行广播,通知列车到站和离站的信息,或播放音乐以改善候车环境,或在发生意外情况时疏导乘客。对乘客广播的播音范围主要是站台和站厅区。地面广播的另一个作用是对工作人员进行广播,其播音范围为办公区域、站台、站厅、隧道及车辆段、停车场内,以便及时发布与行车有关的信息,使工作人员协同配合工作。地面广播信息可以由控制中心广播台发出,也可由车站值班员发出。

地面广播由车站广播系统设备、控制中心广播系统设备、传输线路、自动广播设备几个部分组成。

1)车站广播系统设备

车站广播系统设备由车站值班员操作,通过操作车站广播控制台的键盘对信源、广播区、控制模式进行选择,对车站各广播区定向广播。车站分为上行站台、下行站台、站厅、办公区四个广播区域,车站广播系统由车站广播控制台、站台广播控制台、DVD机或CD播放机、功率放大器、系统控制切换装置、接口装置、扬声器系统组成。

下面主要介绍车站广播控制台、功率放大器、系统控制切换装置和接口装置。

(1)车站广播控制台。

车站广播控制台(图2-90)用于车站值班员进行广播,车站广播控制台面板上设有传声器、液晶显示屏、键盘区等,键盘区分为信源选择键、广播区选择键、语音合成选择键、监听控制功能键、应急广播操作键等,包括以下功能:

图2-90 车站广播控制台

①选区广播功能。控制台可对车站内的四个广播控制区的单一区域、多个区域或全部区域进行广播。

②播放声源选区功能。控制台可通过按键选取声源,声源的种类包括传声器、语音合成、CD或DVD播放机。

③音量调整功能。播音员可通过控制台音量按键来调节扬声器的音量,有些系统还具有自动调节音量的功能。

④优先级功能。站台广播控制台是为站台值班人员进行广播而设置的,当其正在广播时车站控制室内控制台可直接强拆其广播进行播音,车站广播控制台具有高优先级广播功能。

⑤监听选择功能运营。控制中心调度员可选择监听各车站广播区工作状态与广播内容;车站值班员可监听本站广播区工作状态和广播内容。

⑥语音合成广播功能。车站的日常业务广播用语及专业用语可录制在语音合成储存器内,播音员通过键盘操作控制台播放已经存储的语音。

(2)功率放大器。

功率放大器对声源信号进行放大处理传送到扬声器。广播系统每个广播区域配置一个功率放大器,而且功率放大器设备一般为模块化,主备冗余配置,即使某一路功放故障,冗余后备功率放大器自动切换,无须人工倒机,提高了系统的可靠性。

(3)系统控制切换装置。

系统控制切换装置完成广播系统各部分之间的切换及控制,控制台切换声源、控制台切换广播区、噪声检测自动调节播放声音等都是由系统控制切换装置完成的。

(4)接口装置。

接口装置完成各控制模块之间的接口转换,同时将车站广播告警信息传送到运营控制中心网管设备,接收运营控制中心发出的声音及控制信息等。

2)运营控制中心广播系统设备

运营控制中心广播系统设备主要由调度人员操作,运营控制中心可对任意一个或多个车站的任意广播区进行广播,可对车站播放的语音进行监听等。运营控制中心广播具有高优先级,广播系统正常运营时以车站广播为主,主要是对乘客进行公告信息广播;在紧急情况下,如发生灾难,以中心防灾广播为主。

3)传输线路

广播系统传输线路包括两部分:一部分为本地传输线路,另一部分为运营控制中心到车站的传输线路。运营控制中心广播系统设备与车站广播系统设备之间的传输线路包括控制线路和语音线路,其中控制线路用来传送控制信号,如优先级选择、车站设备告警信号等;语音线路用来传送运营控制中心播发的语音信号,也可将车站广播的信号传送到运营控制中心设备以供运营控制中心监听使用。

4)自动广播设备

随着城市轨道交通系统中通信与信号新技术的应用发展,信号系统与广播系统之间的联系越来越紧密,有些信号系统可向广播系统提供列车进出站触发信号,广播系统设备将这些信号转化后,由广播控制台启动自动广播设备进行全自动广播,其内容包括列车停靠、进出站信息、安全提示等。

2. 车载广播

车载广播的主要作用是向乘客发布到站信息以及播放一些背景音乐,同时在紧急情况下向乘客播放信息。车载广播系统有两种模式:一种是为地面上行驶的列车设计的,另一种是为隧道内行驶的列车设计的。

(1)地面列车车载广播系统。

其系统设备由信号接收机、车载广播控制设备、车厢扬声器系统组成。列车行驶过程中可接收到定位信号,车载广播一般采用信号接收机定位触发,实现自动广播。

信号接收机接收卫星定位信号,并将信号传送到车载广播控制设备,实现列车信息定位的功能。车载广播控制设备接收信号接收机发出的列车定位信号,并判断播发信息的内容,然后将事先存储的语音信息播发出去。系统也具有人工广播的功能,当需要播发紧急信息或信号接收机发生故障时,司机可通过控制面板上的控制按键人工播发信息。车厢扬声器系统能对列车上的乘客进行广播,一般采取并联方式。

(2)隧道列车车载广播系统。

城市轨道交通列车一般在隧道内行驶,无法接收定位信息,需要通过轨道电路触发设备来实现自动播发信息的功能。其系统设备由轨道电路触发设备、车载接收设备、车载广播控制设备、车厢扬声器系统组成。

轨道电路触发设备安装在轨道上,为车载接收设备发送位置信息。

车载接收设备接收轨道电路触发设备发送的位置信息,并将信号传送到车载广播控制设备。

车载广播控制设备接收车载接收设备的位置信息,并判断播发信息内容,其他功能与地面车载广播控制设备相同。

任务 2.5 照明设施的使用

车站主体空间一般都是在室内,因此需要良好的照明设施,保障乘客的出行安全,《城市轨道交通客运服务规范》(GB/T 22486—2022)对城市轨道交通车站照明设施的一般要求有:

(1)车站正常照明和应急照明设施应状态完好;正常照明应采取节能措施,并持续改进。

(2)应急照明应具备应急电源。

(3)车站地面的安全疏散指示标志应采用内置灯具照明方式,运营服务类和公共服务类公共信息导向系统可采用外置光源照明方式。

(4)照明设施的设置、性能等应符合《城市轨道交通照明》(GB/T 16275—2008)的要求。

(5)列车上应设有应急照明。

一、照明方式和照明种类

《城市轨道交通照明》(GB/T 16275—2008)对照明方式和照明种类有以下规定:

(1)城市轨道交通各场所照明方式可分为一般照明、分区一般照明、局部照明和混合照明。

（2）城市轨道交通工作场所照明种类可分为正常照明、应急照明、值班照明和过渡照明。

（3）城市轨道交通照明应符合以下规定：

①除特殊要求外，城市轨道交通各场所应设一般照明。

②同一场所内的不同区域有不同照度要求时（如控制中心的控制台、屏前区；车站站厅的自动售票、自动检票及一般通行区等），应采用分区一般照明。

③对于照度要求较高，且单独设置一般照明不合理的场所，宜采用混合照明。

④在一个工作场所内有局部照明要求时，应设局部照明。

⑤所有场所应设正常照明。

⑥下列场所应设应急照明：

A. 当正常照明因故障熄灭后，对需要确保正常工作或活动继续进行的场所，应设备用照明；

B. 当正常照明因故障熄灭或火灾情况下正常照明断电时，对需要确保人员安全疏散的出口和通道，应设疏散照明。

⑦非24h连续运营的城市轨道交通公共场所，应设值班照明。

⑧城市轨道交通车站出入口楼梯、地面或高架站厅与站台楼梯等处应设过渡照明。

二、照明光源选择

《城市轨道交通照明》（GB/T 16275—2008）对照明光源选择有以下规定：

（1）城市轨道交通照明应选用高效、节能、环保的光源。选用的照明光源应符合《普通照明用荧光灯能效限定值及能效等级》（GB 19044—2022）、《普通照明用气体放电灯用镇流器能效限定值及能效等级》（GB 17896—2022）等国家现行相关标准的有关规定。

（2）选择光源时，应在满足显色性、启动时间等要求的条件下，根据光源、灯具及镇流器等的效率、寿命和价格，在进行综合技术经济分析比较后确定。

（3）城市轨道交通照明光源可按以下规定选择：

①可按下列条件选择光源：

A. 高度较小场所宜采用三基色细管径直管形荧光灯，也可采用紧凑型荧光灯、小功率的金属卤化物灯。

B. 高度较大的厂房、车间、站台可采用金属卤化物灯、高压钠灯、大功率细管径荧光灯或高频无极荧光灯，当采用高频无极荧光灯时，其电磁兼容性的要求应满足周边设备的要求。

C. 一般照明场所不宜采用荧光高压汞灯和自镇流荧光高压汞灯。

D. 隧道区间线路照明宜采用高频无极荧光灯、荧光灯、小功率金属卤化物灯，当采用高频无极荧光灯时，其电磁兼容性应满足周边设备的要求。

E. 地面、高架区间线路照明宜采用高压钠灯、小功率金属卤化物灯。

F. 一般情况下，室内外照明不应采用普通照明白炽灯；在特殊情况下需采用时，其额定功率不应超过100W。

②下列工作场所可采用白炽灯：

A. 要求瞬时启动和连续调光的场所,使用其他光源技术经济不合理时。
B. 对防止电磁干扰要求严格的场所。
C. 开关灯频繁的场所。
D. 照度要求不高,且照明时间较短的场所。
E. 对装饰有特殊要求的场所。
F. 由光源的频闪作用而引起错误视觉,危及人身安全的场所。

③应急照明用出口标志灯、指向标志灯可采用 LED 灯,疏散照明灯应选用能快速点燃的光源。

④应根据识别颜色要求和场所特点,选用相应显色指数的光源。站台、站厅同一场所光源色温应保持一致。

三、应急照明、值班照明和过渡照明

《城市轨道交通照明》(GB/T 16275—2008)对应急照明、值班照明和过渡照明有以下规定。

1. 应急照明

(1)疏散照明照度应符合下列规定:
①车站疏散照明照度不小于 5.0lx;
②区间线路疏散照明照度不小于 3.0lx;
③控制中心、车辆段地面水平照度值不小于 1.0lx。

(2)由正常照明转换为疏散照明的点亮时间不大于 5.0s,疏散照明供电时间不小于 60min。

(3)疏散照明可按以下标准设置。
疏散照明由出口标志灯、指向标志灯、疏散照明灯组成,可参照下列条款设置:
①在站台、站厅的出口、车站出口、有人值班的设备房及其他通向外界的应急出口处的上方,应设置出口标志灯。
②在站台、站厅、楼梯、通道及通道转弯处附近,当不能直接看见或不能看清出口标志灯时,应设置指向标志灯。指向标志灯距地面高度不大于 1.0m,且安装间距不大于 15.0m,对于袋形走道,不大于 10.0m;在走道转角区,不大于 1.0m,指示标识应符合《消防安全标志 第 1 部分:标志》(GB 13495.1—2015)的相关规定。
③在站台、站厅、楼梯、通道及通道转弯处附近、出入口、房间通道、风道、线路区间等处均应设置疏散照明灯。

(4)一般工作场所备用照明照度值不应小于正常照明照度值的 10%,切换时间不应大于 5.0s。

(5)中央控制室、车站综合控制室、站长室、消防泵房、变配电房等应急指挥和应急设备应用场所的备用照明照度不应小于正常照明照度的 50%,切换时间不应大于 5.0s。

(6)备用照明持续供电时间不应小于 60min。

2. 值班照明

非24h连续运营的城市轨道交通的公共场所,如:站台、站厅、通道、楼梯等的值班照明,其照度值不应低于正常照明度标准值的10%。

3. 过渡照明

(1)城市轨道交通车站出入口、双层地面站及高架车站昼间站台到站厅楼梯处应设过渡照明。

(2)过渡照明宜优先利用自然光过渡;当自然光过渡不能满足要求时,应增加人工照明过渡。

(3)白天车站出入口内外亮度变化,宜按1:10～1:15取值,夜间出入口内外亮度变化,宜按2:1～4:1取值。双层地面站及高架车站昼间站台到站厅的亮度变化与出入口相同。

城市轨道交通车站各场所正常照明标准值见表2-1。

城市轨道交通车站各场所正常照明标准值　　　　　　表2-1

场所	参考平面及高度	照度/lx	统一炫光极限 UGR_L	显色指数 R_a	备注
出入口/楼梯/自动扶梯	地面	150		80	考虑过渡照明
通道	地面	150		80	
站内楼梯/自动扶梯	地面	150		80	
售票室/自动售票机	台面	300	19	80	
检票处/自动检票机	台面	300		80	
站厅(地下)	地面	200	22	80	
站台(地下)	地面	150	22	80	
站厅(地面)	地面	150	22	80	
站台(地面)	地面	100	22	80	
办公室	台面	300	19	80	VDT(Visual Display Terminal,视觉显示终端)工作应知注意避免发射眩光
会议室	台面	300	19	80	
休息室	0.75m水平面	100	19	80	
盥洗室、卫生间	地面	100		60	
行车/电力/机电/配电等控制室或综控室	台面	300	19	80	VDT工作应知注意避免发射眩光
变电/机电/通号等设备用房	1.5m垂直面	150	22	60	
泵房、风机房	地面	100	22	60	
冷冻站	地面	150	22	60	
风道	地面	10		60	

任务 2.6　列车、安全服务设施设备及其他设施设备的使用

一、列车

城市轨道交通列车是完成乘客运输的主要载体,乘客大部分出行时间都是在列车上度过的,因此,列车设施设备应充分考虑乘客使用的安全、便捷和舒适等需求。列车一般采用轻质材料制造,车体线条采用流线型设计,客室设备设计也注意乘客的流动方便与最大限度提高客室空间的利用率。

《城市轨道交通客运服务规范》(GB/T 22486—2022)对城市轨道交通列车的一般要求有:

(1)列车上的座椅、扶手等设施应安全可靠,车辆连接处应采取保障乘客安全的措施,安全标志、引导标志应清晰有效。

(2)客室车窗应采用一旦发生破坏时其碎片不会对人造成严重伤害的安全玻璃。

(3)客室地板应防滑,客室结构不应有尖角或突出物。

(4)列车上应至少设置一处供轮椅停放的位置,应有乘轮椅者适用的抓握或固定装置。

(5)列车上的空调、采暖、通风、闭路电视(监控用)、广播信息等设备应保持状态完好,并按规定开启。

(6)列车车身外侧或站台宜设置 LED 运行信息显示。

城市轨道交通列车客室内的设备相对比较简单,其主要功能是运载乘客,提供足够的乘车空间,适应城市轨道交通客流流量大、乘车时间短、波动规律、快进快出、流动频繁等特点,部分服务设施设备如图 2-91 ~ 图 2-95 所示。

图 2-91　列车座椅

图 2-92　列车拉环、吊杆和立杆

项目2　城市轨道交通客运服务设施设备

 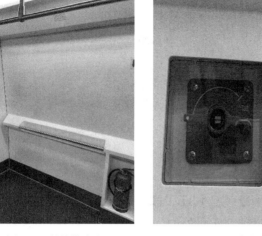 

图2-93　轮椅停放处　　　　图2-94　车门紧急解锁装置　　　　图2-95　紧急破窗锤

二、安全服务设施设备

安全服务设施设备有应急灯、紧急停车按钮(图2-96)、招援电话(图2-97)等。《城市轨道交通客运服务规范》(GB/T 22486—2022)对城市轨道交通安全服务设施设备的一般要求有：

图2-96　紧急停车按钮　　　　　　　　图2-97　招援电话

(1)安全服务设施设备,包括车站、列车车厢内设置的消防、应急照明、应急通信、应急广播、乘客信息系统、视频监控等,应保持100%的可用性。

(2)运营单位应在车站内配备急救箱,车站和列车服务人员应掌握必要的急救知识和技能。

(3)供公众疏散使用的且平时需要关闭的疏散门,应确保在应急情况下不需要任何器具能手动迅速开启。

(4)列车客室内应设置乘客手动报警或与司机或控制中心通话的装置,紧急情况下乘客可向司机或控制中心报警。

(5)车站服务人员应对车站安全设施设备进行巡视检查,巡视频率不应低于每3h一次,发现异常情况及时进行处理;遇客流高峰、恶劣天气、重大活动等情况,应根据需要增加巡视次数。

三、其他设施设备

车站还有一些其他的便民服务设施,如无障碍卫生间(图2-98)、母婴室(图2-99)、自助图书馆(图2-100)、自助售货机(图2-101)、自助饮水机(图2-102)等。《城市轨道交通客运服务规范》(GB/T 22486—2022)对城市轨道交通其他设施设备的一般要求有:

(1)车站宜设置乘客座椅,并保持整洁完好。

(2)车站内设置的公共卫生间,应保持清洁,并能够正常使用。

(3)通风、采暖与空调系统、环境与设备监控系统应按规定设置并开启。

(4)站台门的应急开启装置应完好,操作导引应醒目、清晰。

(5)车站应设置无障碍服务设施,无障碍设施应保持性能完好。

(6)车站宜配置无障碍厕位或无障碍卫生间、婴儿护理台、儿童洗手盆等服务设施;宜设置母婴室、自动取款机、自动售货机等便民服务设施设备,并设置相应标志引导乘客使用。

(7)车站的生活福利、商业和便民服务设施不应对车站客流产生干扰。

(8)车站的站台、站厅宜设置适量的废物箱。

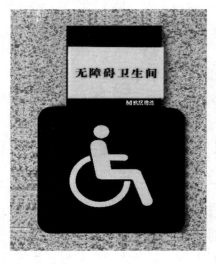

图2-98　无障碍卫生间

图2-99　母婴室

项目2　城市轨道交通客运服务设施设备

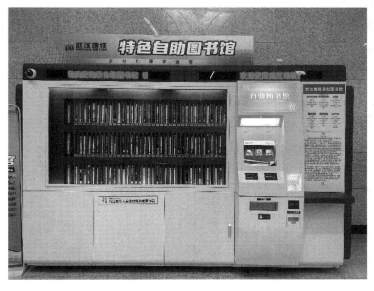

图 2-100　自助图书馆

图 2-101　自助售货机

图 2-102　自助饮水机

练习题

一、填空题

1. 城市轨道交通客运服务标志一般包括＿＿＿＿＿＿＿＿、＿＿＿＿＿＿＿＿、＿＿＿＿＿＿＿＿、＿＿＿＿＿＿＿＿、＿＿＿＿＿＿＿＿等。

2. 根据《城市轨道交通客运服务规范》(GB/T 22486—2022)要求,在城市轨道交通车站外、＿＿＿＿＿＿＿＿范围内提供清晰、明确、设置合理、引导连续和统一的城市轨道交通导向标志。

83

3. 运营时间中应包括本站、_____、_____。

4. 轨道交通线路各车站的视觉障碍者专用标志的_____应尽可能一致,以利于视觉障碍者掌握设置规则,帮助他们发现和使用此标志。

5. 客运服务标志的设置还应该满足_____、_____、_____和_____四个原则。

二、选择题

1. 客运服务标志中相同内容或作用的标志要尽量设置在相同位置上,体现城市轨道交通标志设置的(　　)原则。
   A. 统一性　　　　B. 连续性　　　　C. 实用性　　　　D. 安全性

2. "先下后上"标志属于(　　)。
   A. 警告标志　　　B. 提示标志　　　C. 安全标志　　　D. 消防标志

3. 根据应急照明要求,疏散照明供电时间不小于(　　)min。
   A. 10　　　　　　B. 20　　　　　　C. 30　　　　　　D. 60

4. 当滑动门因故障无法正常开关时,站务人员可将该道滑动门关闭锁紧后使用专用钥匙打到(　　),并做好安全防护措施,在维修测试情况下,由维保人员使用LCB进行单道滑动门的操作。
   A. 自动　　　　　B. 隔离　　　　　C. 手动关　　　　D. 手动开

5. (多选)轿厢内的按钮一般分(　　)等几种。
   A. 报警按钮　　　B. 楼层选择按钮　C. 开门按钮　　　D. 关门按钮

三、简答题

1. 服务标志有哪些分类？在设置上分别有哪些要求？
2. 自动扶梯在使用时有哪些注意事项？
3. 垂直电梯在发生困人事件时如何操作？
4. 站台门有哪些控制方式？
5. 自动售票机购票方式有哪些？
6. 闸机的服务要点有哪些？
7. 半自动售票机的服务要点有哪些？
8. 乘客信息系统有哪些功能？
9. 照明种类有哪些？
10. 列车上有哪些服务设施？

项目3
城市轨道交通客运心理服务

项目描述

通过本项目的学习,城市轨道交通客运服务人员应能更好地胜任客运服务工作,为乘客提供更加优质的服务。心理因素是影响人们社会生产活动的重要因素。要把城市轨道交通客运任务完成好,就需要把握人们在各种活动中产生的心理现象的根源。城市轨道交通客运服务人员只有知己知彼,才能有针对性地采用合适的服务技巧,妥善解决服务工作中可能遇到的问题。本项目主要是使客运服务人员在把握城市轨道交通员工心理和乘客心理方面得到锻炼。

教学目标

知识目标
1. 了解乘客共性心理、个体心理、群体心理、客运服务人员的服务情感和意志品质。
2. 掌握乘客出行心理活动因素及满足乘客出行心理服务措施。

能力目标
1. 具备根据城市轨道交通乘客的行为方式、语言特点判断乘客的心理状态的能力。
2. 具备依据乘客心理状态开展有针对性的良好服务的能力。
3. 具备能根据自身心理状况控制自己情绪,提升服务质量的能力。
4. 具备提升自身心理健康水平的能力。

素质目标
增强心理服务意识,提高客运服务心理品质。

任务3.1　城市轨道交通乘客心理分析

随着经济社会的发展和人民生活水平的提高，人们对乘车的需求不断增长。不同的乘车目的伴随不同的心理活动。

一、乘客乘车的共性心理

乘客乘车的共性心理是指所有乘客在乘车过程中从开始买票到乘车终了，经过各个环节，遇到各种情况，所具有的相同的心理活动。一般来讲，人们出门乘车首先要考虑选择哪种交通工具，其共性的心理表现主要为：对交通工具的安全、经济、迅速、方便等方面进行比较，然后对舒适程度、服务质量等方面进行比较，分析哪种交通工具乘车条件优越，最后选定交通工具。乘客在乘车中的共性心理，是相当复杂的。下面对乘客共性心理进行一般性分析。

1. 安全心理

乘客乘车最根本的需要就是安全需要，它包括人身安全和物品安全两个方面。为保证乘车安全，乘客常常会综合考虑自然环境状况、社会治安情况和运输工具的安全性等内容，再决定是否出行。

安全就是不发生任何危及人身和财物的意外事故，即不会发生人身碰挤伤、摔伤等伤害情况，乘车中所携带的财物、文件资料能够保持完整，不会发生任何丢失或损坏的事情。

在乘客运输服务过程中，努力满足乘客出行安全心理要求，是所有客运服务人员的首要工作。这要求城市轨道交通运营企业应加强车站和列车的治安管理，从技术装备上提高运输载体的安全性，从安全管理上提高客运服务人员对不安全因素的预测和及时处理等方面的能力。

2. 顺畅心理

乘客进入站厅能够顺利地买到自己需要的车票；上车时，人虽然多，但能够顺利地找到座位；列车在运行途中无意外事故，能正点到达终点站；乘客准备换乘时，有充裕的时间赶上接续换乘的交通工具等。这些都是乘客出行的顺畅心理要求。

要满足每位乘客的顺畅心理要求，做到时时顺畅、事事顺畅是不现实的。城市轨道交通运营企业应尽最大的努力满足乘客的需要。在满足乘客需要的同时，还要做好宣传工作。对乘客要有良好的服务态度，不能满足乘客的要求时，要耐心解释，使乘客明白为什么需求没有得到满足。在乘客乘车的过程中，由于城市轨道交通运营企业发生的延误，影响乘客出行，乘客有权了解原因，城市轨道交通服务人员必须把相关信息通告给乘客，方便乘客修改出行计划。

3. 快捷心理

随着社会的发展，人们的时间观念发生了重大变化，快捷成为乘客的一个主要要求。缩短乘车时间,迅速到达目的地,不仅使乘客节约时间,也减少了出行疲劳。

4. 方便心理

方便的需要表现在购票、进出站、上下车以及中转乘车等方面的便捷性。"方便"要求减少乘车的各种中间环节,达到"快捷"的目的。法国巴黎的城市轨道交通企业曾经提出从城市的任何一个地点到地铁车站的距离不超过500m的口号,这是从最方便市民乘坐城市轨道交通的角度考虑的。

乘客出行,希望处处方便,这是一种很普遍的共性心理。为了适应乘客的方便心理,需要采取一些措施,如票务处多开售票窗口,乘客进站妥善安排检票通道或检票人员,站内通道设置引导牌,及时通告到站信息等。乘客希望城市轨道交通运营企业提高办事效率、简化手续、改善服务态度等。满足乘客的方便心理要求,其要点是使乘客感到处处、事事、时时方便,节省时间。

5. 经济心理

经济心理表现在乘车需要的满足程度与所付出的费用和时间相比较,乘客希望在一定的需要满足程度下所付出的费用和时间最少。乘客在乘车出行中一般从两方面考虑经济性:一是花钱的多少;二是由谁出钱,是自己还是他人。

6. 舒适心理

随着经济的发展和人们生活水平的提高,乘客对乘车的舒适性提出要求,对乘车环境的要求也相应提高。舒适心理受多种因素影响,乘客乘车时间往往起决定作用。

> **案例 3-1**
>
> **列车同车不同温,乘客乘车更舒适**
>
> 为了让乘客有更舒适的乘车体验,沈阳、上海、厦门、成都、无锡、北京、深圳、西安、武汉等很多城市的轨道交通列车新增了"同车不同温"的贴心服务(图3-1),满足不同乘客对车厢温度的差异化需求。 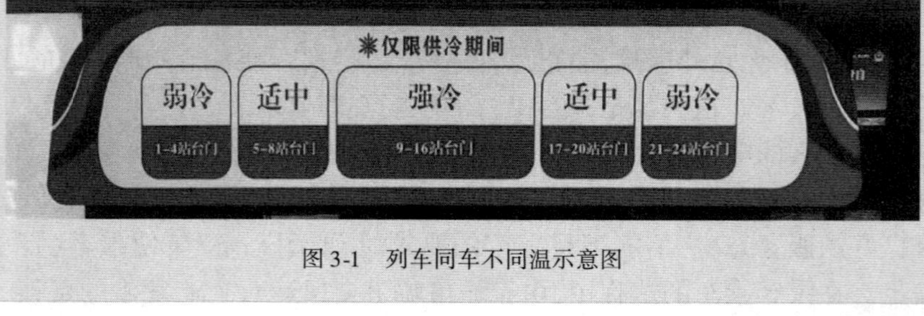
>
> 图3-1 列车同车不同温示意图

7. 安静心理

乘客离开家或工作场所,来到车站乘车,一直处于动荡状态中。在嘈杂的环境中,尽量保持安静,减少喧哗,这是大多数乘客的共同心理需求,尤其是在人较多的站台和车厢内,这种需求更为迫切。

要保持乘客出行中的安静环境,一方面乘客要约束自己,不要大声说话、来回走动等;另一方面客运服务人员要加强对乘车环境的管理,积极地制止不利于安静的事件,避免乘客大声喧哗、吵闹,更要避免与乘客发生争吵。一个井然有序的环境,可以使人心平气和,心情平静。因此,要加强对环境有序性的管理,这种有序性包括两个方面:一是物的有序性,二是人的有序性。另外,保持车站公共场所的清洁、卫生也是有序性的一种表现。清洁、卫生的环境使人愉快,心情平静;脏、乱、异味弥漫的出行环境,会使人烦躁、郁闷,心情不能平静。

8. 对优质服务的期待心理

这主要是指对服务水平的期望,体现为乘客的感知质量,也就是舒适感、方便感、亲切感、安全感和物超所值感。如:首末车时间、发车间隔时间(平峰发车间隔时间、高峰发车间隔时间)、客运服务人员服务态度、报站是否及时、到站停车、行车安全、乘候环境(车内卫生、车内设施、车站设施等)等。多数乘客都有愿意得到客运服务人员本职工作以外的增值服务心理。

9. 被尊重的心理

在乘车过程中获得尊重与友好,是每位乘客的心理愿望和需求。同时,尊重也是相互的,只有你尊重了对方,对方才会尊重你的劳动成果。

二、乘客乘车心理需要的规律性表现

乘客乘车心理需要呈现一定的规律性,概括为以下三点。

1. 需要的档次性

随着需要得到满足,需要的档次在提高。乘客在把乘车的需要转变为行动前,总是先把需要水平定在一定的高度上。这样,在其行动时,就会出现以下两种情况。

(1)水平定得太高,乘车条件不允许,需要不能得到满足。如果出现这种情况,乘客乘车受到挫折,乘客可能会产生两种反应:一是中止乘车,二是将需要水平降低,再看乘车条件是否允许。

(2)水平定得合适,乘车条件能够满足需要,这样乘客乘车的行为能够进行下去。在乘车能够进行下去的同时,乘客下一步的需要水平也会相应提高。因此,需要的满足,经历了由简单到复杂、由低级到高级、由物质到精神的发展过程,相互联系又呈现阶梯式上升。

例如:乘客在对乘车条件分析的基础上,将乘车需要水平定为顺利地买到所需的车票,如果在售票处很容易买到了车票,这时他就可能想最好车上有座位;如果车上人多没有座位,而他又必须乘车,这时就会想到没有座位也行。

2. 需要的强度性

乘车需要的强度受多种因素影响和制约,主要受乘车的目的、距离、时间以及服务人员的服务态度和质量等方面影响和制约。正如同样是进食的需要,有人可能更加在乎食物的精致,而有人更在乎它是否能填饱肚子。

例如:乘客 A 女士选择乘坐轨道交通出行是为了按时去某企业面试,那么她需要的重点是列车不要出现故障临时停车而耽误其行程,其他各类服务细节她不会太在意。如果面试结果不理想,她在乘坐轨道交通列车返回的途中,则可能会对城市轨道交通的服务细节有所要求,如列车广播声音聒噪、列车人多拥挤、空调温度低、环境不好等。

3. 需要的主次性

在乘客乘车的过程中,心理活动反映出的需要不是单一的,而是有多种。各种需要之间不是并列的、不分主次的关系。在乘车的每个阶段总有一种或两种需要处于主导地位,其他需要处于从属地位。例如乘车前,购票需要是第一位的,若买不到车票,其他乘车的需要都不能实现;买到车票后,有关乘车安全、生理等方面的需要则占主导地位。

所以,要掌握乘客心理活动规律性变化,为深入细致地做好服务工作创造条件。

三、乘客出行动机类别

动机是激励人为达到一定目的去行动的内在原因,动机产生于人的需要。乘客出行的动机可分为以下几类。

1. 出行的生理需要动机

出于生理需要的乘客一般是为了健康、减轻劳累,实现方便、舒适的位移,快捷地到达目的地。乘客要求上下车方便、客运服务人员服务周到。

2. 出行的安全需要动机

出于安全需要的乘客一般是为了防止碰撞、拥挤,确保出行安全。乘客要求客运服务谨慎。

3. 出行的社交需要动机

出于社交需要的乘客一般是为了开会、处理公务、处理商务、赴宴、探亲访友等人际交往。乘客要求客运服务迅速方便、及时准确、主动热情。

4. 出行的尊重需要动机

出于尊重需要的乘客要求客运服务特别注意礼貌礼节、车况良好、站容整洁、服饰得体、服务彬彬有礼。

所以,根据乘客的出行动机,了解乘客的出行要求,而后根据乘客的要求提供相应的服务。

四、满足乘客乘车共性心理需要的心理服务措施

为满足乘客乘车心理需要,要具备全方位心理服务思想。全方位心理服务思想就是将乘客整个乘车过程中产生的所有心理活动综合在一起考虑,使乘客乘车的需要得到满足的一种服务思想。实施全方位心理服务可从以下几个方面入手。

1. 加强乘客运输服务信息的宣传与信息的咨询

根据乘客乘车的需要预先或随时提供乘客所需要的各种信息,与乘客沟通,使其能够和城市轨道交通运输部门之间相互理解。

2. 做好与其他交通运输工具的协调配合

满足乘客集结、疏散、中转乘车的需要,加强城市轨道交通列车发生异常运行情况时对

乘客的组织。

3. 加强客运服务人员的职业培训与管理

提高客运服务人员的管理水平、业务能力和职业道德水平，提供周到、热情、使乘客满意的服务，保证对乘客的进出站、上下车有效组织。

4. 改进城市轨道交通车站的设计

例如，优化车站的出入口，优化换乘方式等，使其更利于乘客出行。

5. 采用先进的技术设备

采用自动售票系统、乘客自动引导显示系统、列车到发微机通告系统、乘客信息咨询系统、广播系统等，满足乘客对乘车信息、购票、上下车等方面的要求。

6. 提高乘车舒适性，缩短乘客乘车时间

从城市轨道交通列车车体的设计和运用方面考虑，要提高车体座位的舒适性，加强车厢内的通风、温度调节，增加车厢内的娱乐、广播电视设施；提高城市轨道交通列车运行速度，缩短乘客乘车时间。

对乘客乘车共性心理需要的研究是城市轨道交通运输部门加强乘客运输管理，采取各种服务措施的基础。在城市轨道交通运输市场竞争不断趋于激烈的情况下，提高客运服务质量，努力树立城市轨道交通运营企业良好的形象，是提高城市轨道运营企业竞争力的重要措施。客运服务质量提高的标准，就是要从根本上满足乘客的需要。为乘客提供全方位的服务，需要对乘客心理活动进行系统的分析，了解乘客的需要，采取措施，这样会更有效地解决城市轨道交通运营中存在的问题。

五、乘客乘车的个性心理与服务

人们在乘车过程中的共性心理，是大多数乘客在乘车时普遍的、通常的心理要求。但每个乘客由于自身条件、乘车条件、性格、爱好、观念不同，又必然会有不同的心理要求，这就是乘客乘车的个性心理需要。乘客的共性心理需要中包含着个性心理需要。当乘车条件发生变化时，乘客乘车的心理要求也会随之变化。乘客的心理活动除了受自身条件制约以外，还受客观事物多变的影响。所以，乘客的个性心理与共性心理相比较，是十分复杂的。

客运服务人员在服务工作中，既要掌握乘客出行的共性心理，又要探索和理解乘客的个性心理，避免服务工作的片面性和盲目性，使其服务工作更加主动、更有针对性。

乘客的个性心理复杂多变、形形色色，客运服务人员要全部了解、掌握是极其困难的，也没有这种必要。客运服务人员应该注意综合一些较普遍、较典型、有代表性的个性心理，以便在日常服务中能够了解乘客的心理，提供有针对性的服务。

从乘车的角度出发，适当将城市轨道交通运输市场细分，研究每一类乘客乘车的个性心理需要。由于乘客的年龄、性别、职业身份、兴趣爱好、出行的动机等各不相同，不同乘客的个性心理差异很大，因而对服务形成了不同的需求。广大客运服务人员经过多年研究，把乘客归纳成四种类型。

1. 急躁型乘客

急躁型相当于胆汁质。急躁型乘客对人热情、感情外露、说话直率而快、言谈中表现自信,这种类型的乘客容易激动,通常喜欢与人争论问题,而且力求争赢。他们对服务的评价易走极端,在乘车中常常显得粗心。在服务工作中,对急躁型乘客,注意谦让,不要激怒他们,不要计较他们有时不顾后果的冲动言语,一旦出现矛盾,应当尽量回避。随时提醒他们别乱扔、乱放和丢失东西。

2. 活泼型乘客

活泼型相当于多血质。活泼型乘客表现为活泼好动,他们反应快,理解力强,显得聪明伶俐。他们动作敏捷、灵活、多变。乘车中他们对人热情大方,喜欢与人交往和聊天,喜欢打听各种消息。他们情感外露,并且变化多端,经常处于愉快的状态中。在服务工作中,对活泼型乘客,交往时尽量结合他们爱交往、爱讲话的特点,不要过多重复,以免他们产生不耐烦情绪。乘车中,服务人员应主动向他们介绍车站设施及娱乐场所,以满足他们喜欢活动的心理。

3. 稳重型乘客

稳重型相当于黏液质。稳重型乘客平时表现安静,喜欢安静的环境。他们很少主动与人交往,交谈时很少滔滔不绝和大声说笑,情感很少外露,让人猜不透他们想什么或需要什么。稳重型乘客自制能力很强,做事总是不慌不忙,力求稳妥,有固定的生活规律,很少打扰别人。他们反应慢,希望别人讲话慢些或重复几次,自己讲话也慢条斯理,显得深思熟虑。他们的注意力比较集中,对新环境不易适应,一旦适应又会对乘坐过的列车或打过交道的服务人员产生留恋。在服务工作中,向稳重型乘客介绍或交代事情时,应当注意讲话的速度,重点之处适当重复一下。一般情况下不要过多地与他们交谈,如交谈,尽量简单明了,不要滔滔不绝,以免他们反感。

4. 忧郁型乘客

忧郁型相当于抑郁质。忧郁型乘客很少向外流露感情,心里有事一般不愿对别人讲,宁愿自己想。乘车中表现为性情孤僻、不合群、沉默寡言,不喜欢在公共场合与人交往和聊天。这类乘客对事情体验深刻,自尊心强,很敏感,好猜疑,想象力丰富。他们在遇到困难或挫折时,会表现得非常痛苦,如丢失东西、身体有病或与人发生纠纷后,会长时间不能平静。他们讲话慢,有时又显得话很多,怕别人听不清楚产生误会,他们行动迟缓、反应慢。在服务工作中,对忧郁型乘客应当十分尊重,对他们讲话要清楚明了,和蔼可亲。尽量少在他们面前谈话,绝对不要与他们开玩笑,以免产生误会和猜疑。当他们遗失物品、生病时,应当特别关心和给予帮助,想办法安慰他们,使他们感到温暖。

> **知识链接**
>
> **看人先看脸**
>
> "看人先看脸,见脸如见心。"所谓脸面,不仅仅是指人的长相,还指面部表情。脸面是最重要的体态语言。

从面部最丰富的精神性表现中，可以看出乘客的心理变化。面容是精神状态的体现，也是个性的象征。面部很容易表现出柔情、胆怯、微笑、憎恨诸多感情谱系，它是"观察内心世界的几何图"。而身体相对于面部，尤其相对于眼睛而言，却居于较次要的地位，尽管它也可以通过动作和造型来表达情感，如手的造型等，但仍然是不足以与面部相比拟的。

面部表情可分为最基本的六种：惊奇、高兴、愤怒、悲伤、藐视、害怕。面部表情体现人的生活经历、学识修养、心态人格。面部表情是一种交际艺术。面部表情可以表现风情、身份、教养、气质特征等。

1. 脸的表情与心理

(1) 脸上泛红晕，一般是羞涩或激动的表现。

(2) 脸色发青、发白是生气、愤怒或受了惊吓而异常紧张的表现。

2. 眉的表情与心理

(1) 皱眉一般表示不同意、烦恼甚至是盛怒。

(2) 扬眉一般表示兴奋、惊奇等多种感情。

(3) 眉毛闪动一般表示欢迎或加强语气。

(4) 耸眉的动作比眉毛闪动慢，眉毛扬起后短暂停留再降下，表示惊讶或悲伤。

3. 嘴的表情与心理

(1) 嘴唇闭拢，表示和谐宁静、端庄自然。

(2) 嘴唇半开，表示疑问、奇怪、有点惊讶，如果嘴唇全开就表示惊骇。

(3) 嘴唇向上，表示善意、礼貌、喜悦。

(4) 嘴唇向下，表示痛苦、悲伤、无可奈何。

(5) 嘴唇撅着，表示生气、不满意。

(6) 嘴唇绷紧，表示愤怒、对抗或决心已定。

4. 其他面部表情与心理

(1) 手扶额头，表示内疚、羞愧。

(2) 下巴扬起，嘴角下垂，表示自责。

(3) 猛然睁大双眼，表示惊讶。

(4) 摸侧脸或摸耳朵，说明正在控制情绪，表示紧张。

(5) 瞳孔在生理正常的情况下散大，表示生气、恐惧等。

(6) 上嘴唇向上翻，露出牙齿，表示厌恶（厌恶说明仇恨，比讨厌、轻蔑更可怕）。

(7) 咬嘴唇，摸耳朵，说明控制欲在增长，表示焦虑。

(8) 鼻孔外翻，嘴唇紧抿，表示有无法控制的怒气。

(9) 单眼微眯，单侧嘴角微挑，表示不屑、轻蔑。

通过观察和训练，客运服务人员可从乘客的面部得到真实、准确的情感等信息，从而对乘客的气质、情绪、性格、态度等有所了解。因此，可根据乘客的"脸色"开展针对性的个性服务，避免不必要的冲突，减少乘客投诉，达到乘客满意的目的。

六、乘客群体心理与服务

1. 乘客群体的特点

乘客在城市轨道交通运输服务部门内停留的时间比较短,乘客流动性比较大,人与人之间很少有思想交流,即使有一些交流,也只是一般的聊天。乘客群体有其独特的特点。

(1)松散大群体。

乘客群体是松散大群体没有形成统一的规范制约人的行为。在这一群体中,乘客受社会舆论、道德和观念的制约,起作用的是公平感、正义感,当遇到涉及部分或全体乘客利益的事情时,才会形成统一行为。例如,当客运服务人员与某一乘客发生摩擦时,如果客运服务人员一直保持和蔼、礼貌的态度,对于周围不知道产生摩擦原因的其他乘客,他们有的可能站在该乘客一方,有的可能站在客运服务人员一方,有的可能保持沉默并不表态;但如果客运服务人员的态度比较强硬,不礼貌,则周围大多数的乘客会站在该乘客一方,联合起来对该客运服务人员进行批评、指责。因为,这时他们把该乘客所处的位置与自己进行了调换,即如果自己是那个乘客,不希望客运服务人员是这样的态度,同情心及正义感使他们站在了一起。

(2)紧密小群体。

紧密小群体是指在乘客大群体中存在一些相识或结伴同行的几个乘客所组成的小群体,尤其是一些团体在一起出行。由于相识,在乘车中他们之间的感情要比与不相识的乘客之间的感情深得多。因此,在乘车中,他们成为行为一致的群体,尤其是其中的某人与其他乘客或客运服务人员发生摩擦时,他们更加表现出态度与行为的一致性。

2. 对乘客群体心理的服务

(1)加强对紧密小群体的管理。

由于相同的乘车目的,紧密小群体内的各成员具有相同的言行,因此,尽量使紧密小群体成员在车站、车厢内都能在一起;避免与紧密小群体成员发生争执,当他们中有人提出不合理的要求时,尽可能和蔼、礼貌地给予解释和说明;遇到严重问题又必须解决时,在公正且讲道理的基础上,给予严肃处理。如果在车站内发生问题,尽量把他们与其他乘客分离开,一方面可以避免对其他乘客产生不好的影响,另一方面可以削减他们的气势,使问题得以解决。

(2)用亲切、和蔼、礼貌的态度为松散大群体服务。

松散大群体的一致行为往往是在乘客与乘客之间或乘客与客运服务人员之间发生冲突时产生。亲切、和蔼、礼貌的态度可以为乘客营造一个轻松、愉快的乘车出行环境,可以避免一些冲突的发生。客运服务人员一定要加强自身的修养,避免与乘客发生冲突。对松散大群体,要从乘客共性心理需要和个性心理需要两方面提供相应的服务。

在解决乘客问题时,最好的办法是利用乘客群体内部的相互制约关系。例如,某乘客吸烟,客运服务人员去制止。在语言的运用上,不是我让你做什么,而是你的行为会影响其他乘客的健康。这样就能将乘客和客运服务人员之间的关系转变为乘客之间的关系,会起到约束作用,也有利于问题的解决。

七、乘客的服务期望

1. 乘客的服务期望概述

按照满意度理论,乘客对服务的满意度取决于实际服务的提供与乘客期望值的差距,如果提供的实际服务高于乘客期望值,则乘客满意,反之则不满意。城市轨道交通运营企业要提升乘客服务水平,就必须重视研究乘客心理状态与服务需求,要能够明确乘客的服务期望,有针对性地改进乘客服务工作,更新服务理念与服务管理,全面提升乘客的出行舒适度与乘客满意度。

不同的乘客对城市轨道交通客运服务持有不同类型的服务期望状态:一是理想服务,二是适当服务,三是预测服务。

理想服务,反映乘客希望得到的服务;适当服务,反映乘客愿意接受的服务,是最低的可接受的期望,它处在服务合理区的底线之上,是乘客承认并愿意接受服务差异的范围;预测服务,反映乘客认为其可能得到的服务。

例如,一位乘客根据以往节假日期间乘车的经验,认为乘车人会很多,服务质量可能降低,因此只期望能顺利乘车即可。没想到的是,今年节假日增开了列车,他不但乘车时有座位,而且服务与平时相比并没有下降,因此他对城市轨道交通服务的满意度相当高。在这个例子里,乘客的理想服务期望就是能像平时一样顺利乘车;适当服务期望就是能上车就可以,即使整个旅途服务质量有所下降也能接受;预测服务期望就是乘客对节假日期间自己乘车状况的一种可能性的考虑。

服务水平直接影响乘客心理感受。高于理想服务水平,乘客会非常高兴并感到吃惊,服务将以积极的方式引起乘客的注意;低于适当服务水平,乘客感到受挫并对城市轨道交通运营企业的满意度降低,服务将以消极的方式引起乘客的注意。

2. 影响服务期望的因素

影响服务期望的因素很多,一般可分为影响理想服务期望的因素、影响适当服务期望的因素和影响预测服务期望的因素。

(1)影响理想服务期望的因素。

影响理想服务期望的因素包括忍耐服务的强化和个人因素两类。忍耐服务的强化,一方面受到派生服务期望的影响,另一方面受个人服务理念的影响。派生服务期望指的是某乘客的期望受到另一群人期望的驱动,例如某一趟城市轨道交通列车出现故障,造成乘客在车上长时间滞留而城市轨道交通部门又没有解释原因,到了车站如果多数乘客倾向于让城市轨道交通部门做出经济补偿的话,那么原先没有这种想法的乘客一般也会选择这种做法。个人服务理念指的是乘客对于服务的意义和乘客服务正确行为的根本态度。个人因素指的是由于每个乘客自身心理条件不同,因此各自的理想服务期望也是不一样的。

(2)影响适当服务期望的因素。

影响适当服务期望的因素包含五个方面:暂时服务强化因素、可感知的服务替代物、自我感知的服务角色、环境因素和预测服务。

①暂时服务强化因素,通常是短期的、个人的因素,这些因素使乘客更加认识到需要服务。乘客在个人迫切需要服务的紧急情况下会适当提高服务期望。当初始服务失败时,对补救服务的适当服务期望也将会提高。

②可感知的服务替代物,指乘客可以获得服务的其他提供商。如铁路遇到列车运行阻碍晚点超过40min,就应公开向乘客道歉。所以乘客在遇到城市轨道交通列车因突发事件造成乘客在车上长时间滞留时,也会对城市轨道交通部门的晚点提出相应要求。乘客可感知的服务替代物提高了适当服务期望,缩小了容忍区域。

③自我感知的服务角色,指乘客对所接受的服务水平施加影响的感知程度。明确说明所期望服务水平的乘客,可能对城市轨道交通没能提供达到该水平的服务更为不满。乘客在服务中积极参与也影响该因素。当乘客感觉到客运服务人员没有履行职责时,其容忍区域会扩大。如果乘客在服务传递中对服务施加了影响,对适当服务的期望就会提高。

④环境因素,指乘客认为在服务交付时不由服务提供商所控制的条件。一般而言,环境因素暂时降低了适当服务期望,扩大了容忍区域,如节假日期间乘客对于服务质量的下降会表现出相当的宽容。

⑤预测服务,指乘客相信他们有可能得到的服务。这种服务期望可以看作乘客对即将进行的交易或交换中可能发生事件的预测。

(3)影响预测服务期望的因素。

影响预测服务期望的因素包括明确的服务承诺、含蓄的服务承诺、口头交流及过去的经历。

①明确的服务承诺,是城市轨道交通传递给乘客的关于正式和非正式的说明。明确的服务承诺既影响理想服务期望又影响预测服务期望。

②含蓄的服务承诺,是与服务有关的暗示。含蓄的服务承诺往往被与服务有关的价格和有形性印象控制。一般而言,价格越高,有形性印象越深,乘客对服务的期望越高。

③口头交流,由当事人而不是城市轨道交通运营企业发表的个人及非个人的言论,专家、朋友和家庭也是可以影响理想和预测服务期望的口头交流的来源。由于口头交流被认为没有偏见,所以是很重要的信息来源,特别是对于城市轨道交通运输这种在购买和直接体验之前难以评价的服务,口头交流非常重要。

④过去的经历,是乘客将经历与其最理想的服务期望进行比较。

影响乘客服务期望的因素包括可控因素和不可控因素。明确的服务承诺和含蓄的服务承诺是影响乘客服务期望的可控因素。个人需要、暂时服务强化因素、可感知的服务替代物、自我感知的服务角色、口头交流、过去的经历、环境因素、预测服务是影响乘客服务期望的不可控因素。

3. 乘客对服务满意的感知

乘客满意是广义上的感知方式。乘客会从对服务的整体感觉来对服务满意进行评估和追踪。影响乘客满意度的因素主要有服务质量、环境卫生、情感因素、乘客期望、乘客实际感受等。服务质量是乘客满意的决定性因素。从心理学角度来看,服务质量主要由以下五个方面构成。

(1) 可靠性。

可靠性是指准确、可靠地执行所承诺服务的能力。例如车站客服中心的员工,由于乘客问询工作量大,工作单调重复,常常会出现不耐烦的情绪,工作变得消极。我们在选择人员时,考虑到黏液质的职工比较耐心、细致,表达能力强,安排他们在这个岗位上就会有比较好的效果。

(2) 响应性。

响应性是指及时帮助乘客提供便捷服务的自发性。城市轨道交通客运服务人员在任何客运工作中,都应该把乘客放在第一位,主动、及时地解决乘客的困难,不能互相推诿、工作拖拉,给乘客留下不好的印象。

(3) 安全性。

安全性是指客运服务人员具有专业知识的自信和沟通的可信的能力。一个具有良好心理素质的城市轨道交通客运服务人员,往往会在工作中表现得自信、成熟,让乘客产生信赖,这有利于城市轨道交通服务工作的组织。

(4) 移情性。

移情性是指设身处地为乘客着想和对乘客给予特别的关注。客运服务人员在进行乘客服务时,应该设身处地地为乘客着想,从乘客的角度来处理乘客的需求和困难,特别是对于特殊乘客,应该给予特别帮助。

(5) 有形性。

有形性是指有形的工具、设备、人员和书面材料的外表。城市轨道交通运输设备的更新以及服务水平的提高都会对乘客产生积极的作用,有助于改善乘客的态度,增强乘客对城市轨道交通的满意度和忠诚度。

任务 3.2　车站客运服务人员心理分析

在城市轨道交通客运服务中,既要了解乘客的心理,又要把握客运服务人员的心理状态。如果客运服务人员的心理问题没有得到解决,其就会把个人的情绪带到工作上,使本不应该发生的不良服务发生。因此,把握客运服务人员的心理问题是城市轨道交通客运服务工作中必不可少的一项重要工作。

城市轨道交通运输服务工作是一项综合的系统工程。客运工作的完成,客运服务质量,一方面受车站设备的现代化水平、城市轨道交通运输管理方式和工作组织、社会状况和自然条件等多种因素的影响和制约;另一方面受城市轨道交通运输服务部门服务人员的心理状态的影响和制约,而且这一因素是所有因素中最为突出和最为活跃的因素。无论是设备的使用还是管理方法的制定,都需要客运服务人员去操作和实施,如果客运服务人员缺乏必要的修养,即使有先进的设备、严密的计划、科学的组织,也难以有令人满意的效果。

一、客运服务人员的职业动机

动机支配人的行为,通过行为实现目标。动机代表着一个人的内在心理状态,它在很大程度上决定着一个人的行动。社会生活的多样性和复杂性,以及人的需要的差异性和多变性,使得人们在从事某种活动时,往往有好几个动机同时发生作用。同时发生作用的动机,有主导动机和次要动机、明显动机和隐蔽动机、暂时动机和长期动机等。在城市轨道交通运输服务中,客运服务人员只有具备正确的职业动机,才能激发和保持工作积极性,提高客运服务工作质量。

1. 职业动机的类型

每名客运服务人员职业动机的具体表现很复杂。从实际情况来看,客运服务人员除了不同程度地具有为他人服务的动机外,还有一些从属的动机。

(1) 为自身和家庭的生存、发展和享受,必须通过工作而获得收入。

(2) 为谋求稳定的工作环境而选择了客运职业。

(3) 对客运工作具有浓厚的兴趣。

(4) 为了获得他人的尊重和表扬。

(5) 为了争取提升、晋级或表扬,也包括免受批评和处罚。

这些动机的具体差异,是由客运服务人员的觉悟、人生理想、价值观念、实践经验、文化修养等差异造成的。在具体工作中,有时几个动机,甚至相互矛盾的动机,在特定的场合会同时发挥作用。例如,有的客运服务人员努力改进工作方法,提高工作质量,其中既有为乘客服务这个动机,也有"露一手"以引起领导重视的动机。这说明,动机是一种很复杂的心理现象。同时,动机又是发展变化的,一个动机消失了,另一个动机产生,低层次的需要满足后,随之产生高层次的需要,不同的需要产生不同的动机。另外,还经常出现受挫现象,动机受挫或者能够获得满足,会使人的动机弱化或强化。

2. 客运服务人员类型分析

将客运服务人员的心理成熟度和职业动机结合起来进行分析,可以大致归纳出四种客运服务人员类型。

(1) 事业型。

这类客运服务人员有高尚的职业动机,热爱本职工作,不斤斤计较报酬和荣誉,不怕艰苦和劳累,一心只想做好本职工作,力求在事业上有较高的成就,工作的积极性和主动性强。在这类客运服务人员的需要结构中,成就需要占主导地位,而生理需要和交往需要相对不太强烈。其工作积极性稳定、持久。客运管理工作的重点是为具有事业型动机的客运服务人员创造工作条件,使其积极性和创造性能够得到充分的发挥。

(2) 自尊型。

这类客运服务人员的职业动机处于一般水平,谈不上献身客运服务事业,但也绝不甘居他人之后。这类客运服务人员自尊心较强,比较注重荣誉或"面子"。他们力求自己的工作符合规章要求。在这类客运服务人员的需要结构中,交往需要和发展需要占主导地位。他们的积极性常常呈现波浪式变化,受到表扬时,劲头很足;遇到挫折时,则容易情绪低落,甚至垂头丧气。对待具有自尊型职业动机的客运服务人员,管理工作的重点是分析他职业动机的形成原因,有针对性地对其工作中取得的成绩给予适当的表扬,表扬时要有其他人员在场;对其错误要及时给予批评,批评时的场合要根据问题的严重性而定,一般性的小问题要避免其他人员在场,问题严重时,也需要当众批评,但要做到批评得力,使其心服口服。

(3)服从型。

这类客运服务人员职业动机的层次不高,让他们做什么,他们就做什么。他们从心理上安于现状,不思进取,满足于"过得去"。在这类客运服务人员的需要结构中,生理、安全、交往等方面的因素占主导地位。他们往往在考评、评比或上级检查工作等激励因素的作用下,表现出较高的积极性。因此,其工作积极性不能持久,带有"偶发性"。客运管理工作的重点是采取适当的方法调动这类客运服务人员的积极性。

(4)逆反型。

具有逆反型职业动机的客运服务人员,在工作中不服从指挥,不积极工作,反而影响其他客运服务人员的工作态度。其职业动机的产生原因有很多方面,例如不喜欢客运服务工作,或者在家庭生活及社会中发生了一些不愉快的事情,造成心理障碍,产生一些消极情绪,把消极情绪带到工作中来。因此,对具有逆反型职业动机的客运服务人员,客运管理工作的重点是分析其产生逆反型心理的原因,有针对性地进行教育,解决其心理问题;对其工作中存在的问题给予适当的批评,问题严重者停职。

上述类型的划分是相对的,有时是相互交叉的,同时又是可以相互转化的。管理者要对客运服务人员进行经常性思想教育,并且创造良好的情景条件,努力做好转化工作,使他们在工作实践中有高尚的职业动机,帮助他们提高心理素质,促进他们保持稳定而持久的工作积极性。

二、客运服务人员应具备的心理品质

1. 情绪和情感品质

情绪和情感是客观事物是否符合人的需要、愿望、观点而产生的态度体验和行为反应。情绪和情感的产生需要一定的情境刺激。情境是指直接作用于人的感觉器官、具有一定生物学意义和社会学意义的具体环境,环境的刺激使人产生情绪和情感。情绪和情感通过人的表情和行为表现出来。情绪和情感是人的主观体验,是一个人对情绪和情感状态的自我感受。短时间内的主观体验叫情绪,比如喜悦、气愤、忧愁等;长时间内与社会性需要相联系的稳定的体验叫情感,比如理智感、道德感、美感等。

激情是一种爆发式的、猛烈而时间短暂的情绪状态,如狂喜、暴怒、痛哭等。人能够意识到自己的激情状态,也能有意识地调节和控制它。要善于控制自己的激情,做自己情绪的主人。培养坚强的意志品质、提高自我控制能力可以达到这个目的。比如在节假日、上下班客流高峰期,由于客流多、出行条件差,此时的乘客相对于平时就更加容易激动,如果城市轨道交通客运服务人员处理不好的话,就很容易引起冲突,对城市轨道交通运营企业造成不良的影响。

应激是出乎意料的紧迫情况所引起的急速而高度紧张的情绪状态。人在工作和生活中,往往会遇到突然发生的事情或偶然发生的危险,这就要求人迅速地集中自己的智慧和经验,动员自己全部机体的力量,即时做出决定,以应付紧急情况,这时产生的特殊体验即是应激。例如,站务员、客运值班员经常与乘客打交道,不可避免地遇到一些突发事件,使情绪处于应激状态。保持适度的应激状态,能更好地发挥积极性,提高判断力,增强人的反应能力。

情绪是内心的主观体验,需要通过一定的形式表现出来,表现的方式即表情。表情主要有言语表情和动作表情两大类。比如我们一直强调"微笑服务",那么在服务过程中,客运服务人员为什么要微笑呢?其实微笑就是一种特殊语言——情绪语言,它在很多时候可以代替言语表情。在与乘客交往过程中,微笑对乘客的情绪有着诱导作用,能使乘客产生信任,能引导乘客的情绪变得平和稳定。微笑是服务工作的润滑剂,也是客运服务人员与乘客建立感情的基础。

城市轨道交通客运服务人员,特别是一线服务人员,更应具备良好的情感倾向,即明确本职工作的性质,热爱自己的工作并能主动热情地为乘客服务。客运服务人员除了有良好的情感倾向外,还要有深厚的、持久的、积极的情感。如果客运服务人员具备了良好情感,就会对所有的乘客热情接待、微笑和周到地服务,并乐于满足乘客提出的要求。同时在与乘客

微笑服务的要求

交流时,会虚心听取乘客的意见,不计较他们的语气轻重或意见是否合理。另外,客运服务人员应该学会控制自己的情绪,要明确自己的社会角色,明确情感的对象是广大乘客,用理智的方法来控制自己的言行。除此之外,城市轨道交通客运服务人员还要学会理解乘客情绪,学习标准的服务表情进行微笑服务,掌握乘客情绪变化的规律,提前控制各种情感因素,进而提升自己的服务水平和乘客满意度。

城市轨道交通客运服务人员要重视性格的培养,要认清自己的性格特点,扬长补短,更好地适应服务工作需要。特别是青年员工,更要掌控兴奋性高、波动性大、封闭性和多样性的情绪特点,在为乘客提供服务时,要控制自己的情绪,严格执行各项规章制度,以乘客为先,为乘客提供优质服务。客运服务人员要想保持或培养自己良好的情绪,首先要有远大的抱负和志向,向城市轨道交通行业前辈榜样看齐,了解其事迹鞭策自己。如武汉地铁员工姚婕,从普通岗位做起,获得"全国三八红旗手""2020年全国劳动模范"等荣誉称号。其次要增强适应能力,客运服务人员每天都会面对形形色色的乘客,不同的乘客有不同的情绪和情感表现,同样的乘客在不同的时间也会有不同的情绪和情感表现,那么客运服务人员必须及时进行自我调节来适应所面对的各种情况。

2. 意志品质

意志是指人为了达到一定的目的,自觉地组织自己的行为,并与克服困难相联系的心理过程,是意识的能动表现。

客运服务人员的意志品质,存在着巨大的个别差异。良好的意志品质,表现为意志的自觉性、坚定性、果断性和自制性。

自觉性是指能深刻地认识行为目的的正确性和重要性,并主动地支配自己的行动使之符合该目的的意志品质。这类客运服务人员在班前会议能认真聆听值班站长布置的工作,

规划好工作内容,在班中主动使自己的行动服从该目的,在班后能主动反思,利于下一次工作改进,更好地服务乘客。

坚定性是指在完成艰巨任务时坚持不懈地克服困难的意志品质。这类客运服务人员意志坚定,具有顽强的毅力,可以充满信心地为正确的目的而奋斗,不怕困难和挫折,善于总结经验和教训。遇到乘客故意刁难依然能保持初心,一视同仁,寻求各种方式解决问题令乘客满意。

果断性是指善于迅速地辨明是非,迅速地做出决定和坚决地执行决定的意志品质。果断不同于轻率,它是以周密考虑和足够勇气为前提的。这类客运服务人员对自己的行为目的、行动方向和可能后果,都有深刻的认识和清醒的估计。所以,当事态发展到最紧急关头时,能当机立断,及时行动,毫不动摇。比如当站台有乘客或物品可能对行车安全造成影响时,客运服务人员能够及时判断是否按压紧急停车按钮等。

自制性是指善于控制自我的意志品质。欲望的诱惑、消极的情绪等都会干扰客运服务人员做出决定和执行决定。这类客运服务人员能够驾驭自我,克服自己的欲望和情绪干扰。比如个人生活中遇到不如意的事情,客运服务人员能够及时调整,面对乘客询问依然能够做到微笑服务。

客运服务人员的意志品质不是天生的,而是在后天生活实践中逐步形成的。城市轨道交通客运服务人员意志品质的培养要有一个过程,即下决心、树信心、持恒心。培养意志品质时最关键的是要战胜自己,即在克服困难中锻炼自己的意志。

3. 能力品质

能力是一个人顺利地完成某种活动所必需的条件,是在心理特征方面的综合反映。能力发展主要是由环境、教育和实践活动决定的。

环境主要是指物质和文化环境。研究表明,物质和文化环境的改善进一步促进了能力的提高。如果没有充足的休息、科学的饮食和愉快的心情,能力的发展将会受到限制。城市轨道交通客运服务人员由于处在一个连续的工作环境里,生理和心理都受到一定的影响,所以在日常生活中,要注意保持良好的心态以及有规律的饮食和作息,丰富自己的文化生活,从而为能力的提高打下一个良好的基础。

教育在能力发展中起主导作用。在学习知识、掌握技能的同时也在提高能力。目前,城市轨道交通各级单位对职工的培训工作相当重视,已经形成了制度化。城市轨道交通客运服务工作不是一个简单的劳动,而是一门服务艺术。随着社会的发展,城市轨道交通企业所面临的服务对象、服务环境已经发生了巨大的变化,在这种情况下,客运服务人员只有主动加强自身的学习,努力学习新技术、新技能,才能更好地满足乘客需求,提高乘客满意度。

环境和教育是能力发展的外部条件,而人的能力最终还是要通过主体的积极实践活动才能得到发展,在工作中,这表现为人的主观能动性。城市轨道交通客运服务人员必须认识到能力是在人的实践活动中形成和发展起来的,一个人的能力水平与他从事活动的积极性成正比。

一般来说,要给乘客提供良好的服务,城市轨道客运服务人员在服务工作中应该具备以下基本能力。

(1) 感觉与知觉能力。

感觉是一种最简单的心理现象,它是人脑对直接作用于感官的刺激物的个别属性的反映,例如看到某种颜色、听到某种声音、闻到某种气味等。而知觉是客观事物直接作用于器官,在头脑中产生的对事物整体的反映。知觉以感觉为基础,但知觉作为一种活动过程,包含了相互联系的几种作用:觉察、分辨、识别和确认。

培养客运服务人员的感觉与知觉能力意义重大。感觉与知觉能力在客运服务人员日常工作中起着重要的作用。通过感觉与知觉,客运服务人员能够认识外界环境,从而了解事物的各种属性;还能认识自己机体的各种状态,有可能实现自我调节。如果没有感觉与知觉提供的信息,客运服务人员就不可能根据自己机体的状态来进行行为调节。因此,必须加强感觉与知觉能力的培养与训练。一方面给别人留下良好的感官印象,另一方面为进一步了解别人打下良好的基础。

(2) 注意与观察能力。

注意是指心理活动对一定对象的指向和集中。注意有两个特点:一是指向性,是指人们的心理活动有选择地朝向一定对象,而同时离开其余对象;二是集中性,是指人们的心理活动不仅指向某种事物,而且坚持在这一对象上使注意活动不断深入。客运服务人员的注意能力有以下特性:

①注意的范围性,是指在同一时间内客运服务人员所注意对象的数量,这是注意在数量上的特性。

②注意的紧张性,是指客运服务人员对某个事物高度集中,而同时离开其余的一切事物,这是注意在强度上的特性。

③注意的稳定性,是指服务过程中客运服务人员注意在一定事物上所能持续的时间,这是注意在时间上的特性。

④注意的分配性,是指客运服务人员在一定时间内注意力指向不同的对象或活动,注意的分配是有条件的,最重要的条件是在同时进行的两种活动中有一种活动必须是非常熟练的。

⑤注意的灵活性,是指客运服务人员能够灵活地分配注意力,根据需要及时将注意力迁移到新的对象上去。

观察是有目的、有计划、比较持久的知觉。在城市轨道交通服务工作中,观察应该有明确的目的和任务。客运服务人员要细心体察、整理和总结观察结果,善于积累经验。通过观察及时了解乘客的需求、情绪以及乘客对城市轨道交通所提供服务的意见,从而有针对性地给乘客提供更恰当的服务。观察能力是通过培养和训练而获得的,客运服务人员通过自己的实践活动逐步提高观察能力。

客运服务人员要适应复杂多变的工作环境,清晰地反映乘客和工作中的情况,提高认识活动的效果,就必须具有良好的注意力和观察力。

在日常工作中,尤其是在客流较多、车站秩序不好的情况下,客运服务人员有良好的注意力和观察力,才能发现问题,如发现有乘客携带违禁物品进站乘车、发现有特殊乘客需要帮助等。只有发现问题,了解问题产生的原因,才能及时采取措施使问题得到有效的解决。

因此,培养客运服务人员良好的注意力和观察力有重要的意义。

(3)记忆与理解能力。

记忆是一个人所经历过的事情在人脑中的反映,是人脑积累经验的功能表现。人在生活和活动中感知过的、思考过的事物总是或多或少、不同程度地保留在头脑中,即使这些事物不在眼前,也可以重新显现出来,这个过程就是记忆。记忆中所保留的印象就是人的经验。个体经验的积累和行为的逐步复杂化是靠记忆实现的,离开记忆就不能积累和形成经验。

理解是运用已有的经验、知识去认识事物的种种联系,直至认识其本质、规律,这是一种逐步深入的思维活动。理解是掌握知识的重要环节,有些知识需要记忆,而在理解的基础上进行,记忆的效果就好。

在城市轨道交通运输服务工作中,客运服务人员如果没有良好的形象记忆能力,就记不清乘客,尤其是重点乘客的相貌特征;如果缺乏语义记忆或语言逻辑记忆能力,就记不清站名、票价、作业程序等;如果缺乏运动记忆能力,就不能很快掌握各种作业技巧。对事物的理解力是认识事物本质所必需的,在信息传递的过程中,缺乏对信息的理解,就不能有效地利用信息。例如,同事给一个手势,如果没有理解这个手势的含义,就不能做他所指示的事情。因此,培养和锻炼良好的记忆能力和理解能力,是做好城市轨道交通运输服务工作,提高服务质量的重要基础。

(4)思维与想象能力。

思维是人脑借助言语、表象和动作实现的对客观事物的概括的、间接的反映。它揭示事物的本质特征和内部联系,是认识的高级形式,它主要表现在人们解决问题的活动中。

想象是指对头脑中已有的表象进行加工改造,创造出新形象的过程。形象性和新颖性是想象活动的基本特点。想象是在感知的基础上,改造旧表象、创造新形象的心理过程。

感觉和知觉是对客观现实的直接反映,而思维和想象是对客观现实概括性、创造性的间接反映。客运服务人员经常和乘客交往,会碰到各种各样的问题和矛盾。因此,客运服务人员具备敏捷的思维和丰富的想象力,可以灵活、妥善、创造性地处理各种问题和矛盾。

(5)表达能力。

表达能力是指客运服务人员与乘客交往时运用语言、表情传递有关信息的能力,包括表情与语言两个部分。

表情主要是指客运服务人员的态度、手势和目光。譬如,态度是否傲慢、慌乱、冷淡、随便,手势的幅度是否过大,目光是否能表达自己的感情等。

语言主要是指客运服务人员是否使用规范的或普遍认可的语言形式。譬如,语言是否能简明扼要地表达思想,是否恰当和有条理等。

为了提高语言表达能力,客运服务人员在日常生活中要经常训练自己,将感觉、知觉转化为概念,用概念构成思想并以语言的形式加以表达,进一步把思想用于实际,使抽象的知识上升为具体的知识。在这个过程中既掌握了知识,又发展了能力。

(6)劝说能力。

劝说能力是指在服务过程中通过劝说使乘客态度有所改变的能力。在劝说乘客时,应该热诚、真实、富有同情心,要做到有针对性和耐心,注意劝说的场合和使用的语言,急乘客所急、想乘客所想,让乘客真正感受到城市轨道交通的人性化服务。

三、客运服务人员心理健康

心理健康是完整健康概念的组成部分。心理健康是良好心理素质的基础要求。从广义上讲,心理健康是指一种高效而满意的、持续的心理状态;从狭义上讲,心理健康是指人的基本心理活动的内容完整、协调一致,能顺应社会,与社会保持同步。

1. 心理健康标准

客运服务人员心理既有大众心理的一般特征,又具有自身的特点。客运服务人员心理健康标准是个有待研讨的课题。下面提出四点基本要求,供大家参考。

（1）心胸宽广,能容己、容人、容事;
（2）热爱生活,乐观向上,相信自己,也相信他人;
（3）对社会发展变化反应灵敏,并能积极地适应和参与;
（4）情感健康稳定,善于自我调节,有不怕困难与挫折的毅力。

心理健康的基本要求是心理各个方面均衡发展,是个人与社会协调,最终形成完整统一的人格品质。

心理健康的标准是一种理想尺度,是从客运服务人员优秀的心理素质中总结出来的有代表性的特征,它不仅为我们提供了衡量健康的标准,而且为我们指明了提高心理健康水平的努力方向。每一名客运服务人员在自己现有的基础上做出努力,就可以追求心理发展的更高层次,不断发挥自身的潜能。

2. 提高客运服务人员心理健康水平的途径

1）减轻过度的心理压力

客运服务人员作为城市轨道交通企业为广大乘客提供服务的直接承担者,肩负着安全运营、优质服务等多重工作任务,而心理适应能力不强造成了目前客运服务人员心理素质的种种问题。当前,客运服务人员的心理压力主要有以下几个方面。一是服务环境的压力。目前,城市轨道交通乘客中那些经济收入相对较低、出行范围固定且单一的人群(如普通上班族、学生、老人等),对城市轨道交通客运服务的要求越来越高,不仅表现在硬件设施上,更重要的是对客运服务人员的服务水平和能力要求上。客运服务人员是被重视的群体,一举一动备受关注;又是被漠视的群体,会因一些小的纰漏而被乘客抨击。加之乘客维权意识不断增强,一些乘客稍有不满就投诉,让客运服务人员产生少服务少麻烦的错误心理,同时引发了对服务环境恐惧而产生的心理压力。二是高强度工作量的压力。客运服务人员在日常客流高峰期以及节假日高峰期,劳动强度很高。长时间的固定姿势,大大地增加了其工作强度。高强度的工作压力会造成客运服务人员焦躁心理,而严重的焦躁心理是潜伏的危险因子。三是观念冲突的压力。现代社会飞速发展,企业对管理人才的要求越来越高,对客运服务人员的价值取向和心理预期产生了较大影响,从而引发了客运服务人员在认识上的失调和观念上的动荡,如有的客运服务人员易烦躁、发牢骚,有的因个人技能与管理制度的差距而感到焦虑、无奈等,他们面临着冲破旧观念的束缚和树立新观念的心理压力。

压力是指由刺激引起的,伴有躯体机能以及心理活动改变的一种身心紧张。适当的压力是身心健康所必须具备的条件,它有助于提高人的学习、工作效率。可以通过以下方法减轻压力。

(1) 通过一些心理压力测试量表来进行自我评价,从中发现自己在压力下反映出来的特点,并认识压力继续下去可能导致的后果。

(2) 学会自我放松。通过自我默想,使意识范围逐渐缩小,排除外界干扰,全身松弛,纠正情绪的失衡状态,冷静地引导自己从紧张、烦恼、愤恨等消极情绪中解脱,达到内心的平静和安宁。

(3) 在问题产生之前对压力加以控制。方法有:坦诚倾诉,找亲朋好友诉说;调整工作节奏,在感到极度疲劳前,将工作步伐慢下来;调整生活节奏,经常开展体育运动,如打球、散步,调节身心;学会放松,每天用一定的时间安定情绪,如听音乐、看漫画、观赏花草、打太极拳、参加自律训练等。这些方法都可以通过神经与肌肉松弛而达到减轻压力的目的。

(4) 学会分析矛盾,分解压力。有的压力可以分解,化大为小然后应对;有的可以分期分批,逐步解决;有的可以有取有舍,将压力适时转化。

(5) 城市轨道交通企业应对员工积极开展心理健康教育和心理素质教育。心理健康教育必须针对客运服务人员的工作特点和个性差异,实行全员受训模式。开展心理健康测评、举办心理健康知识辅导讲座、开展团体心理辅导等,关注客运服务人员多方面的感受和需求,借助心理学工具、方法,帮助客运服务人员解决工作、生活中的困惑,有效提升客运服务人员心理层面的主观幸福感,促进不愉快因素向积极有益的方面转变。

(6) 营造良好的企业管理文化环境。工作环境的重点是工作软环境——人文环境和工作氛围。可以采取"宽严相济、恩威并重、刚柔并举"12字管理方针,对工作高标准严要求,但是宽选择,关心不放纵、奖励不吝啬;管事抓重点与结果,关注节点、流程与过程;讲原则但不死板,重规矩也可灵活;既说道理又讲情分。逐步消除客运服务人员与管理者之间的误会,相互理解,减少距离感和敬畏感。重视企业文化建设,大力开展丰富多彩、喜闻乐见、形式多样和积极向上的文化、体育、娱乐活动,丰富职工的业余生活,使客运服务人员在良好的企业文化氛围中得到放松,使他们不因外部消极因素的影响和内部心理矛盾的冲突而感到迷惘和彷徨。

2) 学会应对挫折

在心理学上,挫折是指一种情绪状态,主要是指个体在从事有目的的活动过程中,由于遇到阻碍和干扰,个人需要不能得到满足,动机无法实现而产生的紧张状态和情绪反应。在现今的服务环境中,认识什么是挫折,对改变客运服务人员的行为、提高客运服务人员的积极性具有重要意义。

城市轨道交通客运人员的挫折因素主要有学习挫折、家庭挫折、人际挫折、恋爱挫折、病残挫折、情绪挫折等。

不同的人对挫折的承受能力是不一样的。承受能力越低挫折感就越强。抱负水平、容忍力影响人的承受能力，其中容忍力是遇到挫折时避免行为失常的能力，它受生理因素、认知因素、社会经验的影响。

城市轨道客运服务人员遇到挫折后，其原因不论是属于外在因素还是内在因素，都不应该把不安、冷漠、愤怒、攻击等情绪带到工作中去，应该努力控制自己的情绪，通过工作缓解自己的压力。

要成为优秀的客运服务人员，必须具备较高的心理耐力，在遇到挫折时，不会轻易产生悲观心理、畏难心理和动摇心理，能够勇敢地承受和战胜困难和挫折。即使遇到了意外打击或突如其来的灾难，也应处变不惊，泰然处之，用乐观、自信的态度和顽强的意志力去克服困难，最后走出困境。

3. 客运服务人员心理问题预防

城市轨道交通客运服务人员的心理健康出现问题不仅对工作产生影响，而且会对个人生活产生不利影响，客运服务人员和轨道交通企业都要重视。

（1）提供心理健康教育。城市轨道交通企业可聘请心理学专家，通过开办讲座、案例研讨等形式为客运服务人员提供心理健康教育，包括心理健康知识、应对压力的方法和技巧等，帮助他们了解并应对工作中的心理压力。

（2）建立心理支持体系。城市轨道交通企业内部应建立完善的心理支持体系，包括心理咨询服务、心理热线等，为客运服务人员提供及时的心理援助，及时解决他们在客运服务工作或生活中遇到的心理困惑。

（3）进行定期心理检查。城市轨道交通企业可对客运服务人员进行定期心理检查，及时发现潜在的心理问题，并给予相应的干预和支持。

（4）改善工作环境。通过改善工作环境，如合理的排班、调休制度，车站站厅、站台文化建设，干净、整洁的工作场所等，减轻客运服务人员的工作压力。

（5）教授心理调适方法。教授客运服务人员心理调适方法，如深呼吸、放松训练、冥想等，帮助他们缓解工作压力，提高自我调节能力。

（6）社交情感支持。鼓励客运服务人员之间建立良好的社交关系，通过情感交流和支持，减轻其工作中的孤独感和压力感，如在交接班会中鼓励员工进行客运服务案例分享，互相交流学习。

（7）培养个人兴趣。鼓励客运服务人员培养个人兴趣，丰富业余生活，如体育运动、书法、乐器等，提高生活质量和幸福感。

客运服务人员的心理健康对提高工作效率和服务质量具有重要意义。通过实施上述心理预防方法，可以有效减轻客运服务人员的工作压力，维护他们的心理健康，进而提升城市轨道交通客运服务的整体水平。同时，这些心理预防方法也有助于构建更加和谐、健康的工作环境，促进客运服务人员的个人成长和发展。

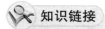
知识链接

职工守则

(1) 热爱党,热爱人民,热爱社会主义祖国,热爱客运事业,全心全意为乘客服务。

(2) 坚持"乘客第一、服务第一,信誉第一"的服务方向,虚心听取乘客意见,接受乘客批评、监督,做到"文明经营,礼貌待人,方便乘客,优质服务"。

(3) 热爱本职工作,努力学习政治文化,钻研技术业务,掌握为乘客服务的过硬本领。

(4) 认真执行安全责任制和操作规程,严格遵守交通法规,文明行车,保证安全。

(5) 保持车容、站容、仪容整洁。爱护公共财物,爱护车辆、设备,艰苦奋斗,勤俭节约。

(6) 严格遵守党和国家的政策法令,严格执行客运规章制度,遵守劳动纪律和运输纪律。廉洁奉公,抵制歪风。拒腐蚀,永不沾。

(7) 关心集体,爱护同志,互相配合,团结协作。

心理疲劳和员工倦怠

在城市轨道交通运输服务中,客运服务人员是居于第一线的,他们连续工作时间长,工作单调、乏味,很容易产生心理疲劳。消除客运服务人员的心理疲劳和倦怠,加强心理卫生,对于激励其积极性、提高劳动生产率和服务水平有着重大意义。

心理疲劳是指由心理、精神原因而非生理躯体原因导致无精打采、懒散无力,使反应速度、灵活性和准确度降低的心理机能消极状态。心理疲劳通常表现为自感体力不支、精力不济、反应迟钝且伴有注意力不集中、思维不敏捷、情绪低落、精神不振、活动效率降低、错误率上升,严重时还会引起头痛、眩晕、心血管和呼吸系统功能紊乱、食欲减低、消化不良以及失眠等。

心理疲劳一般发生在以下两种情景之中:一种是活动中紧张程度过高,致使心理活动异常、心理机能降低而显得不堪重负,难以承受精神压力而疲惫不堪;另一种是长时间进行单调、乏味而令人厌烦的活动,致使兴致索然、情绪低落、活力降低而出现烦躁懒散、疲惫无力等。

心理疲劳与生理性疲劳、病理性疲劳不同。生理性疲劳与病理性疲劳同心理疲劳一样也会导致工作能力减弱、工作效率降低、错误率增加等后果,都是一种自然性防护反应。生理性疲劳是由身体的肌肉承担高强度或长时间的活动造成的,削弱的主要是人的体力,其表现是肌肉疲劳。病理性疲劳是由各种疾病引起的,削弱的主要是人的躯体机能,其表现是体虚乏力。心理疲劳则是肌肉活动强度不大也无躯体疾病,而纯粹由神经系统活动过于紧张或过于单调引发,削弱的是一个人的意志。

员工倦怠指的是员工影响工作效率和工作安全的身体和心理疲劳。心理疲劳很容易使员工产生倦怠。目前,有关员工倦怠的比例在我国没有明确的数据,美国《员工福利新闻》曾经报道:47%的企业员工承认他们在过去三个月的工作中出现过极度疲惫的现象,31%的员工认为由于睡眠不足影响了工作,还有29%的员工说每天起床上班时感到没有休息好。随着经济的发展、城市建设步伐的加快、职业要求的提高等,处在服务第一线的员工身心健康方面的问题开始暴露出来。

造成城市轨道交通客运服务人员心理疲劳和倦怠的原因多种多样,但主要有两个方面的原因。

(1) 由于城市轨道交通运输的连续工作时间较长,员工不得不打乱正常的生活作息时间,全天候地从事客运工作,可能出现慢性身心综合疲劳症。尤其在一些客运高峰时期,要求员工加班加点,或者在工作时对员工施加过多的心理压力,或者让员工做大量简单重复的工作等。城市轨道交通运营企业在保证客运任务完成的同时,自觉和不自觉地忽视了员工的身心健康,造成心理疲劳。

(2) 客运服务人员在从事繁重工作的同时,没有及时根据工作调整自己的生活作息时间。例如,有些员工有深夜看电视或上网的习惯,晚睡晚起,有的员工饮食结构不合理,或缺少体育锻炼等,这些不良生活习惯除直接引起工作中的疲惫之外,还经常会造成不同程度的睡眠失调,间接地造成上班时的身心倦怠。

练习题

一、填空题

1. 乘客乘车最根本的需要就是安全的需要,它包括_____和_____两个方面。
2. 随着社会的发展,人们的时间观念发生了重大变化,_____成为乘客的一个主要要求。
3. _____反映乘客愿意接受的服务,是最低的可接受的期望,它处在服务合理区的底线之上,是乘客承认并愿意接受服务差异的范围。
4. 从心理学角度来看,服务质量主要由_____、_____、_____、_____、_____等五个方面构成。
5. 能力发展主要是由_____、_____和_____活动决定的。

二、选择题

1. 在( )客运服务人员的需要结构中,交往需要和发展需要占主导地位。
   A. 事业型　　　　B. 自尊型　　　　C. 服从型　　　　D. 逆反型
2. ( )是指准确可靠地执行所承诺服务的能力。
   A. 移情性　　　　B. 安全性　　　　C. 响应性　　　　D. 可靠性
3. 在乘车的每一阶段总有一种或两种需要处于主导地位,其他需要处于从属地位。这是需要的( )。
   A. 档次性　　　　B. 强度性　　　　C. 主次性

三、简答题

1. 乘客乘车的共性心理有哪些?

2. 乘客乘车心理有哪些规律性表现？
3. 如何满足乘客的共性心理需要？
4. 如何服务不同性格的乘客？
5. 乘客有哪些群体？分别该如何服务？
6. 职业动机有哪些类型？
7. 客运服务人员应该具备哪些心理品质？
8. 如何提高客运服务人员的心理健康水平？

项目4

城市轨道交通客运服务提供

项目描述

城市轨道交通车站客运服务包括进出站服务、售票服务、检票服务、候车服务、行车服务、信息服务和安全应急服务等,学生通过本项目的学习掌握各个环节、各个岗位的作业标准和服务内容,力求在每个环节都能为乘客提供优质服务。

教学目标

知识目标

1. 熟悉进出站服务、售票服务、检票服务、候车服务、行车服务、信息服务和安全应急服务等各个服务岗位的作业标准。
2. 熟悉各个岗位的服务内容。

能力目标

1. 具备在以上各环节为乘客提供标准服务的能力。
2. 能根据实际需要,采用"答客问"标准用语回复乘客问题。
3. 具备采取合适的应急措施的能力。

素质目标

树立岗位意识、规范工作意识、安全服务意识。

任务 4.1　进出站服务

城市轨道交通运营企业为乘客提供位移服务,进站和出站分别是位移服务的起点和终点。城市轨道交通车站有别于其他的公共交通车站,乘客在进站时,可能会遇到各种困难,客运服务人员应该及时主动为乘客提供服务,解决乘客困难,同时要密切关注乘客有无违反城市轨道交通进站乘车相关规定的行为,如有应及时制止,避免在后面环节中出现不必要的麻烦。在出站环节中,站厅站务员特别要关注不明出站方向的乘客,及时主动地上前提供帮助,尽快疏散站厅及通道乘客,避免乘客在车站长时间逗留,准确解答各种乘客问询。

一、进出站服务岗作业要点

在乘客进出站环节中,客运服务人员主要涉及的岗位有厅巡岗和安全检查岗。

1. 厅巡岗岗位职责

厅巡岗主要负责站厅、出入口及出入口外车站管理范围内的巡视和秩序维持,负责解答乘客问询,为乘客提供个性化服务;引导乘客正确操作自动售检票系统设备,处理与乘客相关的票务事宜。

厅巡岗岗位职责具体如下:

(1)注意站厅付费区、非付费区乘客的动态,发现有违反城市轨道交通规定的行为要及时制止。

(2)帮助乘客,回答乘客问题,特别注意帮助老、弱、病、残、孕和有困难的乘客。解决乘客问题,为乘客提供优质服务。

(3)负责协助值班站长、值班员及时更换钱箱、票盒,引导不能正常进出闸的乘客到票务处(客服中心)处理。

(4)负责站厅专用通道的管理,对通过专用通道进出的人员进行严格登记。

(5)向值班站长报告非正常情况,向客运值班员报告处理不了的问题。

(6)留意地面卫生,对水渍、杂物等及时清理并设置警示牌,防止乘客摔倒。

(7)负责检查自动扶梯的状态是否良好。

(8)负责进站的重点乘客(年老体弱者、小孩、神色异常者、残疾乘客等)安全,及时发现隐患并通知其他岗位,必要时通知车控室,以便通知目的地站接应。

(9)关注老年乘客及行动不便的乘客出入闸后的动向,指引其走升降电梯。必要时扶助其上下站台或进出站。

(10)发现乘客携带行李吃力时主动提供帮助(尤其对老年乘客)。必要时通知车控室,以便通知目的地站接应。

(11)多留意自动扶梯口,发现乘客在徘徊、试探上自动扶梯时应及时指导或指引其走楼梯。

(12)与站台岗做好互控,互相通报上下站厅的重点乘客动态。

(13)注意乘客携带的物品,严禁乘客携带"三品"(易燃品、易爆品、毒害与放射性物品)进站。

(14)发现乘客携带超大、超长、超重物品时禁止其进站乘车,并对乘客耐心解释。

(15)当值班站长、值班员不在站厅时负责接受乘客的口头表扬、投诉或建议,做好记录并及时向值班站长汇报。

(16)发现精神异常、醉酒的乘客,禁止其进站乘车,及时汇报车控室,必要时请求警务人员或其他同事协助,并注意自我保护。

(17)在站厅、出入口范围发生的治安、安全事件,要及时赶到,保护现场,寻找两名及以上目击证人,对伤者可使用外用药。

(18)在站厅、出入口范围发现不法传单或其他非城市轨道交通宣传品时,及时采取措施并报告车控室。

(19)负责站厅、出入口设备、设施的安全,运营时间内每2h巡视一遍出入口并将巡视情况报车控室,车控室做记录,发现有故意损坏或偷窃城市轨道交通设备设施行为时及时制止,留下肇事人,报车控室处理。

(20)负责站厅、出入口的客流组织工作,及时疏导乘客,防止乘客过分拥挤或排长队,客流变化时及时汇报车控室。

(21)根据车站安排开、关出入口。

(22)负责站厅票务的安全保卫工作。

(23)协助值班站长、值班员做好团体乘客进出站的客流组织工作。

2. 厅巡岗服务程序及标准

厅巡岗班前、班中、班后的服务程序及标准如表4-1所示。

厅巡岗服务程序及标准　　　　　　表4-1

阶段	程序及标准
班前	(1)上岗前到车控室签到,阅读文件,接受上级交代工作、注意事项。 (2)领取相关钥匙,如票务设备门钥匙、员工通道门钥匙、自动扶梯钥匙等,在"钥匙借用登记本"上登记。 (3)领取对讲机,在"车站备品领(借)用登记本"上登记。 (4)带齐工作备品准时到岗
班中	(1)引导乘客正确操作AFC设备,及时处理AFC设备故障,解答乘客咨询,如遇解决不了的问题马上报车控室。 (2)每2h巡视车站出入口1次,在相应巡视牌上记录巡视时间,发现有违反城市轨道交通管理条例的行为要制止,巡视后将出入口相关情况报车控室。 (3)按照车站排班要求打扫会议室、站务员室、更衣室,然后到站台顶岗。 (4)按要求更换出闸机票筒。 (5)在上/下行尾班车到站前5min在TVM上悬挂相应告示牌。 (6)最后一趟载客列车开出后,负责站厅的清客工作。 (7)关闭车站出入口
班后	(1)与下一班交接班,把工作备品(票务设备钥匙、员工通道门钥匙、自动扶梯钥匙、对讲机)交还车控室行车值班员,并在相应台账上注销。 (2)参加班后总结会。 (3)阅读完当天文件或规章,到车控室签名下班

3. 安全检查岗岗位职责

安全检查岗(以下简称安检岗)岗位职责如下:

(1)遵守各项法律法规和城市轨道交通各项规章制度,服从城市轨道交通各级领导管理,对违反法律法规或城市轨道交通规章制度的行为应予制止并及时向上级报告。

安检服务
基本流程

(2)严格遵守劳动纪律,不迟到,不早退,不擅离职守,不做与工作无关的事情。

(3)按规定着装上岗,佩戴标识要规范,自觉维护安检人员岗位形象。

(4)认真履行岗位职责,协助其他安检人员做好安检工作。

(5)熟练掌握各种安检设备的操作及物品识别方法。

(6)按照"逢包必检"的安检要求,负责宣传引导乘客进入安检区域。

(7)对可疑物品进行针对性探测,确定可疑物性质,及时移交现场民警处理并做好记录。

(8)对无异常的行李放行,疏导乘客尽快离开安检点,以免影响乘客通行。

(9)文明值岗,态度和蔼,遇事讲究方式方法,做到以理服人。

(10)上下班途中或在站台等车时,不应互相嬉笑打闹,在站内休息期间不应在座椅上躺卧,穿着安检服乘车时应主动礼让乘客,自觉维护城市轨道交通安检形象。

根据安检作业单元人员的标准配置,每台通道式安检机应配备 4~5 名安检人员。城市轨道交通运营企业可根据客流量进行适当调配,但每个安检工作站(点)的人员配置不得少于 2 人,包括指挥员和值机员各 1 人。值机员负责辨别通道式安检机监视器上受检行李图像中的物品形状、种类,其连续操作机器工作时间不得超过 40 min,每个工作日值机时间累计不超过 6 h。

4. 安检岗服务要求

(1)逢包必检、逢液必查、逢疑必问。

逢包必检是指乘客携带的全部包裹均须通过安检机进行安全检查,包括迷你包、便携手提包等小物件。根据具体要求还可能包括开包检查,以确保乘客没有携带违禁品或者危险物品进站乘车。

逢液必查是指乘客携带的液体都需要经过检测。可使用专门的液体检测仪来完成,判断液体是否为具有燃性或有其他危险特性,防止易燃、有毒或腐蚀性液体被带上列车,造成严重的安全威胁。

逢疑必问是指在安检过程中,如果安检人员对乘客的行为或其携带的物品有所怀疑,则有权进行进一步的询问或检查。这不仅是对该乘客安全负责,也是对其他乘客安全负责。如果有必要,可要求乘客打开包裹、出示证件或者其他形式的证明,以确认安全。

(2)安检通道的设置。

为应对安检可能造成的站内拥挤,城市轨道交通应准备疏散、临时限流预案。当乘客数量超过预警最大限额时,城市轨道交通车站要暂时关闭一半进站口,同时放缓售票速度以减少进站客流量,并组织乘客在出入口外排队等候,待客流量减少时再予以放行。

当城市轨道交通安检工作站(点)发生人员拥堵时,应迅速增开人工检查通道或设置蛇形通道;开包复检时,乘客可要求单独实施检查。

(3)对限带物品的保管。

城市轨道交通安检工作站(点)不得接受乘客限带物品的暂存和其他物品寄存。对安检过程中乘客自弃的限带物品,由车站专人负责管理并建立台账,记录收到的时间、地点、数量及品名。发现乘客遗留在安检现场的物品,应当由2名以上安检人员共同清点和登记,及时交由车站专人保管。车站内显著位置要公示禁、限带物品的目录。发现受检人携带禁带物品,应立即报告公安机关,并将该物品置于危险物品存储设备内;发现受检人携带限带物品,应告知受检人自弃该物品方可继续乘坐,或者直接改乘其他交通工具,如果受检人拒不接受这两种处理方式,安检人员有权拒绝其进站乘车。必要时,报告公安机关,由执勤民警将其带离车站。

地铁违禁物品介绍(枪支子弹、管制刀具类)

(4)贴身安检"男不查女"。

有的乘客在接受行李安检后,进入闸机前还要接受安检人员手持探测仪进行贴身安检。贴身安检的原则是"男不查女",主要是为了避免不必要的尴尬。目前,受安检人员数量限制,负责贴身安检工作的以女性安检人员为主。接受贴身安全检查的乘客应积极给予配合。

知识链接

武汉市轨道交通禁止乘客携带物品目录

一、枪支、子弹类(含主要零部件)

(一)军用枪:手枪、步枪、冲锋枪、机枪、防暴枪等以及各类配用子弹。

(二)民用枪:气枪、猎枪、运动枪、麻醉注射枪等以及各类配用子弹。

(三)其他枪支:道具枪、发令枪、钢珠枪等。

(四)上述物品的样品、仿制品。

二、爆炸物品类

(一)弹药:炸弹、照明弹、燃烧弹、烟幕弹、信号弹、催泪弹、毒气弹、手雷、地雷、手榴弹等。

(二)爆破器材:炸药、雷管、导火索、导爆索、导爆管、震源弹等。

(三)烟火制品:礼花弹、烟花、鞭炮、摔炮、拉炮、砸炮等各类烟花爆竹以及发令纸、黑火药、烟火药、引火线等。

(四)上述物品的仿制品。

三、管制器具及具有一定杀伤力的其他器具类

(一)管制刀具:匕首、三棱刮刀、带有自锁装置的弹簧刀(跳刀),刀尖角度小于60°、刀身长度超过150mm的各类单刃、双刃和多刃刀具,刀尖角度大于60°、刀身长度超过220mm的各类单刃、双刃和多刃刀具,以及符合上述条件的陶瓷类刀具。

(二)催泪器、催泪枪、电击器、电击枪、防卫弩、弓、弩等具有一定杀伤力的器具。

(三)射钉弹、发令弹等含火药的制品。

（四）菜刀、砍刀、美工刀等刀具，锤、斧、锥、铲、锹、镐等工具，矛、剑、戟等，以及其他可造成人身被刺伤、割伤、划伤、砍伤等的锐器、钝器。

（五）警棍、手铐等军械、警械类器具。

四、易燃易爆品类

（一）压缩气体和液化气体：氢气、甲烷、乙烷、丁烷、天然气、乙烯、丙烯、乙炔（溶于介质的）、一氧化碳、液化石油气、氟利昂、氧气（供病人吸氧的袋装医用氧气除外）、水煤气等及其专用容器。

（二）易燃液体：汽油、煤油、柴油、苯、乙醇（酒精）、丙酮、乙醚、油漆、稀料、松香油及含易燃溶剂的制品等及其专用容器。

（三）易燃固体：红磷、闪光粉、固体酒精、赛璐珞、发泡剂H等。

（四）自燃物品：黄磷、白磷、硝化纤维（含胶片）、油纸及其制品等。

（五）遇湿易燃物品：金属钾、钠、锂、碳化钙（电石）、镁铝粉等。

（六）氧化剂和有机过氧化物：高锰酸钾、氯酸钾、过氧化钠、过氧化钾、过氧化铅、过醋酸、双氧水等。

（七）2000mL（含）以上白酒；5个（含）以上打火机，10盒或200根（含）以上火柴，以及其他包装上带有易燃、易爆等危险化学品标志或提示信息的日常用品；标称容量之和超过20000mAh的充电宝、锂电池等。

五、毒害品类：氰化物、砒霜、剧毒农药等剧毒化学品以及硒粉、苯酚、汞（水银）、杀虫剂等。

六、腐蚀性物品类：硫酸、盐酸、硝酸、氢氧化钠、氢氧化钾、蓄电池（含氢氧化钾固体、注有酸液或碱液的）等具有可燃、助燃特性的腐蚀品。

七、放射性物品类：放射性同位素等。

八、传染病病原体：乙肝病毒、炭疽杆菌、结核杆菌、艾滋病病毒等。

九、其他危害公共安全、列车运行安全的物品

（一）外表尖锐等易损伤他人的物品或者有严重异味、易污损设施的物品。

（二）可能干扰列车信号的强磁化物、有强烈刺激性气味的物品、不能判明性质可能具有危险性的物品。

（三）猫、狗、家禽及水产品等影响乘车环境或可能妨碍轨道交通运营安全的活体动物，执行任务的警犬、残疾人携带的有识别标识的助残犬除外。携带导盲犬进站的乘客，必须出示真实有效的"残疾人证件"，导盲犬需具有公安部门发放的犬证并佩戴防护罩方可进站乘车。

（四）氢气球、铁锯、自行车（体积、长度符合要求的折叠自行车除外）、电动自行车、运货平板车。携带折叠自行车的乘客，必须将其折叠整齐，按照行李物品对待方可进站乘车。

（五）长度超过1.6m、重量超过20kg、体积超过$0.15m^3$或长、宽、高之和超过1.8m的物品等。

十、国家法律、行政法规、规章规定的其他禁止持有、携带、运输的物品。

二、进出站服务内容

1. 引导进出站

有乘客询问如何乘车或站务员在巡视时发现有不明确乘车程序、不知道列车运营时间的乘客,应主动耐心地上前询问:"您好,请问有什么可以帮您?"如果站务员无法解决乘客的问题,应落实"首问责任制",想方设法帮助乘客解决问题。

> **案例 4-1**
>
> **爱心接力,传递正能量**
>
> 武汉轨道交通2号线藏龙东街站车站值班员小李正在巡视出入口,看见一位盲人在出入口处徘徊,小李立即上前询问是否需要帮助。与该乘客沟通后得知,他在出入口处不知该如何进站,也不好意思打扰身边匆匆忙忙的行人。
>
> 该乘客告诉小李他要去武汉站,不知道该如何乘坐。小李告诉乘客:"您到武汉站需要换乘4号线,不过您放心,我将您送上车,在换乘站中南路站会有工作人员接您下车,然后帮助您换乘,在目的地武汉站也会有人接您。"随后,小李将该乘客送上列车,并安排好座位,这才放心离开。车站人员通知换乘站中南路站及目的地武汉站工作人员,做好接应工作,确保该乘客顺利进出站,完成城市轨道交通旅程。
>
> 旅程有终点,爱心一直在接力,武汉轨道交通的工作人员在完成进出站服务工作的同时,也为有需要帮助的乘客默默地传递着友善与正能量。

> **案例 4-2**
>
> **务工老人回乡遇阻,地铁小哥帮忙手写"导航纸条"**
>
> 武汉轨道交通1号线头道街站工作人员小曹注意到一位老年乘客在站内徘徊,便上前询问。老人表示他要去武昌火车站坐车回家,但不知如何乘坐地铁。小曹当即为老人写下"导航纸条",细心告诉老人换乘路线,并护送老人乘车。老人对工作人员小曹认真细致的服务赞赏不已。
>
> 进出站服务是平凡的,但也需要用心对待,唯有用心,才能贴心。城市轨道交通的服务人员多做一点,乘客就能更方便一点。

2. 乘客携带大件行李进站

(1)将物品度量器摆放在进闸机附近明显的地方,有利于工作人员进行测量和乘客进行识别。

(2)当乘客携带超长、超重的行李时,向乘客解释:"对不起,您所携带的物品超长(超重),请您改乘其他交通工具,好吗?"

(3)主动帮助乘客搬运未超重、超长的大件行李物品,并引导其乘坐垂直电梯。

案例 4-3

预约服务，畅通一路

武汉轨道交通2号线佛祖岭站车控室接到佳园路站电话，有名携带大件行李的乘客需要预约帮扶，值班站长小胡接通知后第一时间前往站台等待，列车到达车站后，他看到一名乘客携带了三个大包和一个小推车，他立即上前帮助该乘客搬下大件行李并引导其乘坐垂直电梯，一路护送其安全出站。该名乘客再三对小胡表示感谢。

乘客携带大件行李出行时，不仅便利性感受低，同时也存在乘客摔倒、磕碰、物品遗失等安全隐患。因此，在发现乘客携带大件行李时，应主动帮扶乘客，引导乘客乘坐垂直电梯。

3. 乘客携带气球进站

当有乘客预携带气球进站时，站务员应及时制止，并向乘客解释："对不起，为了安全起见，您先把气球放了气再进站，好吗？"

4. 乘客持危险物品进站

有乘客持危险物品进站时，站务员应及时制止，对乘客说："乘客，您好。为了您和他人的安全，请勿携带危险品进站乘车。"

5. 在站厅、出入口电扶梯处看到重点乘客

在站厅、出入口遇到老、弱、病、残等需要提供帮助的乘客时，站务员应及时给予提醒："乘客，您好，为安全起见，请您从楼梯（升降电梯）行走，好吗？"若耐心劝阻乘客仍不配合，可向车控室报告，征得乘客同意，陪同乘客走楼梯（升降电梯）。

案例 4-4

帮助受伤乘客，安抚乘客情绪

在武汉轨道交通2号线杨家湾站，一名60岁左右的老人抱着一名一岁多的小孩下车。随后，这名小孩独自一人跑向自动扶梯口，在扶梯口前约1m处摔倒。站务员小潘发现后迅速到达现场，发现小孩大声痛哭，手部疑似受伤。小潘一边安抚小孩和老人，一边立即向值班站长汇报。值班站长拿上医药箱迅速奔赴现场，经仔细查看，发现小孩右手小拇指蹭破了一点皮。值班站长给小孩进行简单包扎，并一直安抚小孩和老人，后来小孩情绪平复，老人表示感谢后，带着小孩离开。

重点乘客重点关注，应及时发现乘客问题并协助其解决。

6. 乘客不确定出站方向

若乘客不确定自己出站的方向，车站员工应给予主动、热情的指引，必要时可以带乘客去往所需出口。

案例 4-5

外来务工人员来汉，他们主动搭把手

在武汉轨道交通 1 号线循礼门站，站务员小陈发现一名乘客正携带大件行李下车，立即上前帮忙。该名乘客表示自己是外来务工人员，想要换乘公交车，不知道从哪个出口出站比较方便。小陈帮助该乘客搬运行李，并引导其乘坐垂直电梯到站厅，随后，带乘客从正确的出站口出站，还帮助乘客将行李搬上公交车。该名乘客对小陈再三表示感谢后乘车离开。

城市轨道交通的乘客范围大，部分乘客对于车站所在位置、方位及与其他公共交通的衔接换乘不够熟悉，车站工作人员应发扬"主人翁"精神，及时帮助乘客解决问题。

7. 乘客长时间停留

站务员发现有乘客在城市轨道交通站停留时间较长且不出站，或坐在站厅的地上时，应及时问清乘客停留的原因，礼貌地请乘客不要坐在站厅地面，请乘客尽快出站，以免影响车站的正常客运秩序。

案例 4-6

10 岁小乘客滞留车站，车站工作人员助团圆

上海城市轨道交通 16 号线滴水湖站值班站长小施在车站巡视时，发现站厅内有个小乘客已徘徊许久。凭借多年的工作经验，细心的小施察觉到该乘客有可能需要帮助，便迅速上前询问乘客情况。

小乘客无助地对小施说道："我的手机丢了，联系不上妈妈，不知道该怎么办，我现在回不了家，感觉很害怕。"小施赶紧安慰道："小朋友，在我们车站不用害怕，不要紧张，我们是滴水湖站的工作人员，我们会帮助你联系上妈妈的。"幸好，小乘客提供了母亲的电话号码，小施也顺利联系上了对方。电话那头传来孩子母亲如释重负的声音："谢谢你们啊，联系不上孩子，家里人正准备要出门去找，你的电话让我们一家安心了，太感谢你们了，我现在马上去滴水湖站。"

此时，车站运营已经结束，需要进行清场作业。天色已晚，且站外温度较低，出于安全考虑，小施带着孩子到车站管理用房内休息，陪伴他一同等待，并再次电话告知孩子母亲后续接应事宜。最终小施安全地将孩子交到他母亲手中，孩子母亲在车站多次表示感谢后离开。

孩子母亲带孩子安全到家后，通过微信再一次感谢车站的帮助，同时还向小施发了红包以表谢意。小施婉言谢绝并表示："不用谢的，这本就是我们工作的职责所在，是我们每一个地铁人都会做的事情！"次日，孩子再一次通过地铁热线电话对小施表示感谢。

一般情况下，乘客在完成位移需求后会尽快离开城市轨道交通车站，当乘客在车站内长时间停留时，车站工作人员要及时了解乘客停留原因，并想法设法解决乘客问题，帮助乘客离开车站。

> 知识链接

武汉轨道交通乘客须知

一、乘坐轨道交通的乘客,应讲究文明礼貌,自觉遵守、维护乘坐轨道交通的秩序。

二、乘客应持有效车票进站乘车。无车票或持无效车票乘车以及拒绝票务人员验票的,按武汉市相关条例处理。

三、身高不超过1.3m(含)的儿童免费乘车,儿童乘车须有成人陪同;乘客携带的物品,总重量、长度、体积分别不得超过20kg、1.6m和0.15m³,长、宽、高之和不得超过1.8m。

四、乘客须经检票后有序地进入站台,在黄色安全线以内候车;候车和上下车时不要互相拥挤;严禁在站台边缘与安全线之间行走、坐卧、放置物品。

五、乘客应在列车停稳后先下后上,依次登车;当列车关门提示警铃鸣响时,停止上下车;车门开启、关闭时,不得触摸车门;不得手扶车门或倚靠车门。

六、列车到达终点站后乘客应全部下车,不要在车厢或车站内长时间逗留。

七、乘自动扶梯时,应站稳扶好,不要多人挤站在同一级扶梯或在扶梯上打闹、奔跑。

八、衣履不整者,不得进站乘车;身高1.3m(含)以下的儿童、酗酒者、精神病患者、智力障碍者、行动不便者等进站乘车须有健康成人陪同。

九、乘客须自觉维护车站和列车整洁,爱护公共财物,维护公共秩序,在轨道交通车站或列车上,不得有以下行为:

(一)擅自在轨道交通车站、通道、出入口和出入口周围5m范围内停放车辆、堆放杂物、摆设摊档等;

(二)在车站、列车内吸烟、随地吐痰、便溺、吐口香糖、乱扔废弃物;

(三)擅自在列车和车站、桥梁、通道、出入口等轨道交通建(构)筑物上刻画、涂写、张贴、悬挂物品等;

(四)携带宠物、活禽等动物乘车,残疾人携带有识别标志的助残犬、导盲犬除外;

(五)携带外表尖锐等易损伤他人的物品或者有严重异味、易污损设施的物品乘车;

(六)在车站或者列车内使用滑板、滑轮鞋、平衡车、自行车等;

(七)在运行的自动扶梯上倚靠侧板、逆行;

(八)在车站、列车、出入口、通道内躺卧、踩踏座椅、乞讨、大声喧哗或吵闹、使用电子设备外放声音、擅自表演歌舞;

(九)在列车内进食;

(十)擅自在车站、列车内推销、售卖产品或者服务;

(十一)携带重量、长度、体积超过乘客守则规定的物品乘车;

(十二)其他影响轨道交通运营秩序、公共场所容貌和环境卫生的行为。

十、严禁携带易燃、易爆、有毒、有放射性、腐蚀性等危险品和可能危及行车、人身安全的其他物品进站乘车;不得携带活禽活畜、宠物或易污损、无包装易碎、尖锐的物品。

十一、严禁攀爬、跨越或钻越围墙、围栏、闸机等。

十二、严禁跳下站台,进入轨道、区间及其他具有警示标志的区域。

十三、严禁在非紧急状态下动用紧急或安全装置;不得擅自操作有警示标志的按钮、开关装置。

十四、乘客应当正确使用车站内的自动扶梯等有关设施、设备;严禁损坏或擅自移动轨道交通设施。

十五、发生紧急情况时,乘客应保持冷静,听从轨道交通工作人员的指挥,不得擅自打开车门和强行下车。

十六、乘客应服从轨道交通工作人员的管理。发生纠纷时,可向轨道交通管理部门或上级行政主管部门反映,但不得影响轨道交通工作人员的管理和轨道交通的正常运行。

三、进出站服务"答客问"标准用语

1. 进站服务问答

(1) 车站如何报警?

请找城市轨道交通公安或拨打110。

(2) 使用过期的车票是否算无效车票?

是的。

(3) 如果城市轨道交通故障,能不能退票?

可以。

(4) 一名成年人可带几名儿童免费乘车?

武汉地铁规定,在家长陪同下,身高1.3m(含)以下儿童可免费乘坐城市公共交通工具,且不限制儿童数量。具体情况以所在城市轨道交通企业规定为准。

(5) 为什么不可携带气球乘车?

气球飘进站台轨行区,可能会对城市轨道交通接触网造成影响;气球内可能有易燃气体,若把气球带进车厢,车内乘客众多,万一拥挤碰撞的话,极易发生爆炸,非常危险;万一氢气球在站台内"飞"了,乘客抓气球时易发生意外。

(6) 如果乘了相反方向的列车该怎么办?

不要着急,在下一站下车,然后搭乘正确方向的列车。

(7) 为什么不能携带家禽、宠物等进站乘车?

轨道交通作为公共客运形式之一,相对于其他公共客运形式而言,客流量更为庞大,客流交替更为频繁,因此,对公共卫生和公共安全的要求更高。家禽、宠物禁止携带上车,是因为它们极易对公众乘车环境造成污损,并有可能成为某些疾病的传染源。

(8) 请问车站哪里可以打电话?

车站有公共电话亭,请走这边(用标准指引手势指向公用电话处)。

(9) 我能在哪里吸烟(车站内)?

对不起,轨道交通车站及列车内禁止吸烟。

(10) 为什么不能在城市轨道交通车站内拍照?

城市轨道交通作为公共场所,工作人员对乘客个人的拍照、录像行为和借拍照、录像行为寻找目标企图危害城市轨道交通运营及乘客生命安全的行为无法甄别,为了保障乘客安全及城市轨道交通的正常运营,禁止乘客私自在车站内拍照、录像。

城市轨道交通车站是为乘客提供进入城市轨道交通系统、候车、乘降、疏散的公共场所,每天聚集和疏散大量人流,为了保障乘客的安全通行,禁止乘客在车站内长时间停留或拍照,避免拥堵。

如果要拍广告、设备资料请先联系公司宣传部。

(11)请问可以用升降电梯吗?

车站升降电梯为无障碍电梯,老人或残疾人可以优先使用升降电梯。

(12)城市轨道交通装修是否都采用防火材料?

是的。并且为了更大程度地保障乘客安全,车站及列车都配有一定数量的灭火器。

2. 出站服务问答

(1)请问储值票坏了怎么办?

请携带身份证到客服中心办理相关手续。

(2)毕业后,未用完的学生储值票如何办理?

可以替换普通储值票。

(3)我捡了东西该交给谁?

您可以交给车站工作人员或警务人员。

(4)城市轨道交通列车为什么没有厕所(个别线路城市轨道交通站不设厕所)?

因为列车间隔很短,所以不设厕所。您可去出入口外面商场的洗手间。

(5)节假日收班能否延迟?

针对节假日和大型活动,运营公司会进行调查研究,根据情况制订相应的行车方案,确定上线列车数量及运营时间。

(6)没赶上末班车能退票吗?

如果买了票又未赶上末班车,可向站务人员说明情况,办理退票手续。

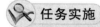
任务实施

根据实训任务单,完成实训任务8进出站服务实训。

任务4.2 售票服务

票务服务是乘客服务的重要组成部分,包含售票服务、检票服务,其中检票服务又分进闸检票服务和出闸检票服务。《城市轨道交通客运服务规范》(GB/T 22486—2022)对城市轨道交通票务服务的一般要求有:

（1）自动售票机或其附近应有方便乘客购票的醒目、明确的车票种类、票价、售票方式、车票有效期等信息。

（2）自动检票机或其附近应有相应的提示、导向标志或图示，方便乘客检(验)票。

（3）每日运营前，车站应开启售检票类设备，并在首班车到站前完成准备工作，确认设备正常运行。

（4）人工售票、充值或售卡过程中，售票员应唱收唱付，做到准确、规范。

（5）对符合免费乘车规定，并持有效乘车证件的乘客，应验证后准乘。

（6）遇票务异常等乘客无法正常进出站时，应及时采取有效措施，为乘客进行必要的票务处理。

（7）在运营期间自动售票、检票机发生故障时，应设置故障提示，异常情况及时进行处理。

（8）城市轨道交通因故中断运营时，运营单位应按照票价退还票款；享受票价优待的乘客，运营单位应执行票价优待规定。

一、售票服务岗作业要点

当乘客进入站厅后，城市轨道交通车站服务人员应根据乘客的不同需求提供不同的服务。对于持有储值票或一卡通的乘客，可引导其至闸机处刷卡进闸；若乘客储值票或一卡通需要充值则应引导其到客服中心或自动充值机充值；若乘客需购买单程票则引导其至自动售票机购买单程票。各岗位应严格执行岗位要求及作业标准，全心全意为乘客提供优质的服务。

购票环节中涉及的岗位主要有厅巡岗和售票岗。

TVM购票引导服务

1. 厅巡岗购票引导一次作业程序

厅巡岗购票引导严格执行"一察、二导、三处理"的一次作业程序。

一察：注意观察乘客动态，及时引导乘客排队购票，发现不会购票的乘客给予帮助。

二导：引导乘客购票，购票完毕后为乘客指明进闸方向。

三处理：出现卡币或卡票等情况时及时通知值班站长，必要时办理行政处理。

乘客在用自动售票机购买单程票时，遇自动售票机卡票、卡币或找零不足，最容易引起其不满。此时，应特别注意礼貌。首先，耐心地听乘客解释事情的经过。其次，要冷静地处理，以解决问题、使乘客满意为基本目的。

2. 厅巡岗工作人员服务技巧

（1）厅巡岗工作人员要多看、多巡、多引导：多看有无异常情况，看有无需要帮助的情况和需要处理的设备故障；多巡即多走动，巡视了解站厅客流情况；多引导乘客到临时兑零点、银行和乘客较少的一端购票乘车。

（2）如果受到乘客的责骂，坚持在保护自己的同时，做到"打不还手、骂不还口"，要礼貌并诚恳地向乘客解释。

(3)高峰期厅巡工作人员应统一佩戴手提广播上岗,在引导时声音不宜太小,吐字清晰,积极主动,不得拿广播对着乘客喊话。

(4)上岗前到客运值班员处借5个硬币,当自动售票机不接收纸币时,就可以马上换给乘客硬币,以加快售票速度,减少排队的现象。

(5)厅巡工作人员要及时提醒车控室查看设备中的钱箱、票筒情况,以便在乘客较少时及时更换。

(6)当乘客排长队时,要及时请示值班站长进入票亭帮忙。乘客较少时及时退出票亭并告知车控室。

(7)引导车票有问题的乘客到乘客较少的一端统一办理。

(8)厅巡工作人员能解决的问题要及时、果断处理,以免值班员以上人员出来使事件处理时间拖长。

> **案例 4-7**
>
> **站长帮宝妈买票,被惦记了20天**
>
> 一日中午,一名乘客带着小朋友从金银潭来到宝通寺站感谢工作人员。该乘客表示20天前自己没带现金,手机又没电,还带着小朋友,没法回家。值班站长小宋主动帮她购票回家。
>
> 票务服务中,厅巡工作人员应尽力协助乘客购票,必要时进行兑零,提供充电设备等。总之,尽力为乘客提供帮助,赠人玫瑰,手有余香。

3. 售票岗售票充值一次作业程序

售票岗岗位职责包括:负责票务处(客服中心)当班的售票工作;保管当班票务处(客服中心)相关备品、报表、单据、现金、票务钥匙并负责其安全;完成相应票务报表的填写。

一卡通充值
一次作业程序

出售单程票
一次作业程序

售票员在售票充值时严格执行"一收、二验、三售找、四清"的程序。

一收:收取乘客票款,除银行规定不能收的钱币不收外,其他都应按规定收取。严禁拒收旧钞、零币、分币的行为。收取的票款不应直接放进钱箱。

二验:采取"一看、二摸、三听、四测(用验钞机测)"的程序验明真伪后放于桌面。若判断为假币,委婉地请乘客换一张。

三售找:出售票卡并找零,必须一次完成。操作的同时让乘客查看显示屏上信息,一次完成售票;按照操作步骤发售单程票,发售前执行二次分析制度。发售储值票/一卡通时应向乘客说明押金金额,并提示其阅读"储值票/一卡通使用须知"。储值票/一卡通充值须做到"二次确认":先请乘客确认余额和需充值金额,充值后再次提醒乘客确认充值金额。确认时唱出读数,需要找零时,必须严格执行"找零一次完成"的作业要求,将大小面额找零和票卡一起交给乘客并进行唱找。严禁强找零币、旧币。

四清：待乘客离开窗口后，方可把桌面钞票放进电子钱箱。

4.售票岗作业程序及标准

售票岗班前、班中、班后的作业程序及标准如表4-2所示。

售票岗作业程序及标准　　　　　　　　　　表4-2

阶段	程序及标准
班前	（1）了解当天工作注意事项和票务、服务通知后，到点钞室领票，并预计车票、备用金、报表等数量是否足够。 （2）首班客车到站前12min到票务处（客服中心），做好开窗准备： ①检查对讲设备、乘客求助按钮能否正常使用； ②检查票务设备、备品（如验钞机、分钞盒、发票等）的状态、数量； ③检查票务处（客服中心）卫生，票务处（客服中心）外栏杆、立柱的摆设； ④检查票务处（客服中心）内有无来历不明的现金、车票； ⑤如有问题马上报值班站长或值班员； ⑥检查、填写"售票处交接班本"。 （3）开窗售票
班中	（1）工作中应注意： ①保持票务处（客服中心）的整洁，票证、报表、钱袋摆放整齐； ②当报表、硬币、车票将不够时，提前报客运值班员； ③锁好门，不能让非当班人员随意进出； ④严格按售票作业程序工作，特别在出售、加值储值票/一卡通时要让乘客确认； ⑤发现站厅异常情况（如乘客携带"三品"，乘客纠纷，老、病、伤、残等特殊乘客进闸等）及时通报相关岗位或车控室。 （2）交班程序： ①退出BOM（半自动售票）系统，报告车控室； ②将抽屉里的钱和车票整理放入票盒子； ③将硬币清理好装回硬币袋； ④将本班验钞机关掉并拿走； ⑤拿走本班的钱袋； ⑥填写"售票处交接班本"； ⑦回AFC点钞室结账。 （3）接班： ①登记进入BOM系统； ②摆放好车票； ③叠放好一盘硬币，将备用金放入抽屉； ④将本班验钞机投入使用。 （4）最后一趟载客列车到站前3min（有的城市轨道交通车站为5min）停止兑零、售票。 （5）清站后，摆好"服务停止"牌，并做好票务处（客服中心）卫生，整理好票务处（客服中心）内务。 （6）退出BOM系统
班后	（1）到点钞室结账。 （2）结账完毕到值班站长处报到，在"当班情况登记本"上签名

二、售票服务内容

1. 当乘客询问如何购票时

厅巡岗工作人员应主动指引乘客,耐心指导:"如果您需要购买单程票,可以用5元、10元纸币或1元硬币直接在自动售票机上购票,如无零钱,请您先在客服中心兑零,然后到自动售票机处购买,如果您需要买储值票,可直接在客服中心购买。"部分城市轨道交通车站客服中心也可出售单程票。

如乘客不会使用TVM,员工应主动带乘客到TVM前,详细示范给乘客看,帮其购买车票,并指引其入闸。

2. 办理充值业务流程

常见的充值流程如表4-3所示。

办理充值业务流程　　　　　　　　　　　　　　　　　表4-3

序号	服务情景	服务用语	服务举止、要求
1	乘客到客服中心前	"乘客,您好"	面向乘客微笑
2	乘客同意充值	"请问您充多少钱?"	乘客回答后需要再次确认
3	收乘客钱币	"收您××元"	双手接过乘客钱票
4	分析车票	"请确认您的余值××元"	手指引乘客看显示器
5	充值后分析	"请确认您的现值××元"	手指引乘客看显示器
6	给乘客车票和找赎	"这是您的车票,找××元,请点好"	钱票一起给乘客,双手递钱票

如设备故障,应礼貌解释:"对不起,因为设备故障暂时不能充值,请您到其他充值点充值。"

3. 收到残币或假币时

应委婉地对乘客说:"对不起,请您换一张钞票。"

4. 当乘客需要双程票等无法提供的服务时

应委婉地对乘客说:"对不起,目前我们没有这种服务(没有这种票出售)。"

5. 厅巡工作人员发现票亭前排长队,有乘客手持5元、10元、20元零钞时

厅巡工作人员应主动用手提广播向排队乘客宣传:"有5元、10元、20元零钞的乘客请到自动售票机处购买车票。"

6. 厅巡工作人员发现一端自动售票机前排长队,另一端自动售票机乘客较少时

厅巡工作人员应主动用手提广播向排队乘客宣传:"各位乘客,本站另一端自动售票机乘客较少,为了节省您的购票时间,请到另一端自动售票机购票。"

7. TVM/闸机需要更换票筒钱箱或故障维修时

厅巡工作人员应向乘客解释:"对不起,这台自动售票机/闸机暂停使用,请稍等。"或者说:"请使用其他自动售票机/闸机,谢谢。"

8.客服中心出现缺币/缺零钱情况时

原则上客服中心不可出现缺币/缺零钱的情况,如遇硬币或零钱不足的情况,应向乘客耐心解释:"对不起,这里的硬币(零钱)刚好兑换完,请您稍等或到另一个客服中心(如车站有多个客服中心)兑换。"并立即通知客运值班员增配硬币。

9.特殊情况下可出售纸票

(1)车站 TVM、BOM 全部出现故障或停电导致车站无法出售 IC 卡单程票,可由站长决定售卖纸票。

(2)在经车务部对全线预制票进行合理调配后,且预制票将售完的情况下,乘客经车站员工引导后,TVM 能力仍不足时,可由站长根据客流情况决定售卖纸票。

(3)大客流情况下票务系统无法应付或其他特殊情况下,车务部票务主管或以上级别领导可决定售卖纸票。

(4)以上情况得到缓解或部分设备恢复正常后,车站即刻停止售卖纸票的工作,恢复正常运营。

三、售票服务"答客问"标准用语

(1)请问××号线全程票价多少钱?

根据实际情况回答。

(2)请问城市轨道交通最高票价多少钱?

根据实际情况回答。

(3)请问城市轨道交通的团体单程票使用规定是什么?

购买(以武汉轨道交通为例):30 人以上(含)团体可到各车站办理团体票的出售业务。使用:团体票在出售后不予退换,只能在购票站进站乘车,只能乘坐一个车程,且当天有效。

(4)城市轨道交通的单程票、储值票、免费票的有效期是多久?

以武汉轨道交通为例,单程票发售当站、当日有效;储值票、免费票有效期为 500 天。

(5)普通储值票损坏如何处理?

普通储值票如果损坏,请持票到车站客服中心办理。处理时乘客需填写"非即时退款申请单",并于 5 个工作日后再到车站办理退款。

(6)城市轨道交通票价的优惠规定有哪些?

以武汉轨道交通为例:现役军人、革命伤残军人、伤残人民警察凭有效证件免费乘车;盲人和下肢残疾人持"武汉市下肢残疾人、盲人免费乘坐车船卡"免费乘车;65 岁及以上老年人持武汉老年人优待证,享受免费乘车优惠[其中,武汉通老年卡免费乘坐公共交通(含公交、轮渡、轨道交通等)合计限 730 次/年;730 次/年用完后,继续使用该卡乘坐轨道交通时须持卡充值,相关规定及要求参照武汉通普通卡办理,享受 9 折扣值优惠]。自 2013 年 9 月 1 日起,学生持武汉通学生卡享受 7 折扣值优惠;城市轨道交通普通储值票和武汉通卡享受 9 折扣值优惠;身高不超过 1.3 米(含)的儿童免费乘车,儿童乘车须有成人陪同。

(7) 关于残疾人免费乘坐城市轨道交通有什么规定？

武汉轨道交通票务规定，残疾人持武汉通残盲卡或武汉通残免卡免费乘车（外地临时来汉残疾人凭残疾人证免费乘车）。

深圳地铁优惠政策规定，本市户籍的残疾人凭市残联核发的"深圳市残疾人乘车卡"或第二、三代"中华人民共和国残疾人证"；非本市户籍的残疾人凭第二代"中华人民共和国残疾人证"（港澳台残疾人证件）可免费乘坐城市轨道交通普通车厢。

(8) 现役军人的有效证件有哪些？

现役军人居民身份证、人民武装警察居民身份证、中国人民解放军军官证、中国人民解放军文职干部证、中国人民解放军士兵证、中国人民解放军院校学员证（不含无军籍的地方委培生）、中国人民武装警察部队警官证、中国人民武装警察部队文职干部证、中国人民武装警察部队士兵证、中国人民武装警察部队院校学员证（不含无军籍的地方委培生）。

以上证件中过期的或退休军人证，不是现役军人免费乘车的有效证件。

(9) 城市轨道交通车票超时乘车是如何规定的？

以武汉轨道交通为例，乘客每次乘车从入闸到出闸时限为240min。超过240min，须按最高单程票价补交超时车费。其中，武汉通老年卡内无余次的，处理方式同上；有余次的，扣除1次。

(10) 车票丢失了怎么办？

如果您在进闸前（非付费区内）遗失车票，建议您重新购买1张车票。如果您进闸后（付费区内）遗失车票或无票，须按最高单程票价补交车费后出闸。

(11) 请问车票如何充值？

请持车票到客服中心办理或到自动充值机充值。

(12) 请问购买城市轨道交通车票能使用外币吗？

对不起，目前购买城市轨道交通车票只接受人民币。

(13) 请问能用信用卡购票吗？

对不起，现在城市轨道交通还没有开通这个业务。

(14) 请问车票到哪里拿发票？

请您到客服中心索取发票。

(15) 请问多买的单程票可退票吗？

没有使用的单程票，在当日当站可以进行退票。

(16) 请问储值票可退票吗？

可以，您可到客服中心退票。

(17) 如何查看车票使用记录？

请您到客服中心或者在验票机上查询。

(18) 请问如果我的车票内余值不够一程车费，怎么办？

请您到车站客服中心充值后，再乘车。

(19) 请问买车票时为什么有的硬币售票机接收，有的不接收？

因为硬币有磨损，磨损多了售票机就不接收了。

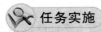

任务实施

根据实训任务单,完成实训任务9售票服务演练。

任务4.3 检票服务

乘客进闸时,需将单程票或储值票放置闸机验票区验票后闸门方可打开。在引导乘客进闸时,需做到"五心"服务——诚心、细心、热心、耐心、恒心。准确处理各种乘客无法正常进闸的情况,提供优质服务。在出闸服务中,需多关注乘客使用出站闸机的情况。出闸时储值卡或一卡通验票方式与进闸相似,但持单程票的乘客在出闸时车票需通过闸机回收,在服务过程中注意细节引导,关注超高小孩逃票、成人违规使用车票、携带大件行李出闸及持票无法出闸等问题。

一、检票服务岗作业要点

闸机引导一次作业程序

乘客进闸、出闸环节中涉及的岗位主要有厅巡闸机引导岗,当出现票卡异常导致无法正常进闸和出闸时,则需到客服中心找售票岗分析处理车票。

1. 厅巡闸机引导一次作业程序

厅巡工作人员在闸机处引导乘客进出闸时,严格执行"一迎、二导、三处理"的一次作业程序。

一迎:乘客进出站时,以站厅立岗站姿站在闸机一侧为乘客提供服务(不要正面对着乘客),目光关注乘客进出站动向。

二导:引导乘客进出闸机,发现乘客车票无法使用时,及时解决乘客问题。

三处理:对不能正常进出闸的票卡进行分析;拾获车票要及时回收;使用专用通道做到随开随关。对需凭证件出入的乘客,认真验证后放行。遇公司接待或团体票进出专用通道时,应站立在专用通道旁提供引导服务。

以武汉轨道交通为例,进出闸时需使用车站专用通道的情况有:

(1)票务政策规定的免费乘车对象——现役军人、革命伤残军人、伤残人民警察、盲人、下肢残疾人、离休干部等凭有效证件可使用。

(2)使用团体单程票乘车时可使用。

(3)使用有效纸票乘车时可使用。

(4)车站的计算机BOM系统全部故障,车票无法办理相关业务时可使用。

(5)车站的闸机全部故障时可使用。

(6)公司下达接待任务时可使用。

(7)公司批准的施工计划且通过车站请点确认许可进入的施工人员可使用。

(8)公司对口专业人员陪同的临时施工人员可使用。
(9)公司员工未携带员工票确认身份时可使用。
(10)车站发生火灾等紧急情况时可使用。
(11)发生大客流等情况需要快速疏散时可使用。
(12)其他需要使用专用通道的情况可使用。

2.售票岗行政处理的一次作业程序

特殊原因导致乘客无法正常进出闸时,可指引乘客到客服中心找售票岗处理。售票岗行政处理的一次作业程序是"一问、二操、三确认"。

一问:耐心听乘客讲述事情经过,并做相应分析处理。

二操:确属于行政处理事务,立即通知值班站长到票务处(客服中心)确认;"BOM 行政处理记录单"按要求填写完整并签字;按照步骤操作并让乘客确认乘客显示屏信息,打印小单签字。

三确认:将已经处理的票卡分析正常后交给乘客,需找零的唱出零钱金额,并让乘客确认。

二、检票服务内容

1.乘客进闸

及时制止乘客违规使用车票行为,对第一次使用车票进闸的乘客,特别是老年乘客,厅巡工作人员要协助他们使用车票,耐心告诉乘客:"请您右手持票,并将票放在验票区上方,听到'嘀'的一声响后进站。入闸后请您保管好手中车票,出闸时仍需使用车票。"当乘客有摩擦车票等不恰当行为时,应予以纠正:"您把票放在验票区上方 10cm 范围内就可以验票了,无须摩擦。"

2.携带了大件行李或婴儿车等不便进闸的乘客

大件行李是指行李尺寸较大,但尺寸属于城市轨道交通规定允许携带范围内。若乘客携带大件行李或者婴儿车,不方便通过标准通道闸机,可提供以下服务。

(1)若车站有宽通道闸机,厅巡工作人员指引乘客使用宽通道闸机进闸。

(2)若车站无宽通道闸机,厅巡工作人员可以让乘客在进闸机上验票后空转转杆或让扇门自行开合一次(以防其他无票乘客通过该闸机通道进闸),为该乘客打开专用通道进站,并告诉乘客保管好车票。

3.处理乘客持票进不了站

(1)发现乘客进不了站,如果显示为进出站代码错误,要求乘客到客服中心处理:"乘客,您好。您的车票需要到客服中心给工作人员处理一下。"

(2)发现持储值票的乘客进不了站,如果显示车票余值不够,对乘客说:"乘客,您好。您的车票余值不够,您可到客服中心(或自动充值机)充值或先到自动售票机买张单程票乘车。"

案例 4-8

耐心解释补票政策，消除乘客误解

一天，一名乘客在某站持车票无法顺利通过进站闸机，站务员发现情况后，引导乘客到客服中心办理。经过读卡分析，发现该乘客上次出站时没有刷卡成功，导致车票无出站码，因此本次不能进站。售票员向乘客解释票务政策，并按照规定进行扣费，乘客不配合处理，认为售票员无故扣费，并表示要投诉该售票员。值班站长得到消息后，立即来到客服中心，了解情况之后，耐心对乘客解释："您好，我是本站的值班站长，非常抱歉，由于我们的服务不周到，您对我们的服务产生了诸多误解，您今天所遇到的问题也是我们经常遇到的问题。请您放心，我们不会多扣您一分钱。这次更新后，若有任何疑问，可以凭为您开具的'乘客事务处理单'，找我们的工作人员帮您解决。我们再次向您道歉！"乘客听到值班站长的解释后，消除了误解，相信车站是按照规定处理的，随后进闸乘车，离开车站。

遇到乘客持有车票不能进站时，要正确分析原因，耐心、细致地向乘客解释票务政策，取得乘客配合，帮助乘客顺利进站。

4. 乘客乘坐自动扶梯

自动扶梯上乘客较多时，利用站厅广播向乘客宣传："请站稳扶好，双脚站在同一梯级黄色安全线以内，握紧扶手，不要倚靠扶梯侧板！不要拥挤！注意安全！"对乘客加强引导。

5. 老年乘客坚持乘自动扶梯而拒绝走楼梯

（1）进闸后，劝老人走楼梯或在家人陪同下到站台，或由厅巡工作人员陪同老人一起下楼梯，送至站台。若需厅巡工作人员陪同，厅巡工作人员需先向车控室报告。

（2）利用广播宣传"老人乘坐自动扶梯请由家人陪同"。

6. 乘客进闸时正在饮食

厅巡工作人员应该马上制止，并向乘客解释："为了保持车站及车厢的环境卫生，请勿在入闸后饮食，谢谢合作！"

7. 有秩序地组织乘客出闸

厅巡工作人员加强对出闸机的巡视，并通过人工广播的形式向乘客进行关于"请将单程票投入闸机回收口"等宣传。

8. 处理超高小孩逃票、成人逃票或违规使用车票

（1）发现无票的超高小孩或故意逃票的成年人，应马上上前制止，礼貌地请乘客出示车票："您好，××，请出示您的车票。"按城市轨道交通票务政策规定，请乘客补票或按有关规定进行罚款。

（2）若乘客态度不好且不愿补票（交罚款），应耐心地向他们解释城市轨道交通的票务政策；若乘客故意为难工作人员，可找公安配合。

进闸时发现儿童超高事件

（3）若发现违规使用车票的乘客（特别是成人使用学生票、年轻人使用老人免费票等有意逃票的行为），可按执法程序执法，必要时找公安配合。

案例 4-9

耐心解释票务政策，乘客补票进站

一名乘客携带两名儿童（其中一名身高超过1.3m）进站，站务员小李看到后上前询问。在确认乘客只购买1张车票后，小李向乘客解释，超过1.3米的儿童不能免费乘车，需要补票。小李请乘客配合补票，乘客不理解，经过小李耐心解释，乘客按照规定补票进站。

乘客与两名儿童共用一张车票进站事件

9. 携带大件物品的乘客

对携带大件物品（尺寸在允许携带范围内）且不便出闸的乘客，若车站有宽通道闸机，厅巡工作人员应引导乘客从宽通道闸机通过；若车站没有宽通道闸机，厅巡工作人员应引导乘客通过专用通道，同时应向乘客收回车票，并将车票放入出闸机回收。若乘客使用储值票或一卡通，厅巡工作人员可以让乘客在出闸机上验票扣费后空转转杆或让扇门自行开合一次（以防其他无票乘客通过该闸机通道出闸），再引导乘客通过专用通道。

乘客携带超长物品进站的处理

10. 办理乘客超程、超时

办理乘客超程、超时的服务要点如表 4-4、表 4-5 所示。

办理乘客超程服务要点 表 4-4

序号	服务情景	服务用语	服务举止、要求
1	乘客到票亭前	"您好。"	面向乘客微笑
2	乘客表示不能出闸	"请稍候。"	分析车票
3	分析后	"您的车票值是××元，从××站到××站需要××元。请补××元。"	面向乘客微笑
4	乘客交钱	"收您××元。"	双手接过
5	处理后	"找您××元，请清点好车票和现金。"	票、钱轻放

办理乘客超时服务要点 表 4-5

序号	服务情景	服务用语	服务举止、要求
1	乘客到票亭前	"您好。"	面向乘客微笑
2	乘客表示不能出闸	"请稍候。"	分析车票
3	分析后	"请问您大约在什么时间进站乘车？"	面向乘客微笑

续上表

序号	服务情景	服务用语	服务举止、要求
4	乘客回答后	"对不起,您进闸时间超过240min,按规定需要补××元(全程最高车资)。"	吐字清晰,音量适中
5	乘客交钱	"收您××元。"	双手接过
6	处理后	"找您××元,请清点好车票和现金。"	票、钱轻放

11. 办理乘客无票

乘客无票,可能是乘客车票遗失,也有可能是乘客尚未买票,其办理服务要点如表4-6所示。

办理乘客无票服务要点　　　　　　　表4-6

序号	服务情景	服务用语	服务举止、要求
1	乘客到票亭前	"您好。"	面向乘客微笑
2	乘客表示无票或车票遗失	"乘客,您好。按规定,您需要补全程票价××元。"	面向乘客微笑
3	需要易人处理时	"请稍候,我请其他工作人员向您具体解释。"	请车控室安排其他员工在2min到现场

案例 4-10

耐心解释票务政策,超高儿童补票出站

站务员小李在站厅B端闸机处引导乘客出闸时,注意到一名乘客正准备带着一个小孩出站。根据经验,小李判断该小孩已超过1.3m,于是走到乘客身边,请乘客配合测量小孩身高,经测量后发现小孩确实超高。

小李告知乘客按照票务政策需要进行补票,随后引导乘客至客服中心补票。当乘客听到需要补票8元时非常生气,小李再次向乘客解释了票务政策,乘客很气恼,拉起小孩就往出口走,小李一边追出去,一边用对讲机报车控室。值班站长在听到报告后立即赶到现场向乘客耐心解释,乘客最终表示理解,并为自身的冲动行为致歉,随后补票出站。

车票相关问题一直是乘客关注的重点问题,部分乘客对票务政策的了解不够,城市轨道交通工作人员需要耐心、细致地进行讲解,取得乘客的配合。

三、检票服务"答客问"标准用语

1. 进闸检票服务

(1)一张票能几个人一同使用吗?

对不起,不可以,1张票只能1人使用。

(2)学生使用学生储值票未带学生证如何处理?

如果在进闸前发现学生使用学生储值票未带学生证,则建议其先购买1张普通单程票再进闸;如果在出闸时发现学生使用学生储值票未带学生证,则必须补交全程最高票价出闸。

(3)车票刷闸机没反应怎么办?

您好,请不要着急。请您到客服中心去查询车票信息。

(4)我的储值卡在进站时坏了,怎么办?

您好,请您到客服中心办理,车站工作人员会为您办理相关手续。

(5)我刚刚刷卡了,没有进去闸门就关了,怎么办?

您好,您可以到客服中心去处理车票。

2. 出闸检票服务

(1)为什么我还没有刷卡,闸机就报警了?

您好,请您退出闸机通道再刷卡。

(2)我没带钱如何补票出站(手持单程票)?

您可以采用手机支付,或者致电您的亲戚或朋友给您帮忙。

(3)我的车票丢了,怎么办?

请您再找找,如无法找回,对不起,请到客服中心办理相关手续。

(4)为什么补票要补全程?

对不起,这是《××市轨道交通管理条例》上的规定。

(5)我想珍藏车票,请问可否留1张单程票做纪念?

对不起,城市轨道交通车票制作成本较高,用完以后必须回收。您可以购买城市轨道交通纪念票做纪念。

(6)请问我的票已放在验票区,为什么我过不去?

对不起,可能车票有问题,请您到客服中心处理车票。

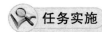
任务实施

根据任务单,完成实训任务10检票服务实训。

任务4.4 候车服务

一、候车服务岗作业要点

在乘客候车服务环节主要涉及的岗位是站台岗。

1. 站台岗岗位职责

站台岗岗位职责

(1)执行相关规章制度,做到有令必行,有禁必止。

(2)注意站台乘客的候车动态。在没有设置站台门的站台应提示乘客站在黄色安全线内候车,及时提醒特殊乘客注意安全(如对于不便乘坐自动扶梯的乘客应提醒其走楼梯等),提醒乘客不要倚靠站台门等。

(3)车门(或站台门)关闭时,确认其运作情况,发现车门(或站台门)未关闭好时第一时间通知司机,并及时汇报车控室,负责处理故障门(或站台门)。

站台候车"五部曲"

(4)帮助乘客,回答乘客问询。

(5)特别注意帮助老、弱、病、残、孕等有困难的乘客上下车。

(6)负责站台设备的安全。

2. 站台岗接送列车的一次作业程序

站台岗接送列车严格执行"一立、二迎、三接、四送"的一次作业程序。

一立:当站务人员听到列车预告广播时,立即站在距黄线边缘1m以内立岗。站立时,采取立正、左手自然下垂、右手垂直横握对讲机的姿势,注视乘客动向。

二迎:列车进站时,站务人员面向股道,左右巡视行车、乘客、设备设施等安全情况。

三接:列车停稳后,注视车门开启情况及乘客上下车情况直至全部车门关闭。

车站口哨的使用规定

四送:列车启动时,确保无人、物滞留在安全线内,当列车尾部经过站立位置之后,站务人员面向列车出站方向90°转身呈立正姿势,目送列车出站台。

3. 站台岗口哨使用的注意事项

在必要时,站台岗需要使用口哨来提醒乘客。站台岗口哨的鸣笛方式如表4-7所示。

站台岗口哨的鸣笛方式 表4-7

序号	名称	鸣示方式	使用范围	备注
1	注意信号	一长声	站台客流较大而列车未进站或未接近车站时乘客或物品侵入黄线;对面站台有乘客或物品侵入黄线时	长声为3s;短声为1s;间隔为1s;重复鸣示时需间隔5s以上
2	警示信号	一长声三短声	列车接近站台时;乘客或物品侵入黄线时;乘客抢上抢下时	
3	紧急信号	连续短声	乘客或物品跳(掉)下站台;列车夹人、夹物时	

使用口哨时,还有以下注意事项:

(1)站务人员当值时必须佩戴口哨。

(2)在发生影响人身或行车安全事件时站务人员方可使用口哨,在正常情况下不得随意吹口哨。

（3）吹口哨时要注意周围的乘客,尽可能远离乘客,不要直接面对乘客吹。

（4）站务人员要加强巡视,列车未进站时若有乘客越出黄线尽量不吹口哨,可走近乘客口头提醒;若列车即将进站,站务人员可吹口哨或大声提醒乘客;站务人员邻近乘客有危险行为时也可口头提醒。

（5）站务人员口哨损坏或遗失应及时上报申领。

4. 站台岗作业程序及标准

站台岗班前、班中、班后作业程序及标准如表4-8所示。

站台岗作业程序及标准　　　　　　　　　　表4-8

阶段	程序及标准
班前	1. 上岗前到车控室签到,查阅"当班情况登记本"的内容记录,由值班站长交代工作注意事项。 2. 领取工作钥匙(监控亭、通道门、站台门钥匙),在"钥匙借用登记本"上登记。领取对讲机,在"备品领(借)用登记本"上登记。 3. 到岗后,检查备品(包括监控亭)是否齐全完好,与上一班交接完毕向车控室汇报
班中	1. 站务人员来回巡视站台、引导乘客按排队箭头候车、上下车。 2. 按照站台岗作业标准监视列车到发,站台门即将关闭时,提醒乘客不要冲上车,以防夹伤,同时应密切监控站台门开关状态。 3. 主动疏导聚集在一端的乘客到较空的地方候车,关注乘客动态,提醒乘客不要倚靠站台门。 4. 根据车站要求与厅巡工作人员换岗。 5. 发现站台发生异常情况(包括列车到站时间不正常),影响车站的正常运作,马上报车控室,并按指示逐步处理。 6. 接完最后一趟载客列车后,负责将站台乘客清上站厅,并通知厅巡工作人员约有多少人上站厅
班后	1. 与下一班交接,把工作备品(监控亭钥匙、站台门钥匙)归还,并在相应台账上记录。 2. 参加班后总结会。 3. 阅读完当天文件或规章,到车控室签名下班

5. 站台岗服务技巧

客运服务人员站台服务应做到"四到""四多""三勤"。

（1）"四到"。

心到:精神高度集中,随时处理异常情况。

话到:提醒乘客按排队箭头候车,不要越出黄线,礼貌疏导客流,及时进行安全广播,制止违章行为并向乘客解释。

眼到:三步一回头,密切注视乘客动态、站台门工作状况及列车运行状态。

手到:客运服务人员要主动处理问题,如发现地面有水,及时设置"小心地滑"牌,设备故障时放置"暂停服务"的标牌,地面较脏及时找保洁清除。

（2）"四多"。

多监控:密切监视站台乘客情况及站台门工作状况,必要时采取合理措施。

多巡视:沿安全线内侧来回巡视乘客和线路情况(自己不越过安全线)。巡视时做到认真、细致、周全和及时。

①认真：巡视人必须以认真负责的态度去巡视每个角落和所管辖的范围。

②细致：从细微处着手，做到防微杜渐，从看、摸、嗅、听四觉入手。

③周全：岗位内的设备、设施、告示牌乃至螺丝都应检查。

④及时：巡视及时、记录汇报及时、处理及时。

多联系：多观察设备和乘客动态，发现异常情况及时与司机、车站控制室及其他岗位联系，做出正确处理。

多提醒：主动通过人工广播提醒看管好物品，看好小孩，不得跑闹、追逐，不得拥挤，到人少的一端候车，先下、后上等。

(3)"三勤"。

在站台上发现乘客伤亡事件或其他异常情况时，及时寻找目击证人并记录；若遇蛮横不讲理的乘客，及时与值班站长、公安联系，切莫与乘客正面冲突；站台客流不均匀，要及时引导与控制，以防乘客拥挤。

二、候车服务内容

1. 对站在黄色安全线边缘或蹲姿候车、倚靠站台门的乘客进行安全教育

(1)通过车站固定录音广播、人工广播向乘客宣传(以2～3次为宜)，强调指出："站台候车的乘客，请勿越出黄色安全线/蹲姿候车，谢谢合作！"

(2)站台工作人员不断加强巡视，发现有乘客越出黄色安全线或蹲姿候车，应用手提广播提醒，并注意语气和使用文明用语："乘客，您好。请勿越出黄色安全线/蹲姿候车，谢谢合作！"

(3)如发现乘客手扶/倚靠站台门，应及时走近或用手提广播提醒："您好，请勿手扶/倚靠站台门，谢谢合作。"

(4)发现身体不适或年龄较大的乘客，可指引他们到候车椅上休息。

2. 乘客吸烟

发现有乘客吸烟，立即制止并礼貌地解释："乘客，对不起，为了安全，城市轨道交通车站内禁止吸烟，请您熄灭烟头，谢谢合作！"

3. 处理小孩在站台追逐的情况

站台工作人员特别提醒家长带好自己的小孩，不要让他们随意在站台上奔跑，及时上前制止正在追逐打闹的小孩，并强调："地面很滑，容易摔倒，请家长照看好自己的小孩，不要在站台追逐、打闹、奔跑。"

4. 当站台有重点乘客时

(1)发现有老、弱、病、残、孕等重点乘客候车，应重点留意并指引他们到座位上等候。

(2)发现有精神异常的乘客，立即通知车控室处理，并重点留意他们的动态，同时加强维持站台的候车秩序。

（3）发现有身体不适的乘客，应主动上前询问情况，并指引他们到座椅上休息，若乘客感到很不适，立即通知车控室处理。

> **案例 4-11**
>
> **站台接应盲人乘客，做好爱心接力**
>
> 　　上海轨道交通虹桥路站上演了一场爱心接力服务。某天23:42，值班站长小施的对讲机传来讯息："一名盲人乘客从虹桥火车站乘坐加开列车至虹桥路站下车，请车站在3号车门做好爱心接力。"小施立即赶到3号门等候并接到了盲人乘客。
>
> 　　经过沟通了解到，该乘客从外地过来，计划前往复旦大学眼耳鼻喉科医院浦江分院办理住院。当时，前往该医院方向的列车已经结束运营，乘客决定就近找个酒店住下，第二天再乘坐地铁首班车前往。
>
> 　　考虑到盲人乘客往返酒店不便，小施主动将乘客送至酒店。第二天做好开站检查工作后，小施到酒店接乘客到车站，并将乘客送上了去往医院方向的首班车。同时，小施联系了目的地站的工作人员做好爱心接力准备。最后乘客顺利入住医院，乘客对于上海轨道交通细致、周到的服务表示感谢。
>
> 　　重点乘客，重点关注。重点乘客遇到乘车困难时，轨道交通工作人员要设法协助乘客解决困难。轨道交通的服务越细致，乘客越便利。

5. 乘客有物品掉下轨道

（1）站台工作人员应立即提醒并安抚乘客："请勿私自跳下轨道，我们的工作人员将会尽快为您拾回物品，谢谢合作！"

（2）站台工作人员再用对讲机通知车控室处理，同时要确保乘客不能有跳下轨道的行为。

（3）如掉落物品不妨碍行车安全，可向乘客解释，并请乘客留下联系方式，待工作人员取回后交还。

> **案例 4-12**
>
> **乘客手机掉落区间，多方联动帮忙寻回**
>
> 　　在武汉轨道交通汉西一路站，一名乘客向工作人员寻求帮助。原来该名乘客的手机不慎落入轨行区。值班站长小李了解后，联动行车调度员和乘务员确认乘客手机掉落在汉西一路至古田四路上行区间。随后，在确保行车安全的前提下，拾取手机并交还于乘客。
>
> 　　乘客物品掉落轨道时，如处理不当，不仅会造成乘客财产损失，还有可能带来行车安全隐患。此时，一方面要安抚乘客，另一方面要协同行车值班员和调度员，在不影响行车安全的前提下，在合适的时间取回掉落物品，并及时归还乘客。

6. 列车晚点，延误乘客时间

（1）值班站长在列车晚点 10min 以上，应立即采取措施，通知各岗位列车晚点，做好对乘客的解释工作。

（2）用标准广播，向乘客播放相关票务政策，为乘客提供全面的服务让乘客满意。

7. 对站台候车秩序的维持

（1）发现站台候车乘客较多时，应用车控室广播和站台手提广播宣传："站台候车的乘客，请按箭头排队候车，谢谢合作！"

（2）当发现站台头部/两端/尾部候车乘客较多时，应用车控室广播和站台手提广播宣传："站台候车的乘客，为便于您乘车，请到乘客较少的站台两端/尾部/头部候车，谢谢合作！"

（3）发现乘客抢上抢下时，应及时提醒："您好，请您耐心等候下一趟车。"

8. 乘客上下车引导服务

站台候车"五部曲"如下：

（1）列车未到站时，引导员站在下车通道前，做服务手势，引导乘客排队候车："各位乘客，请您按地面箭头指示方向排队候车。"

（2）当列车进站时，引导员站在门旁提醒乘客先下后上："各位乘客，请先下后上，不要拥挤。谢谢合作。"

（3）列车到站开门后，引导员在门旁做"请"手势，引导乘客下车："请下车，下车的乘客请往这边走。请注意脚下安全。"

（4）当乘客下车完毕，引导员在门旁做服务手势，引导乘客上车："请上车，上车后请往车厢中部靠拢。请注意脚下安全。"

（5）列车灯闪铃响，车门即将关闭时，引导员做请乘客后退手势，提醒乘客等候下一趟列车："车门即将关闭，请耐心等候下一趟列车。谢谢合作。"

9. 当乘客衣物或行李被车门或站台门夹住，或卡在车门与站台门之间的缝隙时

站台岗应第一时间采取措施阻止列车动车运行。根据实际情况可按压站台列车紧急停车按钮或通知车控室或通知司机等。

> **案例 4-13**
>
> ### "谁被夹住了?"地铁站务员 7 次问候当事人很感动
>
> 话题#上海地铁乘务员有多热情#冲上热搜，引来众多网友关注。
>
> 当事人周女士回忆："当时我是在耀华路站上车，沈杜公路站下车，帆布包被夹住了 10 站。可能是由于站务员以为我人被卡住了，所以上来询问情况的人都特别激动，我成了车厢内的焦点，有点不好意思。"与此同时，她也被站务员的热情与敬业打动，"其实当时我的手机也没电了，被夹住以后发现门是另一边开的确有些慌张，但几乎每一站都受到了关注与问询，一共有 7 次，多次的关心也让我慢慢放下心来。分享的窘事给网友带来了快乐，自己经历了整件事也觉得挺欢乐，再次感谢上海地铁的关心与帮助。"

当乘客被夹住时,要根据现场情况灵活处理。如果乘客身体被夹,应第一时间阻止列车运行,帮助乘客脱困。在本案例中,帆布包被夹住,不影响乘客生命安全,不宜立即停车开门,避免不明情况的乘客误下列车甚至坠入轨行区,造成危险。

三、候车服务"答客问"标准用语

1. 物品掉下轨道怎么办?

请马上与工作人员联系,耐心等候,不要跳下站台,我们做好安全措施后会尽快处理。

2. 我的物品掉下轨道,能帮我拾上来吗?

可以,请稍等。

3. 如果有人掉到轨道上,有没有让车停下来的措施?

有,车站控制室、站台均设有紧急停车按钮。如乘客发现有人掉到轨道上可按压设置在站台的紧急停车按钮,但在非紧急情况下按压将罚款2000元。

4. 站台门故障如何上下车?

请听从工作人员(或列车、车站广播)的指引上下车。

5. 为什么车门灯闪烁时不能上下车?

因为车门灯闪烁表示车门即将关闭,为防止夹人,车门灯闪烁时不要强行上下车。

6. 为什么不能在城市轨道交通车站追逐打闹?

车站地面光滑,客流量大。在车站追逐打闹不仅妨碍车站运作,而且影响其他乘客的服务,同时对自己也不安全。

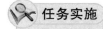

任务实施

根据任务单,完成实训任务11候车服务实训。

任务4.5 行 车 服 务

《城市轨道交通客运服务规范》(GB/T 22486—2022)对城市轨道交通客运行车服务的一般要求有:

(1)城市轨道交通全天的运营时间应不低于15h。

(2)城市轨道交通的运营时间应根据当地居民的出行规律及其变化确定和调整,调整前应及时公示。在特定日期(如周末、节假日)、恶劣天气以及衔接火车站、机场线路有火车、飞机大面积晚点的,可为乘客提供延时运营服务。因重大活动、重大工程影响需临时调整运营区段或时间的,运营单位应提前向社会公布。

(3)运营单位应根据客流需求以及服务水平的变化合理组织列车运行,并可根据客流变化等情况合理调整列车运行;对乘客有影响时,应及时公布。

(4)一年内,线路列车正点率应大于或等于98.5%,列车运行图/时刻表兑现率应大于或等于99%。断面满载率不宜超过100%。以上指标的计算方法应符合《城市轨道交通运营指标体系》(GB/T 38374—2019)的要求。

(5)列车运行应行驶平稳。列车进站时,应确认列车在车站指定位置停稳后开启车门及站台门;列车启动前,应确认车门及站台门关闭且两门之间间隙无夹人夹物。

(6)列车运行发生故障时,应视情况采取相应处置措施。

一、行车服务岗岗位职责

车站行车服务岗位主要包括车站行车值班员和列车司机。

1. 行车值班员岗位职责

城市轨道交通车站一般都设有车站(行车)值班员岗位,主要负责行车相关工作,具体如下:

(1)在值班站长的领导下,负责车站行车工作。

(2)服从行车调度员指挥,执行行车调度员的命令,严格按照列车运行图组织行车,并根据客流变化等情况合理调整其运行,对乘客有影响时应及时公布。

(3)严格执行一次作业程序,熟悉行车设备的性能,掌握操作方法。

(4)在CCTV(视频监控系统)上观察车站客流情况并监督站台列车到发情况,视情况及时广播。

(5)LOW(Local Operator Workstation,现场操作员工作站)停用时负责现场人工排列进路。

(6)正确填写各种行车日志。

(7)办理车站不影响行车的施工请/销点手续。

(8)办理钥匙/备品借用登记手续。

(9)监控各项设备状态,发现车站设备故障或接到报障及时报修,并登记。

(10)下载下传信息,接到文件、通知须及时登记、汇报,并协助值班站长处理本班工作。

(11)根据值班站长安排,适时顶岗。

(12)当列车运行发生故障时,应听从指挥或视情况采取救援、清客或继续前行等措施。

2. 列车司机岗位职责

(1)保持良好的精神状态,不在酒后和用药后工作;按照规定穿制服并检查相关行车备品,认真阅读相关文件。

(2)在列车出库运行前,检查列车的外观、走行部(指列车在牵引动力作用下沿线路运行的部分)、司机室和客室,确保列车能正常运行;在列车出站前,观察列车周围是否有异常情况。

(3)在列车行驶过程中保持正确的坐姿,目光向前。

(4)驾驶作业严格按照操作规程相关要求执行。遵守列车司机守则,专心驾驶列车,不接打私人电话。

(5)留意轨道和车厢状况,当发现乘客有不当行为时,及时通过广播进行劝阻。

(6)及时发现潜在危险并上报有关部门进行处理。

(7)广播时语言规范、吐字清楚、音量适中。

(8)当乘客寻求帮助时,应妥善处理。

(9)在作业时间允许的情况下,回答乘客问询。

(10)注意广播监听,错放时及时更正。

案例 4-14

地铁司机王宏江:市级劳模连续12年"双第一",全凭六字口诀

5月2日,4:00左右,王宏江换上工整制服,在镜子前整理好着装,依次完成安全考试、酒精测试、出勤签字等,再把当日的行车计划和特殊行车指引写到列车司机手账上,随后走到车前规定位置,开始对列车外部设备仔细检查一番,确保设备安全可靠。走进司机室,对车内操作设备进行检查,从车门、牵引、制动到空调、广播等设备,他都必须测试一遍,确保列车以高质量状态投入运营。随后列车启动,主控手柄推向前,列车鸣笛、缓缓驶出。

从业12年的王宏江对每一项操作都早已了然于胸,每到一站,他都要在列车进站到离站之间的几十秒内检查18项信号灯设备,"我要确保车门和安全门全部打开,待乘客顺利下车、上车后,我会站在站台确认客室车门、安全门全关,没有夹到任何东西,缝隙没有异物。"十年如一日,王宏江对每一次确认都认认真真,尽职尽责,做到"口呼、眼到、心到"。

十几年的驾驶生涯,使得王宏江拥有专业的驾驶技术、良好的心理素质和及时正确处理突发状况的能力。2015年7月的某天,王宏江像往常一样,驾驶着4号线列车行驶在露天段西红门高架桥上时,远远瞭望到前方轨道上有不明异物,定睛一看,初步确认是风筝侵入行车限界,经验丰富的他果断采取措施,立即紧急停驶列车,同时通过列车广播安抚乘客情绪。另外,迅速联系行车调度员,将突发情况进行了详细汇报。经行车调度员统一调度,及时清除了风筝,保障了列车顺畅运行。整个突发事件从发现异物、进行汇报到应急处理,总共不到2min。

地铁司机身在司机室,乘客很少看到他们,他们总是默默付出。几年前的一个夏日,王宏江将末班车开到段场后,按照惯例,对列车进行最后一次巡视,行事认真的他在一个很不起眼的地方发现了一个破破烂烂的书包,打开一看,里面竟装了3000多元现金。王宏江立即联系车站,问询是否有乘客在车站内寻找失物,经过多方调查、努力,原来是一位年近70岁的老人弄丢了包裹,里面的钱是为了给即将临产的儿媳交手术押金的救命钱。王宏江下班后,立即开车前往约定地点,亲手将包裹交还给老人。老人非常激动,抓着王宏江的手说:"这是救了两条命的钱,从没想到这钱还能找回来。"事后,老人特别定制了锦旗送到乘务办公室,以表感谢。

46岁的王宏江,是京港地铁4号线首批司机,参与过4号线和大兴线开通前的调试工作。从业12年以来,他累计安全驾驶近37.5万km,连续12年客车司机累计运营里程数第一、累计安全公里第一。2020年,他获得了"北京市劳动模范"荣誉称号。

　　在入职京港地铁之前,王宏江曾做过多年的公交司机。在工作中,他始终本着安全第一、以客为先的服务理念,无论是恶劣天气还是疫情面前,精诚服务乘客,将乘客安全、顺畅地送达目的地。王宏江说,"我的父亲曾经教导我说,我身后的每一位乘客都不仅仅是一名乘客,更是一个个家庭。我将父亲的话深深记在心中,也在我实际的工作中一直践行。"

　　(资料来源:北京日报,https://baijiahao.baidu.com/s?id=1698713268491502921&wfr=spider&for=pc)

二、行车服务内容

1. 列车开门

(1)列车自动开门后,列车司机确认驾驶台气制动施加灯亮后,立即走出司机室,在站台立岗。

(2)采用人工驾驶列车时,待列车停稳后,马上按规定程序(先确认,再呼唤,跨半步,再开门)打开车门,并立即进行立岗作业。

(3)要求注意力集中,保持良好的站姿。若发现异常情况,马上用对讲机报告车站并协助车站处理。

2. 列车运行

(1)列车在车站动车前,列车司机要通过监视镜,再次确认站台安全后才可动车。若发现有乘客突然越出黄色安全线,则马上采取措施并再次确认站台安全才能继续动车。

(2)人工驾驶列车时,列车司机注意平稳操纵列车,做到起动、调速、进站停车平稳,准确对标,避免二次起动。

(3)人工驾驶列车时,要按压主控手柄上的警惕按钮,严格控制速度,避免松开警惕按钮,超速产生紧急制动。

(4)列车在运行中,列车司机要经常瞭望前方线路,进站前鸣笛,发现紧急情况马上采取紧急措施。

3. 乘客在车厢内违反城市轨道交通规章

通过车厢内的宣传标语、车站广播等多种方式向乘客宣传,严禁乘客在车厢内攀爬、悬吊、睡卧、追逐、打闹、饮食等。

4. 播放广播

列车开动后,列车司机要确认列车上的广播已经正确播放;若自动广播出现故障,列车司机应进行人工广播,给予乘客正确指引。

5. 车门夹人

（1）若乘客未被夹伤,当要求有个说法时,要耐心、认真听乘客叙述事情经过,并进行分析；如乘客抢上、抢下致夹,应向其说明有关注意事项,避免再次出现此类情况；城市轨道交通原因导致乘客被夹时,应向乘客表示歉意。

（2）若乘客被夹伤,应迅速安慰夹伤乘客,通知值班站长,按照客伤程序办理。

6. 列车关门

（1）在确认乘客上、下车完毕,发车时间显示器显示 8~10s 时开始关门。

（2）列车司机掌握好关门时机,准确关门,发现有乘客抢上、抢下时,要及时使用重开门按钮开门,避免夹伤乘客。

（3）车门关好后,马上呈立正姿势再次确认列车所有车门黄色指示灯灭,在所有乘客离开黄色安全线后才进入司机室。

7. 接、发列车

在采用调度中心以及行车指挥自动化系统后,行车调度员可在调度所的控制台上监控该区段内列车的运行情况,并可直接操纵该区段内各个车站的道岔和信号机。因此,这些车站的接、发列车工作可以由行车调度员直接指挥和办理。

部分轨道交通企业也会安排站务员在站台进行接发车作业。如北京地铁在部分车站加装、使用接发车瞭望台,进行接发车作业,进一步做好列车车门及站台门的关闭状况确认工作,及时发现站台不安全行为,保障乘客乘降安全。

一般在列车进站、出站或通过时,接、发列车的工作人员应在规定地点接送列车,注视列车运行状况。如果发现有危及人身或行车安全的情况,应采取措施妥善处理。车站发车人员只有在确认列车取得占用区间许可、发车进路准备妥当、影响进路的调车工作已经停止后,才能按规定指示发车信号,准许列车由车站出发。

列车到达车站或出站之后,车站（行车）值班员应及时将列车到达、出发时刻通知邻站,并记入行车日志,向行车调度员报点。车站所有接发列车工作均由车站（行车）值班员指挥。

三、行车服务"答客问"标准用语

（1）怎么知道列车开往哪个方向？
您可以通过列车上的运行显示屏或者列车广播了解列车运行方向。
（2）怎么知道列车哪一侧开门？
您可以查看列车门上方的显示器,标有"本侧开门"或"对侧开门"字样。
（3）列车上可以吃东西吗？
列车是封闭空间,原则上不能饮食,婴儿或者有特殊疾病的乘客除外。
（4）列车上发生火灾怎么办？
列车设备均采用阻燃材料,一般不会发生火灾。万一发生火灾,列车上配有消防设备,可以灭火。

(5) 列车门会夹人吗？

车门都设有防夹装置，遇到异物会自动弹开。

(6) 列车上发生突发情况怎么办？

列车上有紧急对讲装置，您可以联系工作人员解决。

> **案例 4-15**
>
> **乘车过程中遇紧急情况，随时与工作人员联系**
>
> 郑州地铁 14 号线奥体中心站发生了既惊心又暖心的一幕。值班站长小伟收到电话通知，一名小孩与其父亲走散，小孩乘坐的列车即将到达奥体中心站，请小伟立即前往站台接应小孩。
>
> 原来，该小孩与其父亲在 14 号线铁炉站准备乘车，在匆忙上车时小孩的父亲将小孩和推车推进地铁车厢，自己却未能上车，留下小孩独自在车厢内大哭。小孩父亲赶紧联系铁炉站站台工作人员请求帮助，铁炉站工作人员立即与小伟联系。
>
> 小伟收到消息后立即赶往站台，将小孩从列车上抱了下来。在等待小孩父亲的时候，小伟温柔安抚哭泣的小孩，并为他播放动画片，车站工作人员还拿来酸奶、饼干、糖果等零食。随后小孩父亲赶到车站，对地铁工作人员表示感谢，将小孩接走。
>
> 在乘车过程中如有紧急情况，可及时向车站工作人员寻求帮助。

> **案例 4-16**
>
> **乘客突然晕倒，列车紧停送医**
>
> 在武汉轨道交通虎泉站，站务员小费在站台巡视时，发现列车第一扇车门处有乘客突然晕倒，小费第一时间按下紧急停车按钮，并一个箭步奔上列车查看情况，同时汇报车站车控室。上车后，小费发现该乘客是老年人，此时意识模糊，无法站立，小费连忙和赶来的值班站长合力将老人抬下列车，并呼叫 120 救护车。120 救护车很快赶到，初步断定为血压忽高忽低导致晕厥休克，这对上了年纪的人来说风险很高。在医护人员的安抚下，乘客慢慢恢复意识，随后被送往医院救治。身体恢复后，老人和其家属多次对虎泉站的工作人员表示感谢。
>
> 乘客的生命安全始终是第一位的。当发生紧急情况时，轨道交通服务人员要第一时间赶往现场，采取必要措施保护乘客安全。

> **任务实施**
>
> 根据任务单，完成实训任务 12 行车服务实训。

任务 4.6 信息服务

为满足乘客的出行需求,城市轨道交通企业应为乘客提供必要的信息服务,《城市轨道交通客运服务规范》(GB/T 22486—2022)对城市轨道交通信息服务的一般要求有:

(1)运营单位应提供现场问询服务和远程问询服务。

(2)运营单位应在车站出入口、站厅、站台显著位置设置公告栏,在站台及车厢的醒目位置,告知乘客服务基本信息,包括下列内容:

①周边街区地标指引;
②与其他公共交通方式衔接指引;
③城市轨道交通网络示意图;
④线路站名标识;
⑤票价票种信息;
⑥首末班车时刻、列车运行信息;
⑦站内乘客服务导向信息(含换乘站内的换乘导向信息);
⑧投诉与建议、报警和求助信息;
⑨其他与出行相关的信息。

(3)车站乘客信息系统应实时发布列车运行方向、当前列车到达时间、后续一班列车到达时间等信息。

(4)车站及列车应通过广播发布列车运行信息、突发事件及运营计划调整信息,排队候车、安全文明乘车提示等信息。

(5)列车应广播告知乘客到达车站、换乘和开启车门侧信息。

(6)运营单位应建立官方网站、官方微博、官方微信公众号等互联网信息服务渠道,面向乘客发布列车运行动态、运行计划调整、出行提示等运营服务信息,并进行乘客诉求回复办理工作。

一、乘客信息标志服务

城市轨道交通信息服务和其他服务不同,信息服务覆盖乘客出行的各个环节和全部过程,包括出行前、出行中和出行后信息服务。

1. 出行前信息服务

出行前,乘客可以通过官方网站、官方微博、官方微信公众号等互联网信息服务渠道,查询运营线路、票价、列车运行动态、运行计划调整、出行提示等运营服务信息。

2. 出行中信息服务

在乘客出行中,从乘客踏进站厅起,就开始接受城市轨道交通企业的信息服务。

(1)进出站服务环节。

进出站服务过程中,各种乘客信息标志为乘客提供周边街区地标指引、与其他公共交通方式衔接指引、城市轨道交通网络示意图、线路站名标识等信息服务。

(2)售票服务环节。

售票服务过程中,乘客可以通过张贴的票务信息表、售票服务工作人员获取与票价相关的各种信息。

(3)检票服务环节。

在检票服务环节,乘客可以通过检票设备上的标志信息获取闸机通行方法、票卡检票方法和注意事项等信息。

(4)候车服务环节。

在候车服务环节,乘客可通过站台乘客信息系统获取列车运行方向、当前列车到达时间、后续一班列车到达时间、排队候车、安全文明乘车提示等信息,也包括各种通知、广告和一些便民信息等。

(5)行车服务环节。

在行车服务环节,乘客可通过列车上的信息服务系统获取乘客引导信息、乘客须知、乘客到达车站、换乘和开启车门侧信息,以及各种通知、广告和一些便民信息等。

3. 出行后信息服务

在乘客出行结束后,可能会需要查询一些信息,如遗失物品信息,乘客表扬、投诉信息等。

二、问询服务

在以上环节,除了乘客信息标志能为乘客提供信息服务外,问询服务同样为乘客提供信息服务。问询服务一般分为现场问询服务和远程问询服务。

1. 现场问询服务

现场问询岗位包括车站内所有工作人员。无论在乘车的哪个环节,当乘客有疑问时,可现场咨询工作人员,工作人员秉承"首问责任制"的原则,为乘客答疑解惑。

2. 远程问询服务

远程问询服务主要是指乘客通过服务热线、官方网站、官方微博、官方微信公众号等互联网信息服务渠道进行服务咨询。

除此之外,还有一些城市提供智慧机器人(图4-1、图4-2),为乘客提供问询服务。如2021年9月28日,在北京地铁16号线国家图书馆站,北京轨道交通首个车站智能服务机器人上线,可回答乘客问询。机器人可为乘客指路,还能提供城市轨道交通运营、车站附近设施等信息服务。2023年5月天津地铁在部分车站上线智能服务系统,系统中的"智能对讲"设备能实现问询功能,该终端位于车站客服中心,乘客可通过"智能对讲"终端与站内工作人员进行线上视频通话,工作人员通过视频解答乘客问询或指导票卡业务处理。"智能对讲"终端的引入,进一步推进了企业降本增效,并大幅度扩大了服务覆盖面,乘客获得服务更加便利。

图 4-1 智慧机器人 1

图 4-2 智慧机器人 2

> **知识拓展**
>
> **北京地铁有条服务热线"96165",真的"问不倒"**
>
> 北京地铁有条服务热线"96165",每天 5:00 到 24:00,只要乘客拨通这个号码,电话那一头,就会有地铁工作人员为乘客解答疑惑。从信息查询、反馈意见,再到寻找遗失物品、无障碍预约服务等等。作为北京地铁服务和接待乘客的声音"窗口",这条热线已经开通了 12 年。据统计,2020 年"96165"共受理乘客来电 17.3 万件,其中咨询类 2.5 万件、现场帮扶类 3600 件。多年来,北京地铁服务热线不断引进高科技,创新措施为乘客提供更好的服务。
>
> **1. 找寻失物来电多**
>
> "您好,刚才在安定门站过安检的时候我把包拿错了,能找回来吗?"9:00,一名乘客急匆匆地打进电话。在记录了事情经过后,接线员郑添蕊通过系统找到车站的联系方式,联络上了车站的值班站长。从确认情况到找到乘客的包,全程只用了不到 3min。
>
> 2020 年,北京地铁共受理乘客找寻失物类来电约 3.4 万件,平均每天近百件,其中背包、证件类占比 70%。若接到找寻失物的电话,热线工作人员会根据乘客提供的乘车路线、遗失物品信息联系相关单位查询,得到相关单位查询结果后,及时回复乘客。
>
> "乘客丢失的物品也是五花八门,从商业合同、学位证书到还没来得及吃的早餐盒饭,甚至还有老师把学生的作业落在了车厢里。遇到着急的乘客,接线员还要耐心安抚。"北京地铁服务热线中心主任尹莉娟说。
>
> 初夏多阵雨,而到了下雨天,乘客丢失最多的就是雨伞,求助找伞的电话也是一个接一个。尹莉娟说,接到求助电话,接线员联系终点站负责清车的工作人员上车找伞,结果经常能一下找到两三把雨伞。

从乘客遗失的物品里,也能看出人们生活习惯的变化。这几年,使用无线蓝牙耳机的人越来越多,不过这种耳机也容易遗失。有时一对耳机掉了其中一个,也有不小心把电池仓弄丢的。"现在,我们每天都能接到丢失蓝牙耳机的电话,这东西个儿头小,找起来难度比较大。"尹莉娟说。

2. 个个问不倒

每个接线员脑子里都有张"地图"。北京地铁服务热线自2008年开通以来,经历过多次严峻考验。最忙的是法定节假日前后,由于部分车站会封站,乘客咨询绕行路线的来电会大幅上升。接线员平均每人每天得接300个以上来电,最多的时候甚至超过500个。每人都手工绘制一张简易封站柱形图,用不同颜色的笔标出来,能够对封站解封时间节点一目了然,为乘客提供准确无误的运营信息。

接听乘客来电这份工作看起来简单,却十分考验接线员的知识储备。坐在电话机前,不仅要掌握首末车时间、换乘这些常用信息,也要熟悉地铁领域的专业知识,成为一本问不倒的地铁"百科全书"。

从最初两条线路到现在24条线428座车站,地铁线路之间的换乘到底怎样最方便,得熟悉掌握,尤其每年都会开通新线路,这些信息也要第一时间掌握。每个接线员面前都有两台显示屏,一台记录来电信息,另一台则用来查询各站的首末车时间和换乘信息。接线员郑某说,为了能用最短时间给乘客指路,每个接线员脑子里都有一张"地图"。"一般公园、医院、学校这些地点附近的地铁站都记在了脑子里。遇到一些不太熟知的地点,我们也会第一时间通过网络地图帮乘客查找,给乘客提供一条最方便的到达路线。"

目前,北京地铁热线工作人员大部分是40岁以下的年轻员工。别看年轻,他们都有过担任车站一线站务员的工作经历。由于地铁工作的专业性和特殊性,接线员掌握的知识必须全面,对乘客提出的问题要答得准确。"像早高峰实施限流,有的乘客不理解,为什么明明站外限流,但进了站之后却发现站台上并不是特别挤。"接线员郑某说,回答这个问题就要求接线员必须掌握限流的相关知识。"因为现在的网络化限流,主要目的是给下一个车站或下一个换乘点创造条件,这样才能使整个路网的客流形成合理分配,不至于在站内出现堵点。"

要做一个问不倒的接线员,接线员还要时刻关注地铁变化,实时更新自己的"知识库"。近些年,北京地铁会不定期上线不同主题的列车。为了一睹主题列车的风采,有些乘客一等就是一天。"主题列车每天运行的班次都不固定,一天很可能只有三五趟。有的乘客打来电话询问哪个站、什么时间可以遇到主题列车,这时候我们要与车站和行车调度联系,确认列车几时几分到达车站,给乘客最满意的答复。"一名接线员说。

目前,热线服务与地铁运营服务时间同步,每天5:00,热线中心工作人员已就位,随时为乘客服务,人工接听服务一直持续至24:00。0:00到5:00之间虽然暂停人工接听,但热线中心提供留言服务,接线员郑某说:"每天我们上班后第一件事,就是处理乘客前一晚的留言,随后进行信息处理和电话回拨,认真了解乘客诉求。"

3. "接诉即办"95%满意

2019年5月16日,北京地铁服务热线正式接入12345市民服务热线"接诉即办"系统,成为12345北京地铁分中心,从原来的电话受理变更为通过12345市民服务热线网络系统开展"接诉即办"工作。每当通过北京地铁服务热线接到12345服务热线反映的群众诉求后,北京轨道交通企业都会实施快速响应机制,实现快速响应、快速办理、快速反馈。

据悉,2020年北京轨道交通企业共受理8000多条12345"接诉即办"热线,乘客反映的问题涉及服务、设备、环境等各个方面,"目前,我们做到了100%回复,问题的解决率、满意率也都能达到95%以上。"尹莉娟说。

同时,乘客的一些诉求目前已经成为现实。2020年6月,一名乘客反映13号线清河站没有设置座椅,希望尽快加装。北京轨道交通企业接到乘客诉求后,立即组织制定加装方案。一周后,8组24个座椅出现在站台上,供乘客候车休息使用。还有乘客反映6号线青年路站出站口缺少去往朝阳大悦城的相关指示标识,服务热线马上通知有关部门在相关标识里增加了提示信息。

一条热线,让乘客与北京地铁的距离变得更近。如今拨打地铁服务热线的乘客里已有不少"熟悉的声音"。其中有位阿姨,每次坐地铁时都会记下车站里帮助过她的工作人员,特意打电话过来。"我们的接线员每次听到她的表扬,心里也是暖暖的。"

近年来北京地铁的服务工作不断创新,推进乘客服务自助化、智能化、无障化,热线系统功能也不断升级和优化。为了方便乘客的线路查询,热线系统上线了智能小人自助服务,乘客可以通过智能语音服务自助查询地铁路线、票价信息和票价优惠政策。电话接通之后,乘客只需要向智能小人说明需要查询的路线,电话挂断之后,查询结果就会以短信的形式发送到乘客来电手机。

(资料来源:https://lvlin.baidu.com/question/401868217267616405.html)

任务4.7 安全应急服务

安全是乘客出行的首要需求,城市轨道交通企业要采取一系列措施,保障乘客安全。《城市轨道交通客运服务规范》(GB/T 22486—2022)对城市轨道交通客运安全应急服务的一般要求有:

(1)应急服务应以保障人身安全为首要目标。

(2)在城市轨道交通车站及其范围内应有明显可识别的警务点或呼叫点。

(3)城市轨道交通应配备站内及车厢监控设备,公共区域的监控设备应做到重点通道区域、客流密集区域、站台候车区域的全覆盖,并应符合《城市轨道交通公共安全防范系统工程技术规范》(GB 51151—2016)的规定。

(4)发现走失的儿童,应带领其至安全场所,并设法联系其监护人或报警。

(5)当乘客身体不适时,客运服务人员应提供必要帮助;当出现可能影响公共卫生安全或正常客运,以及需要进行人文关怀或乘客要求隔离等情况,可根据需要对现场进行隔离,并配合做好后续工作。

(6)发生突发事件时运营单位应及时通过站内乘客信息系统、站内/车厢广播、网络(微博、微信、官网)多渠道告知,提供相关信息。

(7)发生公共安全突发事件时,应立即启动应急预案,报告相应管理部门。

(8)出现/预见极端天气情况或极端环境情况下,危害超过或可能超过应急预案设定安全阈值条件时,运营单位应立即启动相应的响应措施或立即停运。

(9)预判站台客流量超过站台估计最大客流预警值时,应当实施单站级客流控制;仍无法缓解时,预判断面客流满载率超过预警值时,应当在本线及与之换乘的线路车站实施线网级客流控制。

(10)当发生车门未能正常开关、电梯故障、个别乘客受伤等影响范围有限,无扩散或传播风险的情况时,运营单位应最大限度地减少运营影响,尽快恢复列车正常运营,利用广播等方式告知乘客相关运营信息,做好解释和安抚工作。

(11)非突发情况下的列车越站,运营单位应至少提前一站告知受影响的乘客。首班车、末班车及乘客无返乘条件的列车不应越站,同方向连续两列载客列车一般不应在同一车站越站。

(12)列车临时清客时,运营单位应通过广播或者其他方式告知车内乘客和站内乘客,并引导乘客下车等候下一班载客列车。

(13)列车迫停区间需组织区间疏散时,运营单位应扣停可能驶入受影响区域的列车,明确疏散方向,通知车站做好客流引导,在邻站端门及疏散区间联络线等通道处安排人员监控,疏散后确认无人滞留。

(14)运营单位应通过播放宣传短片、播放车站或列车广播、发放宣传单等多种方式进行安全宣传教育,向乘客提供突发情况下的应急处置流程、服务设施使用方法和安全警示等安全信息。

安全应急服务一般需要多个服务岗位的配合,现就车站常见的几类安全事件做简单介绍。安全应急事件的具体工作流程和岗位分工,可在安全应急课程中进行系统完整的学习。

一、大客流服务

车站大客流是指车站在某一时段集中到达的客流量超过车站正常客运设施或客运组织措施所能承担的流量时的客流。

一般来说,大客流出现的时间具有规律性,如每天由通勤引起的早晚高峰(大城市上班高峰在7:30—9:30,下班高峰在16:30—18:30)。同时还可以预见由外界因素引起的大客流,如节假日伴随的旅游高峰期;举办重大活动(大型体育赛事、文艺表演等);风、雨、雪等恶劣天气情况,都可能引发客流的大幅增加。

城市轨道交通车站是客流的重要集散点,会定期或不定期遇到大客流,大客流持续时间虽然不是很长,但在大客流冲击情况下,往往对客流组织形成较大压力,为了保证乘客的安全和正常的运营秩序,城市轨道交通运营企业应制定大客流应急预案,城市轨道交通车站必须在预案指导下,通过合理的客流组织方式尽快疏散客流。根据大客流是否可预见,分为可预见性大客流和突发性大客流;根据大客流严重程度及影响范围,可分为一级大客流、二级大客流、三级大客流。

1. 可预见性大客流服务

1)可预见性大客流的客流预测及发布

(1)计划部对国家法定节假日期间的客流量、客流特点、高峰小时断面客流量、峰期时段、重点车站全日进站客流、高峰进站客流等做出预测,并将预测结果以文件形式提前发往票务部、车务部等相关部门。

(2)计划部应对城市轨道交通沿线附近大型活动可能产生的客流量、峰期时段、所影响车站及影响程度等进行预测,并将预测结果以文件形式提前发往票务部、车务部等相关部门。

(3)计划部密切关注天气变化,提前将可能影响客流动态的天气信息及时以通知的形式传达给相关部门。

2)可预见性大客流各部门的前期准备措施

(1)加强设备巡查。

车辆部、维修部、自动监控部、票务部等相关部门要提前对车辆、线路、接触网、通信、信号、AFC等设备加强维护检修,确保运营设备的可靠使用。

(2)调整运行方案。

节假日期间车站运营时间适当延长,OCC提前拟订具体行车组织措施(包括运行图实施方案、增加备用车数量与出车时间等)并通知各相关部门,车站提前做好服务时间的对外公告。

(3)确保增开列车。

车辆部要提前按要求配备好备用列车,确保有足够的运输能力。

(4)及时提报需求。

站务室需提前提报相关票务、备品、人员支援需求计划。

(5)做好票务准备。

票务室应根据提报需求提前配发车票到站,并协调完成硬币的兑换。

(6)合理安排人员。

站务室拟订各站人员安排、组织措施,乘务室提前落实司机调配及出车安排。

(7)后勤调配到位。

物资部需提前按照各部门要求配备大客流组织所需物资、备品;办公室及时与物业公司联络协调,做好后勤保障工作。

3)可预见性大客流车站的前期准备工作

受影响车站应分析节假日、大型活动、恶劣天气客流的特点,做好前期准备工作,准备工作如下：

(1) 制定并报送客运组织方案。

(2) 统计各类服务、票务备品数量，提报备品需求。

(3) 提报人员支援需求，确定大客流人员排班，细化排班表，并在排班表中详细制定顶岗人员，保证"人换，岗在"。

(4) 召开动员及工作布置会。由站（区）长负责召集公安、商铺、驻站专业的负责人，召开大客流前准备会议。熟悉大客流组织方案，明确联控方法和各方职责。

(5) 学习相应客运组织方案并进行演练。

(6) 准备好票务、服务物资，提前准备好备用金、预制票、临时售票亭、验钞机、验票机、价目牌、手提广播、腰包扩音器、对讲机、告示牌等相关物资。

(7) 在适当位置摆放铁马和导流设施，将限流回型铁马设置成形。注意提前摆放时不要影响正常进出站客流。

(8) 车站周边举办大型活动时，车站应专门安排人员与举办方实时沟通，提前做好预想。

(9) 恶劣天气时车站还应加强巡视，注意天气变化，准备好防护备品（铺防滑垫、放置小心地滑告示牌、及时清扫地面积水），注意检查相关设施设备，密切监视乘客动态，播放安全广播，发现异常情况及时上报处理。

2. 突发性大客流服务

突发性大客流主要指车站或列车上突然出现的客流集中增长，造成车站、列车拥挤的情形。突发性大客流的显著特点是它的规模、时间等无法提前预测，无法进行充分的准备，根据客流规模启动相应级别的应急预案进行应对。

1) 突发性大客流的信息监测与发布

(1) 城市轨道交通各车站、列车司机及 OCC 要加强信息监测和接报工作，对突发性大客流必须做到早报告、早发布（早调整）、早响应。

(2) 各站发生突发性大客流时，要通过 SC、车站 CCTV 对本站客流进行数据及现场监测，并加强各出入口及站外巡查监测。将车站出现较大客流增长情况应第一时间向行车调度员、站务室汇报，并加强与行车调度员的联络沟通。

报行车调度员时由当班行车值班员报告，具体报告内容如下：突发大客流发生的时间、地点等；突发大客流的形成原因、规模，预计持续时间；是否有人员伤亡、设备损坏及程度，已采取的应对措施；是否需要支援，支援要求；报告人所在车站、姓名、岗位。

(3) 司机发现沿线站台乘客明显增多，且影响上下车及造成列车晚点 1min 以上时，应及时将信息通报给行车调度员，由行车调度员通知前方各站做好客流的引导和组织。

(4) 行车调度员应根据所收集的客流信息，视其对行车、客运组织工作造成的影响程度将有关信息传达给相关部门及相关受影响车站。OCC 还应及时掌握大型活动各阶段进展情况，通过 ACC（AFC 清分中心）、CCTV 对全线客流进行数据及现场监测，通过数据分析并综合现场情况，及时发布现场应急响应信息。

(5) 突发性大客流应急响应信息的发布和取消由调度中心负责。OCC 应根据现场大客流对全线运营组织工作造成的影响程度，及时以电话或短信形式向各部门发布应急响应信息。

2）突发性大客流的应急组织措施

（1）先期处置。

①车站的先期处置。

当发生突发性大客流时，车站要及时了解产生突发客流的原因、规模、可能持续的时间。车站按照信息报告流程的要求进行汇报，视情况申请人力支援。车站利用广播系统认真做好宣传，及时组织人员维持秩序。

②OCC的先期处置。

当接到车站报告发生突发性大客流时，OCC应做好备用车上线的准备工作。

（2）应急响应。

①组织机构响应。

应急指挥小组成员必要时赶赴分公司应急指挥部进行应急指挥工作。现场处置小组成员必要时赶赴现场指挥应急处置工作。经应急指挥小组同意后，OCC值班主任宣布启动公交接驳应急预案，并对该预案的具体实施进行监督、协调，及时有效地疏散大客流。

②调度响应。

行车调度员接到车站汇报后，立即向值班主任报告，并通过CCTV进行客流监视。OCC值班主任了解情况后向应急指挥小组汇报，经应急指挥小组同意后，通知相关处室（中心）启动应急预案。环控调度员注意观察客流情况，增加站内新风量。电力调度员加强对各变电所运行情况的检查。

③救援队伍响应。

驻站公安接到车站发生突发性大客流的报告后，协助车站工作人员，加强对重点部位的巡视和防范工作；与车站进行有效配合，快速、果断地处置，确保客流得到有效控制。驻站人员接到车站要求支援的请求后，迅速前往支援，并听从值班站长的安排，协助站务人员维持现场秩序，疏导客流。客运处接到车站要求增派人员支援的请求后，迅速组织支援人员前往该站支援。OCC接到车站要求增派人员支援的请求后，视情况请求城市轨道交通公安分局警力支援。

④各级响应时间。

车站值班站长确认发生突发大客流事件，按照大客流的级别立即汇报给站长和OCC。OCC接报后做好事件的前期处置，在5min内通知应急指挥小组和应急领导小组及相关处室（中心）；视情况通知城市轨道交通公安分局。公司内其他支援人员在接到通知后10min内出发，赶赴突发大客流车站进行支援。

⑤指挥协调。

根据突发事件应急处置的需要，应急指挥小组紧急调集人员、物资、交通工具等。现场处置小组成员到达现场后应了解现场情况，迅速查看现场，确定影响范围，根据预案的规定，开展大客流控制工作。OCC值班主任应与现场处置小组保持联系，并灵活组织备用列车上线或进行必要的运营调整。

（3）处置要点。

①车站突发大客流后,按照突发大客流影响程度、发展情况、紧迫性等因素,车站应立即组织力量,申请启动应急救援队伍(包括各部门、驻站人员),在事件初期迅速出动,以控制事态、准确施救、减少损失为目的,开展应急组织工作,实现事故发生后各部门、各站反应快、响应快、行动快,把影响运营的程度和损失降到最低。

②车站应立即按汇报程序进行汇报,客流达到一级标准时,事发车站向邻站申请人力支援;客流达到二级标准时,事发车站向邻站或驻站人员申请人力支援;客流达到三级标准时,OCC应及时报告应急指挥小组和应急领导小组,视情况请求城市轨道交通公安分局警力支援。

③车站做好临时导向标识、告示牌、临时售票亭等客运设施的准备、设置工作。

④车站视情况对AFC终端设备设置相应的降级运行模式。

⑤OCC应根据实际情况采取相应措施,增加运能,缓解车站客流压力。

⑥需要市有关单位联合处置时,OCC根据应急指挥小组的指示联系。

⑦若客流太大,严重超出城市轨道交通运输能力,由现场处置小组向应急指挥小组申请关闭车站,经应急指挥小组允许后,车站做好关站和宣传解释工作。

二、突发疾病

乘客在车站或列车上突发疾病时,要第一时间进行抢救,本节主要介绍以下几种疾病的急救要点。

1. 休克急救要点

(1)识别早期休克。
(2)病人取平卧位,不用枕头,下肢抬高约30°。
(3)呼叫120急救医生前来抢救。
(4)尽量不搬动病人,如必须搬动,动作应尽可能轻柔。
(5)可以给病人吸氧气。

2. 晕厥急救要点

(1)识别晕厥的表现。如有恶心、呕吐、应将患者头偏向一侧,保持呼吸道通畅。
(2)晕厥好转后不要急于站起,必要时由家人扶着慢慢起来。
(3)如怀疑晕厥与低血糖有关,可适量饮糖水,促进恢复。
(4)将患者护送至医院做进一步检查,针对病因治疗。

3. 昏迷急救要点

(1)昏迷病人应采取去枕平卧位,头后仰并偏向一侧。
(2)注意清理口腔内的呕吐物、分泌物,使呼吸道畅通,防止发生窒息。
(3)不要随意移动病人。
(4)一旦发生心脏骤停或呼吸停止,立即进行心脏复苏。
(5)向120急救中心呼救。
(6)协助急救医生识别昏迷的病因。

4. 心绞痛急救要点

（1）初次发作心绞痛，一定要进行心电图检查。

（2）心绞痛发作时尽早舌下含服硝酸甘油1片，有条件时进行吸氧疗法。

（3）不稳定性心绞痛发作过后到医院看病，最好乘车前往，不要骑车或步行，以免加重病情。

（4）心绞痛发作30min以上，服硝酸甘油和吸氧均不能减轻，及时呼叫120急救服务，急救医生到现场急救。

5. 颅脑损伤急救要点

（1）头部受伤引起严重的外出血，立即进行加压包扎止血。

（2）如有血性液体从耳、鼻中流出，严禁用水冲洗；严禁用棉花堵塞耳、鼻。

（3）昏迷的病人重点是畅通呼吸道，运送途中应取平卧、头侧位，以免呕吐物误吸进入呼吸道。

（4）在医务人员监护下送医院，注意固定病人的头部，避免摇晃和震动。

6. 内出血急救要点

（1）尽早识别严重的内出血：受伤后，病人皮肤苍白、湿冷、表情淡漠、少言寡语、呼吸变浅、烦躁不安、口渴，但身体上无伤口。

（2）胸部内出血，取半坐位；腹腔内出血，下肢抬高。

（3）拨打120急救电话呼救。

（4）在急救人员到来之前，密切看护病人，注意保持呼吸道畅通。

7. 气道异物阻塞急救要点

（1）及早识别气道异物阻塞的紧急情况：病人突然不能说话，面色、唇色很快青紫发绀，神志不清、呼吸停止。

（2）尽快解除呼吸道的阻塞。可使用咳嗽法、腹部冲击法（海氏手法）、拍背法、手指掏取法。

（3）对呼吸停止者进行人工呼吸。

（4）发生窒息，未采取急救措施，不要着急送医院。

（5）呼叫120急救服务，在急救医生到来之前，应采取必要的急救措施，如心肺复苏术。

心肺复苏一

心肺复苏二

（6）若异物落入呼吸道深处，只能将病人送到有耳鼻喉科的医院去取出来。

8. 中暑急救要点

（1）立即将病人移到通风、阴凉、干爽的地方。

(2) 尽快冷却降温：冷敷头颈部、腋下，或者用温水或酒精进行全身擦浴。
(3) 饮服绿豆汤或淡盐水、西瓜水解暑。
(4) 服用人丹、藿香正气水等药物。
(5) 应尽快送往医院救治。

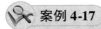

案例 4-17

乘客脚伤又中暑，工作人员细心照料

在武汉轨道交通1号线竹叶海站，站务员小叶在车站巡视时发现一名乘客脸色苍白，走路一瘸一拐，赶紧主动询问。小叶经了解后得知乘客脚趾受伤，疼痛难忍。小叶一路搀扶乘客至座椅处休息，并取来医药箱用碘伏棉签小心为乘客擦拭伤口。细心的小叶还发现在擦拭伤口期间乘客脸色苍白，有中暑迹象，小叶立即为乘客送上凉白开和降暑药物。乘客对小叶的细心服务表示感谢，休息片刻好转后，在同伴陪同下乘车离开。

天气炎热时，乘客中暑时有发生。为了更好地服务乘客，一方面，车站要配备一定的解暑用物；另一方面，工作人员要及时关注乘客动态，发现异常及时处理。

案例 4-18

乘客突发疾病，车站工作人员齐心救治

某日，在武汉轨道交通2号线金融港站，站务员小王在站台巡视时发现有一名乘客躺在座椅上。小王立即上前询问，发现该乘客看起来脸色很差，经过了解后得知，该乘客患有雷氏综合征（一种血管神经功能紊乱所引起的肢端小动脉痉挛性疾病），他独自一人在佛祖岭站上车后突感手脚发麻、浑身无力，便提前在金融港站下车。

小李立即报告值班站长，并为乘客倒了杯热水，经过休息，乘客的症状稍有缓解但手部仍然发麻。小李赶紧和值班站长一起帮乘客进行手部按摩，一旁的驻站民警也一同加入，大家齐心协力轮流帮助乘客按摩直至其病情得到缓解，最后乘客身体无碍后，车站联系其家属将其接回。

两天后，乘客怀着感恩的心亲手写了一份感谢信送到了车站，感谢车站工作人员在他最无助的时候对他的齐心救治，赞扬城市轨道交通员工的雷锋精神。

轨道交通工作人员要时时刻刻将乘客的安全健康放在第一位，当发现乘客有异常情况时，积极与乘客沟通，帮助乘客解决问题。如果乘客身体情况比较严重，还需专业医护人员的帮助，及时送医。

三、站内伤害

1. 客运伤亡事件分类

客运伤亡事件按其伤害程度分为3种：轻伤、重伤、死亡。

(1) 轻伤：伤害程度不及重伤者。

(2)重伤:肢体残废、容貌损毁,视觉、听觉丧失及器官功能丧失。具体参照《人体损伤程度鉴定标准》。

(3)死亡。

2.客运伤亡事件等级

客运伤亡事件分为6个等级:轻伤事件、重伤事件、一般伤亡事件、重大伤亡事件、特大伤亡事件、特别重大伤亡事件。

(1)轻伤事件是指只有轻伤没有重伤和死亡的事件。

(2)重伤事件是指有重伤没有死亡的事件。

(3)一般伤亡事件是指一次造成死亡1~2人的事件。

(4)重大伤亡事件是指一次造成死亡3~9人的事件。

(5)特大伤亡事件是指一次造成死亡10~29人的事件。

(6)特别重大伤亡事件是指一次造成死亡30人及以上的事件。

3.客伤事件处理原则

(1)车站在处理客伤事件时要以维护轨道交通企业形象、保护轨道交通企业最大利益为原则,以人为本,给予乘客必要的帮助。

(2)车站在处理客伤事件时要第一时间进行取证,尽可能得到旁证及当事人签字确认。以事实为依据,客观记录,充分留下原始资料。

(3)及时将(前期)处理结果报告相关部门,以备后续处理。

4.客伤处理程序及注意事项

1)接待

(1)真诚待人:热情接待,了解客伤程度,做简易处理(包扎等)。

(2)适时安抚:理解乘客心情,语言温和,做好安抚解释。

注意事项:

①发生在其他车站或异地(车辆)须接待。

②是否需治疗应根据本人需求,如伤(病)者伤(病)势很严重,不及时救治可能会有生命危险,车站应及时致电120急救中心。原则是先治疗,费用由乘客支付,待乘客治疗痊愈后,再根据实情本着实事求是的原则由双方协商解决。

2)了解

(1)听取自述。

向受伤乘客、现场工作人员等了解事发时间、地点(付费区内或外,有票或无票)、原因、现场处理。

(2)实地了解。

实地了解事发地点、现场工作人员掌握情况、现场初始处理状况。

注意事项:

①如现场已无法调查、取证,应根据伤害的现象及程度证实情况。

②做好记录,汇报分公司调度。

3）取证

乘客本人笔录材料，现场工作人员笔录材料，车站调查笔录材料。

注意事项：

①要求乘客本人提供材料时，应观察乘客受伤程度，确定是在治疗前或后做笔录，避免耽误时间影响治疗。

②如果乘客不能自主书写，由车站站长代笔书写，乘客亲笔签字。

4）判断

（1）范围：车站所管辖的城市轨道交通运营区域，包括出入口、自动扶梯、地下通道等。

（2）责任划分为3类：城市轨道交通企业、本人、其他。

5）处理

（1）了解乘客治疗过程，要求乘客提供医疗部门诊断的病史卡及单据、拍片资料，目前伤愈状况（无须再治疗）。

（2）审核病症。

①查看病史卡，证实病史与治疗过程，记载与乘客反映是否相应。

②审核单据：凭证姓名与本人相符，单据与病史卡记载的治疗日期相符，用药合理恰当，统计金额、核对大小写。

（3）听取乘客提供的处理要求，有根有据。

（4）分析事发原因：按《××市轨道交通管理条例》进行解释和宣传工作，包括车站所具备的各类防范措施，如乘客须知、警示牌、警示标志、车站及车厢内广播。

（5）听取乘客意见。了解是否存在由城市轨道交通服务工作未尽责引起的客伤情况。

（6）根据事发的性质掌握应归入哪一类，了解乘客的具体状况（职业、收入、户口所在地、医保）。有针对性地提出处理意见，与乘客协商，取得相互谅解，达成共识。

（7）本着通过与乘客协商解决问题的态度与乘客分析，协商时对不同的情况要区别对待。

（8）签订协议。协议书样例如图4-3所示。

①甲方为轨道交通运营公司，乙方为事发当事人或委托代理人。

②概况：发生的年、月、日，乘客姓名，事情的真实过程，医疗部门的诊断、治疗过程。

③协议内容：发生原因，行车值班员，考虑因素，双方协商结果，最终处理，甲、乙方签字。

④填写领款书：金额栏须正规填写，由甲方经办人与乙方领款人签字，注明日期。

注意事项：

①避免谈论有关责任归属问题，不讲有损轨道交通形象的话，要有轨道交通一盘棋的意识。

②了解医保政策，统计治疗费用应根据付费项目确定实际支付金额。

③收取经统计的全部有价凭证及医疗部门诊断的有关凭证。

④协商未成，有分歧可以再次协商，或采取缩小分歧的方法。考虑轨道交通声誉，不宜激化矛盾扩大事态。

协 议 书

（姓名）_____，（性别）_____，（年龄）_____岁，于____年____月____日____时____分，乘坐××地铁，在_____站因

_____

_____

经双方协商一次性处理，共计支付费用（人民币）_____（￥：元）。

此协议不违背有关法律规定，符合《中华人民共和国民法通则》自愿合法原则，自双方在协议上签名或按手印后，即对双方产生约束力。

此事到此了结，以后双方无涉。

当事人（或家属代表）：_____　　地铁方经办人：_____

（手印）

身份证号：_____

_____年____月____日

图 4-3　协议书样例

6）汇总资料

汇总资料有：

①当事人自写或代笔材料(当事人签字)。

②当事人身份证复印件,如委托代理需另附代理人身份证复印件。

③车站调查证实情况材料。

④门急诊药费专用收据联,必要的拍片结论书。

⑤事故处理协议书及领款书。

⑥客伤事故报告表,见表 4-9。

客伤事故报告表 表4-9

_____站　　　　　　　　　　　编号：_____

时间	_____年___月___日___时___分
地点	_____厅，_____电扶梯，_____闸机，_____
伤者	姓名：_____ 性别：_____ 年龄：_____　姓名：_____ 性别：_____ 年龄：_____ 姓名：_____ 性别：_____ 年龄：_____　同行人情况：_____
联系方式	家庭住址：_____　姓名：_____ 宅电：_____　手机：_____
证人情况	姓名：_____ 性别：_____ 年龄：_____ 证件号：_____ 家庭地址：_____　联系方式：_____
伤害程度	_____部位，伤口长度约_____cm _____部位，_____
事故简述	
初期治疗	_____部位，缝____针，CT（　），X光片（　）其他：_____ ／ 医院结论：_____ 初期支出费用：_____元
确认	站长签名_____　　　　安保部_____

5. 客运伤亡事故处理流程

客运伤亡事故处理流程如图4-4所示。

6. 几类常见的客伤处理

1）自动扶梯伤亡事故处理

（1）值班站长接到事故报告后，迅速组织人员赶赴现场。

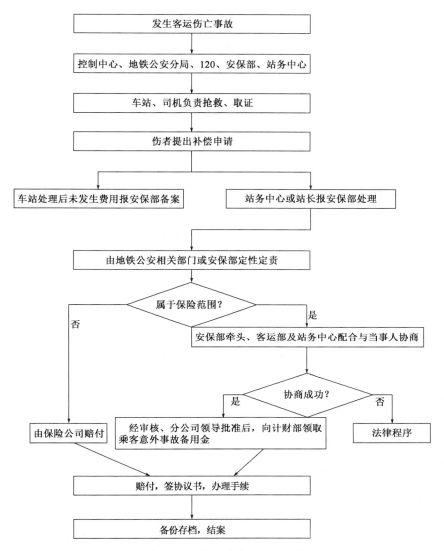

图 4-4　客运伤亡事故处理流程图

（2）如事故情况较为严重须临时关闭自动扶梯的,要立即启动紧急停机装置。其间要做好对正在乘坐自动扶梯人员的提醒工作。关闭自动扶梯后,要封锁自动扶梯的上下两端,并对乘客做出"该扶梯停止使用"的文字说明。

（3）对受害人进行紧急救治。如果伤者伤势较轻且车站有能力救护,将伤者带离事故现场进行解决。否则,立即拨打120,在至少有一名车站员工陪同的前提下,前往指定医院进行救治。

乘客自动扶梯摔伤处理

（4）挽留目击者,了解事故概况并做好记录,同时保留目击者的个人资料（姓名、住址、单位、联系方式等）。

（5）如受害人已经死亡,应向驻站警务人员报告,并协助进行处理。处理过程中,要对事故现场进行隔离,疏散围观群众,维护正常的运营秩序。

(6)事故处理完毕后,要尽快清理事故现场并对自动扶梯进行相应检查。待其性能良好后立即恢复正常运行。

> **知识链接**
>
> **发生电梯困人事故时电梯维护人员处理方法**
>
> 发生电梯困人事故时,电梯维护人员应按如下方法处理:
> (1)断开电梯主电源,防止电梯意外启动,但须保证轿厢照明。
> (2)确定电梯轿厢位置。
> (3)当电梯停在距某平层位置约±60cm范围时,维护人员可以在该平层的厅门外使用专用的厅门机械钥匙打开厅门,并用手拉开轿厢门,然后协助乘客安全撤离轿厢。
> (4)当电梯未停在上述位置时,必须用机械方法移动轿厢后救人,步骤如下:
> ①轿门应保持关闭,如轿门已被拉开,需要求乘客把轿门手动关上,利用电梯内对讲电话,通知乘客轿厢将会移动,要求乘客静待轿厢内不要乱动。
> ②在曳引电动机轴尾装上盘车装置。
> ③两人把持盘车装置,防止电梯在机械松抱闸时过快移动,然后另一人采用机械方法一松一紧抱闸,当抱闸松开时,另外两人用力绞动盘平装置,使轿厢朝正确的方向移动。
> ④按正确方向使轿厢缓慢移动到平层±15cm位置。
> ⑤使抱闸恢复正常后,在厅门对应轿门外机械打开轿厢,协助乘客撤出轿厢。
> (5)当按上述方法操作发现异常情况时,应立即停止救援并及时上报上级。

坠物伤亡事故

缝隙踏空

乘客强行上车

2)坠物伤亡事故处理

(1)值班站长接到事故报告后,迅速组织人员赶赴现场。

(2)圈定并隔离事故现场,采取必要措施,防止其他乘客坠落。

(3)对受害人进行紧急救治。如果伤者伤势较轻且车站有能力救护,将伤者带离事故现场进行解决。否则,立即拨打120,在至少有1名车站员工陪同的前提下,前往指定医院进行救治。

(4)挽留目击者,了解事故概况并做好记录,同时保留目击者的个人资料(姓名、住址、单位、联系方式等)。

(5)事故处理过程中,要安排站务人员做好事故现场附近的客流组织工作,避免发生乘客骚乱。对于封锁的行人通道,要有明显的指示标志或说明。必要情况下,启用人工广播进行乘客引导。

(6)如事故的处理涉及技术设备、设施,要立即通知综合办公室或直接通知外委单位维修人员,以上人员接到事故报告后,迅速安排相关技术人员前往事故现场进行处理。

（7）事故处理完毕之后，要仔细排查事故隐患，清理事故现场。如不能及时处理，要对事故现场进行隔离，做好安全防护和对乘客的通报宣传工作。

3）乘客乘降意外的处理

（1）司机发现意外发生，应立即开启车门。站务人员或其他人员发现意外发生，应立即通知电客车司机或按动站台紧急停车按钮。

（2）乘客脱险后，站务人员检查车门处情况。确认车门无任何安全隐患后，通知司机正常启动运行；如需延长停车时间进行处理，司机要报告行车调度员并做好对列车乘客的广播；处理完毕且车门无任何安全隐患后，在征得行车调度员的同意下，立即恢复正常运行。

（3）如果意外对乘客造成伤害，站务人员应视伤害情况做如下处理。

①惊吓或轻微伤害：应安抚乘客情绪，对乘客讲明安全候车注意事项。如果是城市轨道交通原因造成的，要向乘客致歉。

②较轻伤害：应将乘客带离现场进行救治。

③较重伤害或死亡：应立即通知120急救中心、值班站长和驻站警务人员，在值班站长组织下，迅速抢救伤者。同时协助警方进行调查和处理。

4）乘客打架处理程序

（1）站务人员第一时间发现乘客打架事件，应立即用无线对讲机报告站长，并进行适当的劝解。

（2）值班站长应通知客运值班员及警务人员到达现场。

乘客打架处理

（3）值班站长与警务人员一起把乘客（双方）劝开，客运值班员疏导围观乘客，站务人员继续组织乘降，巡视站台等。

（4）客运值班员负责寻找证人与打架肇事者交警务人员处理。若打架肇事者没有受伤，由警务人员做说服教育；若打架肇事者受轻伤，由警务人员看伤势解决，车站可提供简单的医疗帮助；若打架肇事者受伤较严重，警务人员送医院治疗，医疗费用由本人承担。

（5）客运值班员到站厅维持秩序，在必要的情况下请示站长将AFC做降级模式处理，放慢闸机的速度，控制客流，以免造成客流堆积。

（6）值班站长协助站务人员组织乘降，注意客流变化，在必要时疏散乘客。

5）列车客运伤亡事故处理程序

（1）乘客通过列车内"通话机"把乘客受伤或病倒的情况告知司机。

（2）司机接到通知后，询问伤病乘客所在列车车厢并简单了解情况，然后通知行车调度员，行车调度员通知即将到达的车站行车值班员做好接应准备。

列车客运伤亡事故

（3）行车值班员接到通知后，通知值班站长，并说明伤病乘客所在列车车厢和伤亡情况。

（4）值班站长接到通知后，通知警务人员一起到达现场处理，并通知客运值班员去设备室拿担架，到达站台。

（5）站台岗站务员维持站台客流秩序，将担架周围的乘客疏散，组织好客流，以免造成客流聚集，妨碍救人。

（6）警务人员和值班站长将伤病乘客从车厢里抬到担架上然后做急救工作，等待120急救人员的到来。

(7)急救人员到达车站,并从特殊通道通过闸机进入付费区至站台将伤病乘客用担架抬到车站外的救护车上,这个过程由客运值班员护送。

(8)伤病乘客被抬走后,值班站长通知保洁清理现场,通知站台岗站务员组织好站台客流,并疏散围观乘客,恢复正常运营。

6)其他客运伤亡事故的处理

在安全管理原则的指导下,参照上述客运事故处理办法执行,一般程序为:

(1)立即采取措施,防止事态扩大。

(2)对受害人实施紧急救护。

(3)协调处理好其他相关事项。

乘客被碎玻璃割伤事件

乘客擦伤的处理

(4)清理现场,恢复正常。

四、物品遗失

城市轨道交通车站和列车为公共场所,人来人往,有些乘客会遗漏一些物品在车站或列车上,也就是乘客失物。乘客失物种类繁多,有些物品比较贵重,有些物品可能乘客丢失后都无所谓。对于城市轨道交通车站员工,不管乘客失物重不重要,都必须严格保存和管理。

1. 乘客失物处理原则

(1)车站对失物实行专人管理。车站客运值班员负责本站遗失物品的登记、保管、认领、移交。

(2)遗失物品的清点、检查、登记、认领应由2人(客运值班员以上人员)同时进行。

(3)失主认领遗失物品时,应描述失物特征,出示有效证件,车站当值客运值班员及值班站长现场核查无误并办理有关手续后,方可将失物交还失主。

(4)如遗失物品为违禁品、危险品、机要文件、大额现金,应立即转交城市轨道交通公安处理。

(5)遗失物品未交还失主前,应妥善保管,任何单位和个人不得侵占和挪用。

(6)车站只办理当天失物的认领工作,隔日的失物认领统一到失物处理中心办理。

(7)遗失物品在失物处理中心保管超过3个月的,按无人认领失物处理。

2. 乘客失物处理工作程序

1)失物交接

(1)城市轨道交通车站内拾获遗失物品时的交接程序。

在城市轨道交通车站范围内拾获遗失物品时,由拾获人到车站控制室与车站人员(须为2名车站当值客运值班员及以上人员)当面清点、检查失物,并详细填写"车站失物处理登记单",双方签名确认。

（2）司机在列车上拾获遗失物品时的交接程序。

司机在列车上拾获遗失物品时，应集中在终点站办理移交手续。司机通知终点站站台当值人员，由2名车站人员与司机在站台门端门处进行交接。如司机折返时间有限，可与车站人员对失物进行简单交接，收条上只注明"××物品一件（批）"或"现金××元"，双方签名确认。失物的详细清点和核对在交接后由车站人员在车站控制室按规定进行。

2）失物处理

（1）一般失物处理程序。

①车站客运值班员与失物拾获人当面检查、核对失物，并详细填写"车站失物处理登记单"，注明失物数量及特征，双方签名确认。

②根据"车站失物处理登记单"填写"失物标签"，并粘贴在失物上。

③有失主联系资料的，先即时通知失主到车站认领失物。如无失主联系资料，车站应对失物做好妥善保管。

④当天如无失主认领失物，车站应在当日运营结束前利用末班车（也可在第2天）将本站失物移交失物处理中心。

（2）特殊失物处理程序。

信（文）件、现金及其他有价票据、危险品、违禁品和食品与易腐物品等属于特殊失物，按以下程序处理。

①信（文）件。

有"特快专递""挂号""机密""绝密"等字样或未付邮资的信（文）件，填写"车站失物处理登记单"后立即交站内城市轨道交通公安签收处理。

已付邮资的一般信件由车站代为投寄。

其他信（文）件按一般失物处理。

②现金及其他有价票据。

2000元以内现金由车站当值值班站长与车站当值客运值班员双人核实，填写"车站失物处理登记单"后装入信封密封，并加盖个人私章后妥善保管。当日无人认领时，随"车站失物处理登记单"移交失物处理中心（若城市轨道交通运营公司未设置失物处理中心，则按该运营公司规定执行）。

对于现金总额在2000元以上及现金与有价票据总额在2000元以上的，车站应要求城市轨道交通公安介入协助，在填写"车站失物处理登记单"后移交城市轨道交通公安签收处理。

③危险品及违禁品。

发现枪支、弹药、汽油、硫酸等易燃、易爆、腐蚀、剧毒物品时，车站人员在填写"车站失物处理登记单"后立即移交城市轨道交通公安签收处理。

④食品与易腐物品。

食品与易腐物品不移交失物处理中心，可由车站自行处理。

有包装的食品保管期限为72h，如无人认领由车站自行处理。

无包装的食品及易腐物品(如肉类、蔬菜等),保管到当天关站时,关站后由车站自行处理。

3. 乘客失物认领程序

1)一般失物认领程序

(1)由认领人提供失物名称、遗失地点、遗失时间,车站或失物处理中心初步确认是否有认领人所提供的相符物品。

(2)如有则请认领人提供两项以上最能表现失物特征的证明,如特征相符则由车站客运值班员及值班站长共同确认并办理认领手续。

(3)认领人须凭本人身份证或其他有效身份证明办理领取手续,认领时要求认领人如实填写相关资料,并由双方在"车站失物处理登记单"上签名确认。

(4)各车站只办理当天失物的认领,其认领手续按相关规定办理。

(5)车站失物当天若无人认领,应由当值客运值班员会同本站当值值班站长确认登记后交失物处理中心(若城市轨道交通运营公司未设置失物处理中心,则按该运营公司规定执行)。

> **案例 4-19**
>
> **乘客遗失贵重物品　20min 后认领失物**
>
> 某日下午,上海轨道交通豫园站保洁员在站厅女厕所内捡到一个纸袋,并交予值班站长。纸袋内共有 12 件珠宝首饰,其中吊牌价最高的 3.9 万元。而此时失主魏小姐已乘车到达邮电新村站,当她意识到遗失了贵重物品后,立即向工作人员求助。经车站电话沟通,初步核实所述乘客遗失物品与豫园站内捡到的遗失物品一致。20min 后,魏小姐到达豫园站,由于物品贵重且数量较多,值班站长引导魏小姐至站长室当面清点,魏小姐连连向车站工作人员表示感谢。

2)现金的认领程序及要求

(1)车站拾得现金后,能及时找到失主的,按上述规定办理认领手续。其他情况下,现金的认领一律在乘客失物处理中心办理(若城市轨道交通运营公司未设置失物处理中心,则按该运营公司规定执行)。

(2)乘客认领现金时,确认认领人身份后方可办理认领手续,双方在"车站失物处理登记单"上做好登记签收后,即时与失主办理交接。

(3)认领现金时,"车站失物处理登记单"认领事项中的证明人必须是车站站长或车站当值值班站长签名方为有效,其中 500 元以上及 2000 元以内的现金认领,其证明人必须是车站站长。

(4)失物处理中心在办理 500 元以上及 2000 元以内的现金认领时,必须对"车站失物处理登记单"第二联进行复印备查。

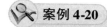

案例 4-20

10min 帮助乘客找回 2 万元现金

某日下午,武汉轨道交通 7 号线武昌火车站一名男乘客在列车上遗失内有现金 2 万元的手提包,站台工作人员祝某得知后立即帮助乘客寻找,并安抚乘客情绪,行车值班员小韩联动后续车站帮忙寻找。10min 后,工作人员在板桥站找到遗失手提包,乘客去往车站领回失物。

乘客遗失贵重物品时,要及时安抚乘客情绪,并积极协助寻找,急乘客之所急。如短时间内找不到乘客失物,要帮乘客做好记录,待找到失物后,及时通知乘客领取。

4. 乘客失物存放及保管

若城市轨道交通运营公司未设置失物处理中心,则按该运营公司规定执行。

(1)失物处理中心必须对接收到的失物建立电脑台账,并对失物进行分类存放。

(2)贵重物品,如钱包、手机、首饰、有价票据、现金存款单等,必须存放于保险柜内。其他物品,如雨伞、文件、证件等,可存放于储物架或文件柜内。

(3)失物处理中心工作人员每季度必须对存放失物进行清理、造册,并按有关规定进行处理。

5. 无人认领失物的处理

失物在失物处理中心保管时间超过 3 个月的,按无人认领失物办理。

(1)对无人认领的城市轨道交通车票、现金,每月统计一次上交有关部门进行处理。共同交接时,通知相关负责人到场监督。

(2)对于无人认领的银行磁卡,交还各发卡银行进行处理,银行不受理时由失物处理中心所在车站站长或值班站长及一名车站工作人员,将银行磁卡剪去一角交由车站保洁处理,应通知相关负责人在场监督处理过程。

(3)对于无人认领的普通证件、普通文件每半年清理一次,由失物处理中心所在车站站长或值班站长及一名车站工作人员清理后交由车站保洁处理,但此过程必须有人监督。

(4)其他无人认领失物每半年清理一次,由失物处理中心统一造册,由相关负责人联系民政局或可接受捐赠部门进行处理。失物处理中心在交接无人认领失物时,相关负责人在场监督。

6. 其他

(1)车站站长应经常检查遗失物品的登记、保管、移交情况,发现问题及时处理。

(2)车站应保持"车站失物处理登记单"页码的完整,页脚编号不能出现少、断的情况。

(3)失物处理中心与其他相关部门交接任何失物后必须保存相关记录,以便日后备查,并要及时通知相关部门人员监督执行交接过程。

遗失物品查找服务

案例 4-21

乘客遗失手机，地铁"闪送"不延迟

某日 17:37，武汉轨道交通金银潭站站务员小刘在列车上进行清客时捡到一部苹果手机，并在寻找失主的过程中接到失主打来的寻机电话。经沟通得知，手机失主准备乘坐 19:00 的飞机，站务员小刘考虑到乘客如果折返金银潭站领取手机必然会错过航班，因此在向值班站长汇报后，主动提出可以将手机送至天河机场站的建议，失主被小刘的奉献精神感动，当即表示赞成。18:14，站务员小刘到达天河机场站，将手机归还至等候在站厅的失主。手机失主再三表示感谢后，顺利赶至机场登机。

处理乘客失物时，除了按照规定进行登记、保管和移交，还要根据情况灵活处理。在本案例中，为了避免乘客错过航班，造成损失，客运服务人员将失物送至乘客手中，充分体现了"以乘客为中心"的服务理念。

任务实施

1. 根据实训任务单，完成实训任务 13 客伤处理实训。
2. 根据实训任务单，完成实训任务 14 失物处理实训。

练习题

一、填空题

1. 厅巡购票引导严格执行"_____、_____、_____"的一次作业程序。
2. 售票员在售票充值时严格执行"_____、_____、_____、_____"的程序。
3. 站台岗接送列车严格执行"_____、_____、_____、_____"的一次作业程序。
4. 站台岗服务技巧中的"四到"是指_____、_____、_____、_____。
5. 站台岗服务技巧中的"四多"是指_____、_____、_____、_____。

二、选择题

1. 客运伤亡事件中重大伤亡事件是指一次造成（　　）死亡的事件。
   A. 1~2（人）　　　B. 3~9（人）　　　C. 10~29（人）　　　D. 30 人及以上
2. 《城市轨道交通客运服务规范》(GB/T 22486—2022) 规定，城市轨道交通全天的运营时间应不低于（　　）。
   A. 12h　　　B. 14h　　　C. 15h　　　D. 16h
3. 《城市轨道交通客运服务规范》(GB/T 22486—2022) 规定，一年内，线路列车正点率应大于或等于（　　）%，列车运行图/时刻表兑现率应大于或等于（　　）%。

A. 97.5　　　　　　B. 98　　　　　　C. 98.5　　　　　　D. 99

4. (多选)运营单位应在车站出入口、站厅、站台显著位置设置公告栏,在站台及车厢的醒目位置,告知乘客服务基本信息,包括的内容有(　　)。

A. 周边街区地标指引

B. 与其他公共交通方式衔接指引

C. 城市轨道交通网络示意图

D. 线路站名标识

E. 票价票种信息

F. 首末班车时刻、列车运行信息

G. 站内乘客服务导向信息(含换乘站内的换乘导向信息)

H. 投诉与建议、报警和求助信息

5. (多选)晕厥急救要点有(　　)。

A. 识别晕厥的表现

B. 平卧在空气流通处休息

C. 给苏醒后的患者饮糖水、热茶等饮料,促进恢复

D. 护送至医院做进一步检查,针对病因治疗

三、简答题

1. 进出站服务涉及哪些岗位?
2. 进出站服务内容有哪些?
3. 购票服务内容有哪些?
4. 检票岗作业标准是什么?
5. 候车服务中站台岗作业标准是什么?
6. 行车服务内容有哪些?
7. 乘客在整个出行过程中,有哪些信息服务内容?
8. 客伤处理原则是什么?
9. 客运伤亡事故的处理流程是什么?
10. 乘客失物处理原则是什么?
11. 乘客失物认领程序是什么?

项目 5

城市轨道交通客运服务投诉处理

项目描述

城市轨道交通客运服务是一项复杂的系统性工作,涉及人的因素、环境因素、设备因素等。因此,客运服务投诉不可避免。如何处理投诉是对城市轨道交通运营企业和城市轨道交通从业人员的综合考验。本项目主要是帮助学生认识投诉,学会投诉的处理原则、程序、方法、技巧,为处理乘客投诉做好准备。

教学目标

知识目标

1. 熟悉投诉产生的原因,理解有效处理投诉对轨道交通运营企业的意义。
2. 熟悉投诉的分类、处理原则和预防投诉的方法。
3. 熟悉处理投诉的六大要点。
4. 熟悉投诉的处理技巧。

能力目标

1. 具备分析投诉产生原因的能力。
2. 能按投诉处理程序正确处理投诉。
3. 具备灵活处理投诉的能力。

素质目标

养成换位思考、以人为本的职业习惯。

任务5.1 投诉基本认知

任何一个组织只要提供产品或服务,就有可能遇到投诉。城市轨道交通运营企业属于服务型企业,这使它无法避免投诉。为了加强乘客对城市轨道交通的了解,加强乘客与城市轨道交通运营企业之间的沟通,城市轨道交通运营企业可利用互联网开通官方网站、官方微博、微信公众号等,公布相关的行车信息、票务政策、服务资讯,开设乘客信箱等。城市轨道交通运营企业应设有乘客服务中心,开通咨询、投诉热线,安排专人接听电话,解答乘客问题,解决乘客投诉事件。在车站客服中心、站厅等安排人员提供现场问询服务。

投诉事件是城市轨道交通企业不希望发生的事情,一旦发生就不能回避,应以"严格、认真、主动、高效"的工作作风去处理投诉问题,并从中查找问题原因,扎扎实实地提高服务工作质量。只有这样,才能将坏事变为好事,从根本上减少投诉。

为了不断改进运营服务工作,提高运营服务质量,切实维护城市轨道交通的声誉,服务部门必须加强对投诉工作的管理。

《城市轨道交通客运服务规范》(GB/T 22486—2022)对客运服务人员受理投诉工作要求做到:

1年内有效乘客投诉率应小于或等于百万分之三,有效乘客投诉回复率应为100%。

有效乘客投诉率为有效乘客投诉次数与客运量之比,计算公式为:

$$有效乘客投诉率 = \frac{有效乘客投诉次数}{客运量} \times 100\%$$

有效乘客投诉回复率为已经回复的有效乘客投诉次数与有效乘客投诉次数之比,计算公式为:

$$有效乘客投诉回复率 = \frac{已经回复的有效乘客投诉次数}{有效乘客投诉次数} \times 100\%$$

有效乘客投诉应在接到投诉之日起,7个工作日内回复,超过7个工作日按未回复处理。

一、乘客投诉的原因及有效处理投诉的意义

1. 乘客投诉产生的原因

当乘客乘坐城市轨道交通时,对出行本身和企业提供的服务质量、服务设施、服务环境等都抱有良好的愿望和期望,如果这些愿望和期望得不到满足,就会失去心理平衡,由此产生"讨个说法"的行为,这就产生乘客投诉。广义地说,乘客任何不满意的表现都可以看作乘客投诉。简单来说,乘客投诉就是乘客对感知到的服务不满意。

2. 有效处理投诉的意义

乘客投诉就像医生在免费为城市轨道交通企业提供诊断,让企业能够充分了解自身的

不足与问题所在,以便管理者对症下药,改进技术和服务,避免引起更大的失误,从而树立良好的企业形象,吸引更多的乘客成为城市轨道交通的忠诚乘客。乘客投诉往往蕴含着非常有价值的信息,是城市轨道交通企业管理者和乘客之间的沟通桥梁。正确认识、妥善处理投诉是良好的企业形象和一流企业管理水平的体现。

(1)有效地维护城市轨道交通企业的形象。

有效处理投诉可以将投诉所带来的不良影响降至最低,从而有效地维护城市轨道交通企业的形象。

(2)挽回乘客对城市轨道交通企业的信任。

有效处理投诉可以挽回乘客对城市轨道交通企业的信任,使企业的良好口碑得到维护和巩固。可能由于企业的服务有问题,从而产生投诉,此时应尽力找到妥善的处理方式,展现轨道交通处理问题的诚意,最终能挽回乘客对企业的信任。

(3)及时发现问题并留住乘客。

有一些乘客投诉,实际上并不是抱怨服务的缺点,而是讲述他对服务的一种期望,或者是他真正需要的服务类型。这样的投诉能给城市轨道交通企业提供一个发展的参考意见,如果能很好地处理这类投诉,那么企业就能赢得这类乘客的心。

二、乘客投诉的分类

1. 按投诉的影响范围、程度划分

乘客投诉按投诉的影响范围、程度分为一般投诉、重大投诉。

一般投诉是指乘客对轨道交通运营服务质量、服务设施、服务环境进行的投诉,经查实为运营方人为责任的事件。

重大投诉是指乘客对轨道交通运营服务质量、服务设施、服务环境进行的投诉,经查实为运营方人为责任,造成严重后果的事件;或被媒体曝光,造成较大的社会影响,经了解情况属实的事件。

用语不当造成乘客误会事件

2. 按投诉的内容划分

乘客投诉按投诉的内容可分为以下几类:

(1)规范服务类投诉。

这类投诉是指车站工作人员违反工作标准,使用服务忌语、服务态度生硬、未按操作规程处理而引起乘客不满,造成的投诉。

案例 5-1

服务态度生硬导致乘客投诉

一名83岁乘客与其51岁的女儿携带3件行李在A站下车准备换乘。该乘客急需去洗手间,便向工作人员询问。工作人员了解情况后,告知乘客洗手间在非付费区,同意其出站后再进站继续乘车。乘客出站后,并未找到洗手间,便沿原路返回准备从出站闸机再次进站,工作人员告知乘客应从进站闸机进入。乘客表示不满,提出应对年老体弱者提供便利,与该工作人员理论。工作人员表示自己是执行公司规定,乘客须绕行到进站闸机后进站。乘客不理解,并表示要投诉。随后,另一名工作人员过来与乘客沟通许久,乘客表示对后一位工作人员的服务满意,但无法接受第一位工作人员的态度。

上述案例中,工作人员服务态度生硬,且没有遵循"重点乘客重点关注"的服务理念。老年乘客年龄较大,在得知老年乘客的如厕需求后,应主动带领乘客如厕,并带领乘客从近路返回,尽量为老年乘客提供便利。

案例 5-2

服务标准不统一,引乘客投诉

某日,乘客从 A 站携带长约 2m 的直筒状物品经过安检处,该站的安检人员对乘客未进行阻拦。乘客自行通过闸机前往站台,站台站务员也并未阻止,乘客便乘车离开。当乘客到达 B 站换乘时却被工作人员拦下,表示其携带的物品超长,乘客与工作人员理论,工作人员执意拒绝其继续乘车,乘客无奈离站。乘客认为两个车站执行标准不一致,进行投诉。

上述案例中,前一个车站没有严格执行乘客携带物品进站标准,导致乘客携带超长物品进站乘车,带来安全隐患的同时,也影响了乘客的出行计划和出行体验。城市轨道交通服务工作要严格执行服务标准,并一以贯之。

(2)列车运行类投诉。

这类投诉是指车辆、设施设备故障或其他突发事件造成列车不能正常运行,影响服务质量或相应善后处理欠缺造成乘客意见的投诉;司机在列车运行过程中,违反工作标准、操作规程,工作失误引起乘客不满,造成的投诉。

案例 5-3

列车未播放广播,引乘客投诉

一名乘客乘坐轨道交通外出办事,不想轨道交通列车上既没有语音报站,车厢内的电子报站牌也是黑屏,乘客因此坐过了站,出了轨道交通车站,转乘公交才到达目的地。事后乘客打电话进行投诉。

列车设施设备出现故障,要第一时间告知乘客,并采取补救措施。

(3)乘车环境类投诉。

乘车环境包括站、车卫生,站、车设施设备两方面内容。站、车卫生投诉是指车站管辖范围及车厢卫生状况差引起乘客投诉;站、车设施设备投诉是指站、车设备故障以及服务设施故障等,给乘客带来不便,造成的投诉。

乘客被扶梯夹乃事件

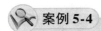 **案例5-4**

过闸体验不好引发投诉

李女士通过武汉市市长专线反映，每天早上她都要使用地铁"Metro新时代"App扫码进站，该应用经常出现故障，要么无法进站，要不就是无法出站，影响上班效率。武汉轨道交通公司回复，经核实，该乘客的手机扫码无法正常进出站主要原因是手机型号不兼容。虽然能成功生成乘车码，但在手机型号不兼容情况下仍然无法成功进出站。

乘客乘车体验不好，可能是各方面的原因导致的，城市轨道交通企业要积极核查原因。属于城市轨道交通企业原因导致的不良体验，要及时改进，诚恳致歉；不属于城市轨道交通企业原因导致的不良体验，也要耐心解释，获得乘客谅解。

(4) 票款差错类投诉。

这类投诉是指工作人员工作失误、违反操作规定和程序，造成票款差错引起的投诉。

 案例5-5

售票员充值时未进行确认，充值失误引乘客投诉

乘客持100元面值的现金为储值卡充值，售票员没有确认就直接进行100元充值。乘客称只充值50元，要求退还50元。售票员以系统不支持退款拒绝为其退还多充值费用。乘客不满意其解释，对该售票员进行投诉。

本案例中，售票员没有根据"售票岗售票充值一次作业程序"进行作业，没有进行二次确认就直接充值，这是造成本次投诉的直接原因。当乘客对充值不满意时，售票员没有诚恳致歉并解决问题，而是推诿责任。在工作中，要时刻牢记服务理念，用心为乘客服务。

(5) 其他投诉。

除以上类型投诉外，还有如站内商业网点产品质量问题、服务质量问题、乘客伤亡等投诉。

 案例5-6

乘客误会受惊，报警求助

某轨道交通车站站台站务员在站台巡视时发现有多名学生倚靠站台门，上前劝说无果后与学生乘客发生争执，随后站台站务员用对讲机呼叫站厅站务员到站台协助。站厅站务员赶到站台进行劝阻后，1名学生避开工作人员打110报警。此时，客运值班员和值班站长均赶到站台，客运值班员见这名学生在下行方向的扶梯处大声吵嚷，便走过去，用手搭上学生的肩膀，想把他拉到人少的地方，这名学生认为客运值班员的行为有恐吓意味并再次打110催促公安到场处理。后经公安调解这名学生取消了110立案离去。

服务乘客时，要注意方式方法，尽力避免与乘客发生争执。对乘客违规行为进行劝阻时，要注意方式方法，减少乘客抵触心理。同时，在与乘客沟通过程中，减少不必要的肢体接触，避免乘客误会。

3. 按乘客投诉表达方式划分

乘客投诉按乘客投诉表达方式可分为来信投诉、电话投诉、口头投诉、媒体上投诉。

4. 按投诉的责任划分

乘客投诉按责任是否属于城市轨道交通运营企业一般可分为有责乘客投诉和无责乘客投诉两大类。

(1) 有责乘客投诉。

在城市轨道交通运营服务中,员工服务、设施设备、环境卫生、治安、城市轨道交通政策等方面的不足或其他原因引起乘客投诉,造成一定程度负面影响或乘客利益损害,相关部门或人员负有责任的,称为有责乘客投诉。有责乘客投诉按事件的性质及产生后果的轻重,又可以分为一类有责投诉、二类有责投诉和三类有责投诉。

(2) 无责乘客投诉。

无责乘客投诉一般包括两种情况。一是自然灾害等不可抗拒因素导致服务矢误而引起的投诉。对于这种投诉,城市轨道交通运营企业应该加大应急事件的处理力度。二是乘客自身原因引起的投诉。对于这种投诉,城市轨道交通运营企业应该加强对乘客的宣传。

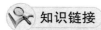 **知识链接**

广州地铁有责乘客投诉的内容

1. 一类有责乘客投诉

由下述情况引起的乘客投诉列为一类有责乘客投诉:

(1) 服务工作中未能运用服务知识与技巧;

(2) 不及时放置警示牌,误导乘客;

(3) 不主动维持乘客购票和候车秩序;

(4) 没能礼貌、耐心解答乘客的问题及帮助有困难的乘客;

(5) 出售储值票,未请乘客确认显示屏上的金额;

(6) 客车门故障暂停使用,没有张贴停用标志;

(7) 不按规定播放广播或播放不及时;

(8) 接到乘客求助3min内未能赶赴现场;

(9) 运营时间出入口关闭没有粘贴"安民告示";

(10) 车站公告栏的内容与实际运营不符。

2. 二类有责乘客投诉

由下述情况引起的乘客投诉列为二类有责乘客投诉:

(1) 对乘客投诉的调查弄虚作假或隐瞒不报;

(2) 与乘客发生争执、拉扯的行为;

(3) 列车清客时,未做好广播及解释工作;

(4) 末班车未提前做好广播;

(5) 对乘客违反规定的行为不给予制止;
(6) 在岗位时干私事;
(7) 提前关站或延误开站时间在 10min 以内;
(8) 对乘客讲斗气、喧人、训斥、顶撞的话;
(9) 列车清客时,工作人员用东西敲打车厢,扒拉乘客。

票务中心找零不足造成乘客投诉:
(1) 员工找错钱、卖错票,金额在 10 元以下(作弊行为不在此列);
(2) 同一部门相同内容的投诉在 3 个月内达 3 次以上(时间以第一次投诉计起);
(3) 治安问题引起的投诉;
(4) 列车行驶不平稳,造成乘客受伤;
(5) 员工失误,错误引导乘客或造成经济损失在 10 元以下的;
(6) 无理拒绝乘客的合理要求;
(7) 未及时更换票筒、钱箱,导致 AFC 设备中断服务;
(8) 不及时疏导乘客,造成拥挤。

3. 三类有责乘客投诉

由下述情况引起的乘客投诉列为三类有责乘客投诉:
(1) 对乘客有推、拉、打、踢等粗暴行为;
(2) 讥笑、谩骂乘客,讲有辱乘客自尊心和人格的话;
(3) 捉弄、欺瞒乘客的行为;
(4) 员工工作失误,造成乘客经济损失达 10 元及以上;
(5) 提前关站或延迟开站时间达 10min 及以上;
(6) 利用乘客资料采取不同形式骚扰、恐吓他人;
(7) 工作中有舞弊行为,使乘客利益受损;
(8) 其他因轨道交通服务设备设施故障,造成乘客利益严重受损或给乘客带来较大的不便。

三、投诉处理相关文件与原则

1. 投诉处理相关文件

(1) 国家标准《投诉处理指南》(GB/T 17242—1998)。
(2)《城市轨道交通运营管理规定》(交通运输部令 2018 年第 8 号)。
(3) 当地城市颁布的城市轨道交通运营管理办法。
(4) 当地城市颁布的城市轨道交通运营安全管理办法。

2. 投诉处理原则

(1) 乘客投诉的调查处理工作要及时、客观、公正。
(2) 贯彻"投诉无申辩"的原则;贯彻"谁主管,谁负责"的原则;贯彻"一级对一级负责"

的原则。

(3)处理乘客投诉应遵循"四不放过"原则,即投诉原因分析不清不能放过、责任人和其他员工没有受到教育不能放过、没有制定防范整改措施不放过、领导责任没有追究不放过。

(4)处理投诉必须牢固树立"乘客至上,服务为本"以及双赢的思想。

(5)正确处理投诉首先应遵循先处理情感后处理事件的原则,即做到站在乘客的角度加以理解,站在第三者的角度加以评价,站在企业的角度加以讲解。

(6)在受理投诉的时候,做到态度亲切,语言得体,依章解释,按时回复。

四、投诉职责分工

为了充分发挥社会对城市轨道交通运输服务质量的监督、检查作用,规范服务质量投诉处理过程,使乘客的投诉得到及时、有效、合理的处理。城市轨道交通运营企业对投诉的处理应该有明确的职责分工。

(1)公司领导对重大投诉的处理应进行指导并批示。

(2)运营部负责依据交通运输部颁布的《城市轨道交通运营管理规定》、轨道交通所在城市颁行的相应城市轨道交通运营管理及安全法规、规章组织处理重大和涉及多部门的投诉,并对相关部门的投诉处理工作进行指导、协调、监督和检查;收集各种信息,调查、核实、落实责任,做出处理和现场反馈;接到乘客投诉时,属立即处理的投诉,负责将投诉内容及时传递相关部门,属一般投诉填写"电话投诉记录单"转相关部门;负责解释各种故障引起的乘车延误和各种硬件设施维修不当引起的乘客投诉。

(3)车站负责对发生在轨道交通车站现场的乘客投诉进行处理。

(4)其他相关部门负责处理本部门的投诉。及时处理上级或相关部门转来的与本部门相关的投诉和本部门范围内的投诉并建立记录,调查原因,进行处理,并归类分析,制定和实施相应的纠正措施。

五、预防投诉

乘客投诉管理工作中,最重要的环节在于投诉预防工作,所谓防范胜于救灾,重视乘客投诉预防,将乘客不满降到最少,充分利用最前端的资源解决问题,可以避免问题的升级和企业的实际投入。

预防投诉的具体措施有:提高服务设施的合理、便民、系统等性能,充分体现"以人为本"的服务理念;提高服务人员的服务水准和业务技能;定期总结分析乘客投诉案例,了解乘客的服务需求,分析服务工作的不足之处,从规章制度、人员服务、设备和设施、沟通反馈等方面入手,制定针对性整改措施,提升服务水平;另外,在突发的紧急情况下,为避免乘客猜测引起的不安和恐慌,突发事件一旦出现,应该首先通过广播、告示等途径向乘客解释,尽可能地告知其事故原因,冷静处理和应对事故,满足乘客的知情权,这样可有效预防乘客的投诉。

全体站务人员应具备预防服务冲突的两种优良品质,即宽容大度、与人为善。

1.处理问题时应注意的方式、方法

(1)易地处理:将乘客请至房间内或僻静处处理,照顾乘客的自尊心。

(2)易人处理:必要时,交给其他站务员或值班站长处理。
(3)易性处理:原则性与灵活性有机结合。

2. 工作中应避免讲的话

顶撞、教训乘客的话不说;埋怨、责怪乘客的话不说;口头话、粗话不说;刺激乘客的话不说。

乘客与工作人员冲突事件

3. 工作中应避免的行为

(1)对乘客问询不准不理不睬。
(2)对违反城市轨道交通有关规定的乘客,不准有推、拉、拽行为。
(3)罚款时,不准收钱不给凭证。
(4)城市轨道交通原因造成乘客伤害时,不准推诿扯皮。

案例 5-7

站务员工作散漫引起的投诉

一名乘客在某站自动售票机买票,发现自动售票机上显示"无找零"字样,便想寻求站务员帮助。此时,他发现在自动售票机不远处有一名站务员,手里拿着一沓零钱,便上前说明情况。该站务员带着耳机,似乎在听歌曲,手指还在打着节拍。面对乘客兑零的诉求,站务员并没有礼貌回应,而是一声不吭地拿过乘客的 10 元纸币,并把他手里准备好的钱往乘客手里一塞,随即便转身走人。乘客不满,打电话投诉了该站务员。

站务员上岗时,应停止一切与工作无关的事情,全身心投入服务工作中。轨道交通服务要求"五心"——诚心、细心、热心、耐心、恒心。诚心为首,只有诚心诚意为乘客服务,才能自觉抵制"戴耳机听歌"的违规行为,主动热情地为乘客服务。

任务 5.2 投诉处理要点、程序与技巧

一、妥善处理投诉的六大要点

1. 态度真诚地接待乘客

为了解乘客所提出的问题,接待者必须认真地听乘客叙述,让乘客感受到被重视。接待者要注视乘客,不时地点头示意,让乘客明白"车站的工作人员在认真听取我的意见",而且要不时地说:"我理解,我明白,一定认真处理这件事情。"

为了使乘客逐渐消气息怒,接待者可以用自己的语言重复乘客的投诉或抱怨内容,若遇到非常认真的乘客,在听取乘客意见时,还应做一些记录,以表示对乘客的尊重及对反映问题的重视。

2. 对乘客表示同情和歉意

接待者首先要让乘客了解，你非常关心他的情况。如果乘客在谈问题时表现得十分认真，应不时地对乘客表示同情，如："我们非常遗憾，非常抱歉地听到此事，我们理解您现在的心情……"

如果车站对乘客提出的抱怨或投诉事宜负有责任，或者车站应予以一定赔偿，这时车站就要向乘客表示歉意，并说："我们非常抱歉，我们将对此事负责，感谢您对我们车站提出的宝贵意见。"

3. 根据乘客要求决定采取措施

接待者要完全理解和明白乘客为什么抱怨和投诉；同时，当决定要采取行动纠正错误时，接待者一定要让乘客知晓并认可企业打算采取的处理决定和具体措施内容。

如果乘客不知道或不同意这一处理决定，就不要盲目采取行动。首先要十分有礼貌地告知乘客将要采取的措施，并尽可能让乘客同意。鉴于各种原因或客观条件限制，乘客的期望可能一时难以满足，或存在一定困难，这时不要简单处理或婉言拒绝，可以真诚地说明情况，征求乘客的意见，调整他的期望值，或者寻找替代方案，使乘客感到服务人员面对困难仍然尽心做出努力，这样才有可能让乘客的抱怨变为同意，并使乘客产生感激的心情。例如，可以按下列的方式征求乘客对所采取改正措施的同意：

"××先生，我将这样去做，您看是否合适？"

"××女士，我将这样去安排，您是否满意？"

4. 感谢乘客的批评指教

接待者应经常感谢那些对城市轨道交通服务水平提出批评、指导意见的乘客，因为这些批评、指导意见（或投诉）会协助企业提高管理水平和服务质量。

若乘客遇到不满意的服务，他不向车站反映，也不做任何投诉，而是将经历讲给其他乘客或朋友听，这样就会极大地影响城市轨道交通的声誉和形象。当车站遇到乘客的批评、抱怨甚至投诉的时候，不但要表示欢迎，而且要表示感谢。

5. 快速采取行动，补偿乘客投诉损失

当乘客完全同意接待者所采取的改进措施时，要立即予以实施，一定不要拖延时间。耽误时间只能进一步引起乘客不满，因为高效处理就是对乘客的最大尊重，否则就是对乘客的漠视。

6. 落实、监督、检查补偿乘客投诉的具体措施

处理乘客投诉并获得良好效果，最重要的一环便是落实、监督、检查已经采取的纠正措施。首先，要确定改进措施的进展情况；其次，要使服务水平及服务设施均处在最佳状态；最后，用电话问明乘客的满意程度。对待投诉乘客的最高恭维，莫过于对他的关心。许多对城市轨道交通怀有感激之情的乘客，往往是那些因投诉问题得到妥善处理而感到满意的乘客。

投诉乘客的最终满意程度，主要取决于服务人员对他公开抱怨后所采取的特殊关怀和关心的程度。另外，车站所有管理人员和站务员必须确信，乘客，包括那些投诉的乘客，都是有感情的，也是通情达理的。城市轨道交通的广泛赞誉及其社会名气来自城市轨道交通企业服务人员的诚实、准确、细腻的感情及勤奋服务。

值得一提的是,在处理投诉的过程中,服务人员会遇到不同类型的乘客,这时应当随机应变、灵活处理。例如,处理发怒型乘客的投诉一定要保持冷静,态度要沉着、诚恳,语调要略低,要和蔼、亲切,因为服务人员举动激烈会使乘客受影响而变得更激动。要让乘客慢慢静下来,应当以听取乘客述说问题和表示歉意为主。在乘客平静下来以后,他自然会主动要求和服务人员谈谈处理意见,这时让乘客得到安慰和适当补偿一般都可以解决问题。

二、乘客投诉处理程序

乘客的投诉可由车站值班站长、站长及相关部门进行处理。

在处理乘客投诉时,一般分三个阶段七大步骤:处理情绪阶段、解决问题阶段、最后阶段。

1. 处理情绪阶段

(1) 接受:不要把投诉看成个人的得失,用平和的语气对乘客表达有解决问题的诚意,用恰当的语言化解乘客的怒气。

(2) 道歉:对乘客造成的不便表示诚心道歉。

(3) 确认:重视乘客的感受,请求乘客谅解并对乘客表示愿意帮忙。

2. 解决问题阶段

(1) 分析:专心聆听乘客的投诉,收集和分析资料,通过询问了解事情的来龙去脉。

(2) 解决:在职权范围内寻求解决方法和建议,若乘客不接受,尝试其他解决方法。

(3) 协议:重新确定乘客已协定的解决方案。

3. 最后阶段

保证:向乘客表达关心,并表示愿意帮忙,同时感谢乘客提出投诉。

 知识链接

投诉中的蝴蝶效应

20世纪70年代,美国一位名叫洛伦兹的气象学家提出了著名的蝴蝶效应理论。打个比方,南美洲亚马孙河流域热带雨林中一只蝴蝶偶尔扇动几下翅膀,所引起的微弱气流对地球大气的影响可能随时间增长而增强,两周后甚至可能在美国得克萨斯州引起一场龙卷风。

初始条件十分微小的变化经过不断放大,对其未来状态会产生巨大影响。我们可以用在西方流传的一首民谣对此做形象的说明。这首民谣说:丢失一个钉子,坏了一只蹄铁;坏了一只蹄铁,折了一匹战马;折了一匹战马,伤了一位骑士;伤了一位骑士,输了一场战斗;输了一场战斗,亡了一个帝国。马蹄铁上一个钉子丢失,本是初始条件十分微小的变化,因"长期"效应却使一个帝国灭亡。

纵观所处理过的乘客投诉,无一不是由最初的简单小事发展而来。"一个乘客会把他的不满告诉身边的5个人,而这5个人又会把这件事情告诉身边的10个人。"这句服务行业中的知名理论足以证明,可能由服务第一阶段的一丁点失误而产生很大的效应。

我们先来看两个例子。

案 例 一

某市地铁在2008年换成了新版纸质车票,并且车票由原来一个月内有效改为当日有效,此举是为了防止假票的使用。但是,车票票面上用极小的字写着"车票当日有效",字体不显著,字号也小于票面其他文字,并且车站售票处等位置没有明确提示信息来说明车票当日有效。2008年4月,1名乘客持有1张地铁车票进站时,被检票人员告知该票已过期,要重新购买1张车票,当时乘客要求检票人员提供相应依据,并要求值班站长负责解决问题。值班站长拿过车票说车票当日有效,称该乘客车票已过期,因为地铁车票已换成绿色,该乘客持有的车票颜色为褐色。该乘客要求值班站长出示有关文件,当时值班站长态度极为恶劣,拒绝归还车票,并把乘客带到A站西厅,在处理此事时大喊大叫,随后用电话请示有关领导继续扣留乘客车票,并要求报警。当乘客提出要向有关媒体反映时,该工作人员置之不理,其间还用手指点乘客。

在值班站长既不处理问题又不归还车票的情况下,乘客拨打了110报警,随后两名警察来处理此事,可此时该值班站长却不见踪影,整个过程都不出面说明问题。在长达一个多小时的处理过程中,民警已经很清晰地了解了情况,并要求该站工作人员将车票退还乘客并赔礼道歉。

该乘客对车站的值班站长服务态度非常不满,认为地铁的条款和车票的设计都不合理,继续向城市轨道交通企业投诉,并表示会根据事态进展向有关媒体进行反映,保留采取进一步的法律手段维护本人合法权益。

案 例 二

某乘客23:00进入地铁站,通过自动售票机购买地铁票时3号线的票可以购买,于是支付了5元钱买票,之后准备搭乘2号线去换乘站换乘3号线回家。在地铁站等候列车进站的时间足足有5min。当该乘客到达换乘站的时候已经是11:16,地铁站广播提示3号线已经停运,向站台服务员咨询得知3min之前也就是11:13,地铁3号线最后一班车已经离开该换乘站。该乘客无奈,只能出站选择其他交通工具。因为只坐了一半,该乘客去票务处要求把剩下的那段距离的费用退回来。票务处的工作人员在乘客陈述完情况之后表示:地铁站内有循环广播,乘客因个人原因没有听到广播;乘客应该要知道地铁的运行时间,晚点或者误点应该自己承担责任;乘客买了票之后发生事情要自己承担后果。

最后,在乘客说要通知媒体记者过来了解和调查时,工作人员才同意去解决事情,之前一直在争执和推脱责任,并没有致歉。该工作人员服务态度恶劣,说话不负责任,引起乘客强烈的不满,致使乘客继续向其他部门投诉,甚至进一步投诉到了省市消费者协会,最后地铁有关部门通过各方面的协调处理,多次走访,与乘客协商处理好此事,但此时已耗费了大量的人力、物力。

不难看出,在上面的两个例子中,蝴蝶效应起到了明显作用。最初受理业务或者办理业务的站务员可能都没有意识到错办一项业务或者多说一句话会产生多大的影响,但是，事情发展到最后，凭一个普通站务员的个人能力已经无法解决事情。在工作中减少客户投诉，降低由小变大的客户投诉产生的比例，避免蝴蝶效应的出现，应该从以下几个方面做好工作。

1. 良好的后台支撑是减少客户投诉的关键

根据调查数据，后台支撑原因产生的乘客投诉占到了60%以上。后台支撑包括快捷方面、计费方面、公司政策方面等。快捷方面是指乘客选择一种交通工具时，在价格基本一致的情况下，首先考虑的是快捷、顺利地完成出行。

完善的计费系统应给予乘客充分的保证。现阶段，一个普通的乘客，在满足出行需求后，要求城市轨道交通运营企业提供一个稳定的计费系统，这其中就包括计费是否正确、透明，乘客是否对计费有信任感。有相当大的一部分投诉就是乘客对计费系统的怀疑所产生。而此类投诉一旦产生，企业处理起来就会有相当大的难度，最终处理的结果大多是为客户减免各项多收或者错收的费用，但是这并不能让乘客满意，甚至在一定程度上降低了乘客对城市轨道交通运营企业的信任感。特别是减免费用后，必须避免再次出现类似情况，如果同一个乘客两次遇到计费有误或不清楚的情况，他对城市轨道交通运营企业的信任感就会完全丧失，而对于此类乘客而言，其他的交通方式会是更佳的选择。

后台支撑一个更重要的方面就是公司的政策。政策是从城市轨道交通运营企业角度出发还是从乘客角度出发，会产生完全不同的效果。部分运营企业出台各项新的政策不对乘客告知，或者告知后缺乏具体内容，漏洞百出。

因此，有一个良好的后台支撑是减少乘客投诉的关键所在，是避免产生蝴蝶效应的必由之路。防微杜渐，不要亡羊补牢。

2. 站务员从自身出发，将提高服务水平落实到行动上

一般而言，一个投诉产生的原因主要有两方面：第一，乘客对公司方决策不满意；第二，站务员服务质量问题。因此，有效地解决乘客投诉，站务员要从自身出发，落实到行动上，而不是简单地把提高服务水平挂在口头上。避免自身工作失误造成漏办或错办业务，对相关问题解释不清造成乘客投诉。从思想上重视乘客，而不是每天把"乘客至上，服务为本"的服务理念挂在嘴边，乘客来反映问题时不能冷面相对，多站在乘客的角度上思考问题。

处理投诉要及时，不要拖而不决，减少投诉处理的环节和人员。有很多的时候，乘客投诉升级是因为问题没有得到及时、有效的解决。悬而不决，并不是处理问题的方法，只是回避问题的一种措施，而此举往往只会增加乘客对于此事的期望值，使得乘客投诉由于人为因素而自然升级。

与乘客交心沟通，处理问题时因人而异，关键在于处理问题，而不是解释问题，适宜的方式、方法可以让乘客投诉处理事半功倍。了解乘客投诉的目的和要求，从而有的放矢。同时，还必须注意，有效地减少乘客投诉的环节和处理人员可以有效地提高问题处理成功的概率。乘客所要投诉的问题多向一个人倾诉一遍，他的期望值就会自然升高，所希望得到的回报也就更大，因此必须认真落实所要求的"首问负责制"。

司马迁的《史记·太史公自序》中就曾提到"失之毫厘,谬以千里"这句话,这一古训和蝴蝶效应的现代科学理论都告诫我们:要特别注意初始条件、初始状态、基本理论出发点上的微小差别,要对这方面的微小差别保持高度的敏感性。因此,对于乘客投诉应保持谨慎的态度,从各方面避免蝴蝶效应带来的影响,最终通过有效沟通取得乘客的理解,减少小事处理不当造成的乘客投诉。

三、投诉处理的技巧

1. 当乘客对设施设备进行投诉时的处理技巧

(1)车站员工按规定先查看设备,如设备正常向乘客说明当时设备状况和自己处理权限,争取乘客理解。

(2)如乘客不满意,值班站长请乘客到会议室并在"乘客投诉处理表"上记录事情经过,并让乘客签名确认。

(3)向乘客说明因车站无法处理,会将此事交由公司相关部门处理,查询电话为服务总台电话。如乘客要求答复期限,则告诉乘客将在3天内答复并在"乘客投诉处理表"上注明。

(4)事后马上将事情经过传真至服务总台并将此事交班。

2. 当乘客对公司政策进行投诉时的处理技巧

(1)员工向乘客解释此为公司政策规定,作为公司员工必须按政策操作,无权改变公司政策,希望乘客谅解。

(2)如乘客不满意可建议乘客向服务总台反馈意见或由值班站长在"乘客意见记录表"上记录乘客的建议。乘客提建议后值班站长要多谢乘客的宝贵建议并说明车站会马上向上级部门反馈。

(3)将乘客投诉内容用电话向服务总台反馈。

3. 当乘客对员工服务态度进行投诉时的处理技巧

(1)车站员工接到乘客对员工服务态度的投诉时马上报车站值班站长。值班站长接报后马上到现场。

(2)如乘客已走,值班站长要如实地进行调查,并将情况报分部网络负责人。

服务态度差
顶撞乘客

(3)如乘客在现场,值班站长采用易人易地的方式,请乘客到会议室了解具体情况。

(4)如经调查,确认员工无责任,要耐心向乘客解释,争取乘客谅解。

(5)如经调查,确认员工有责任,值班站长对当事员工进行教育并根据乘客要求向乘客道歉,并请求乘客谅解。

(6)如当时无法调查原因,值班站长在"乘客投诉处理表"上记录事情经过,并让乘客签名确认,并承诺在3天内回复乘客调查结果。车站要在3天内由站长亲自回复乘客调查结果。

(7)乘客资料只能由值班站长和站长掌握。

（8）调查结果要电话通知分部网络负责人。

4．当乘客向你进行投诉时的处理技巧

（1）当乘客向任何岗位的车站员工投诉时，车站员工要面向乘客回答，不能应付乘客。

（2）如自己无法处理或工作忙时，马上报值班站长处理，并礼貌向乘客说明"请稍候，车站负责人会来解决此事"。值班站长接报后要在2min内到现场。

（3）如乘客在投诉后离开，员工要马上将事情报值班站长。值班站长调查此事员工是否有责任，如无责任马上报服务总台说明此事，如有责任车站报分部网络负责人并将调查报告上交。

5．当乘客无理取闹或进行无理投诉时的处理技巧

（1）员工遇到乘客无理取闹时，当事员工报告值班站长，保持克制，不与乘客争执、对骂并保护自己，防止乘客打人。

（2）值班站长到场后让当事员工回避，对乘客要以理服人，并防止过多乘客围观。

（3）如乘客打了员工，值班站长寻找目击证人，报公安乘客打人，并将乘客送公安处理。

（4）车站接到乘客的无理投诉时，报服务总台说明事情缘由。

任务实施

根据任务单，完成实训任务15 投诉处理实训。

练习题

一、填空题

1．乘客投诉按投诉的影响范围、程度分为_____、_____。

2．投诉按责任是否属于城市轨道交通运营企业一般可分为_____、_____。

3．轨道交通企业1年内有效乘客投诉率应小于或等于_____，有效乘客投诉回复率应为_____。

4．乘客投诉的调查处理工作要_____、_____、_____。

5．将乘客请至房间内或僻静处处理，给乘客面子，称为_____。

二、选择题

1．有效乘客投诉应在接到投诉之日起，（　　）个工作日内回复，否则按未回复处理。
A．3　　　　　　B．5　　　　　　C．7　　　　　　D．14

2．车站工作人员违反工作标准，使用服务忌语、服务态度生硬、未按操作规程处理而引起乘客不满，造成的投诉，属于（　　）。

  A．规范服务类投诉　　　　　　　　B．列车运行类投诉

  C．乘车环境类投诉　　　　　　　　D．票款差错类投诉

3. 工作人员工作失误、违反操作规定和程序,造成票、款差错引起的投诉属于(　　)。
   A. 规范服务类投诉　　　　　　　　B. 列车运行类投诉
   C. 乘车环境类投诉　　　　　　　　D. 票款差错类投诉
4. 列车设备故障,服务设施故障,给乘客带来不便,造成的投诉属于(　　)。
   A. 规范服务类投诉　　　　　　　　B. 列车运行类投诉
   C. 乘车环境类投诉　　　　　　　　D. 票款差错类投诉
5. 司机在列车运行过程中,违反工作标准、操作规程,工作失误引起乘客不满,造成的投诉属于(　　)
   A. 规范服务类投诉　　　　　　　　B. 列车运行类投诉
   C. 乘车环境类投诉　　　　　　　　D. 票款差错类投诉

三、简答题

1. 什么叫乘客投诉?
2. 投诉的分类有哪些?
3. 投诉处理的原则是什么?
4. 怎么预防投诉?
5. 妥善处理投诉的六大点是什么?
6. 投诉的处理程序是什么?
7. 当乘客对公司政策进行投诉时,该如何处理?
8. 当乘客对员工服务态度进行投诉时,该如何处理?
9. 当乘客无理投诉时,该如何处理?
10. 当乘客投诉你本人时,该如何处理?

项目6

城市轨道交通客运服务质量监督

项目描述

任何服务工作都需要质量监督,城市轨道交通服务也是如此。有监督,才能保障乘客利益,提升服务质量。本项目主要是要帮助学生掌握服务质量标准的制定,以及如何进行城市轨道交通服务质量评价、监督和改进。

教学目标

知识目标

1. 熟悉服务质量标准化的内容。
2. 掌握服务质量标准化的制定依据和原则。
3. 掌握服务质量评价的内容和评价指标计算方法。

能力目标

1. 能根据服务质量公式计算服务质量。
2. 具备设计"乘客满意度评价"问卷的能力。
3. 能根据评分细则评价服务保障能力和运营服务关键指标。

素质目标

建立标准化意识,建立评价意识,提升服务质量意识。

任务6.1　城市轨道交通服务质量标准

要对城市轨道交通服务质量进行评价和监督,首先要了解城市轨道交通服务质量标准。城市轨道交通服务质量标准,即在为乘客提供服务的范围内,对服务的质量明确提出应该达到的,并能够检验的和可重复使用的规则、指导性文件,是运输企业在为乘客提供服务时的准则和依据。制定和实施服务质量标准,目的在于实现质量管理制度化、科学化,确保运输安全,明确运输企业和乘客的权利与义务等。

服务质量标准不仅是城市轨道交通企业向社会提供和承诺的可监控、可考核的服务产品性能的指标,而且是运输企业规划建设、设施设备的配备、管理条例、工作流程和规章规范,以及工作人员(尤其是一线服务人员)素质和工作方法标准。这种标准化管理方法的核心,是以服务工作中大量出现的重复作业方法为对象,以现行的规章制度为依据,在服务工作实践的基础上,协调一致地制定并实施服务质量标准。通过建立一套质量控制体系,将他控、自控和互控结合起来,将预先控制、现场控制和事后控制结合起来,实现质量管理的制度化、科学化。

一、服务质量标准化内容

城市轨道交通服务质量标准化是对服务质量进行标准化管理,即在一定范围内,为使服务获得最佳秩序,服务质量达到最佳效果,对实际的或潜在的问题制定通用的活动规范。它包括标准制定、发布及实施的过程。服务质量标准化,对外可以起到明确服务产品的质量特性、质量标准,以及无形质量有形化的作用,对内可以成为管理和控制设施设备的配置、各项服务工作的有效手段。从定义中可以了解到,城市轨道交通服务质量标准化有以下几方面的内容。

1. 标准化对象

标准化的对象就是城市轨道交通各项服务内容本身,即针对服务过程中的各个环节和过程、内容、质量制定相应的标准。例如,车站保洁服务过程、车站导乘服务、投诉处理服务等方面都是可以进行标准化的实体。标准化也可以针对影响城市轨道交通服务质量的软、硬件和人员因素进行。例如,服务设施设备数量、质量标准,服务流程标准,一线服务人员仪表、态度、语言等标准。对这些服务,在不同的时间和空间共同的和重复发生的事情或概念,找出它们的最佳状态,定成标准,加以统一,就可以使它们得到优化或达到节省重复劳动、提高工作效率的目的。

2. 标准化领域

城市轨道交通服务标准化的领域涉及服务的各个方面,它不仅仅局限于服务活动中的一线员工的工作标准,而且可以扩展到服务管理、技术支持及服务技术支持的后台工作目标和前期规划设计等领域。城市轨道交通服务标准是以规范和明确的各环节服务质量为起点,提出明确的服务活动管理手段和方法,包括实现服务标准必须进行的日常运输工作中的组织、调度和调整方案的工作目标,以及必须配备的工作环境和手段等。例如为保证达到安全、准确的服务标准,必须有相应的安全、可靠的硬件设施设备,并且在日常管理和生产工作中有准确的服务理念和与此适应的运输调度、运输调整方案的制定与执行等。可以说服务质量标准贯穿于服务的全过程,涉及运输的各环节、各部门、各领域。

3. 标准化过程

城市轨道交通服务质量标准化过程包括各项服务环节和领域达到标准化状态的全部活动及其过程,可分为标准制定、发布和实施。这是一个不断循环、优化、螺旋式上升的运动过程。每完成一个循环,标准的水平就提高一步,城市轨道交通服务质量也完成一次质的飞跃。

4. 标准化本质

标准化的本质就是统一,就是在混乱中建立秩序。有序就是统一,城市轨道交通服务质量标准化就是用确定的标准将其所提供的各种服务统一起来。

5. 标准化目的

城市轨道交通服务质量标准化的目的在于追求一定范围内的最佳秩序,并且服务质量达到最佳效果,以期获得最佳的社会效益和经济效益。有序化以及最佳的社会效益和经济效益是城市轨道交通服务质量标准化的出发点,也是衡量标准化活动的根本依据。

二、服务质量标准制定依据

城市轨道交通企业应以"为乘客提供满意的服务"为出发点,制定与企业经营理念相符合的优质服务质量标准。从制定标准的理论和标准的执行层面上讲,其主要依据包括客流需求、城市轨道交通服务理念、企业经营市场环境、服务企业的技术和生产特征等内容。

1. 客流需求

城市轨道交通服务以满足客流需求为出发点,不同的出行目的、消费水平以及出行时间,使得乘客对城市轨道交通企业提供服务的需求和服务质量的要求存在差异。城市内(或市郊)的交通,主要为城市居民的生产和生活出行提供交通服务,应该根据各条线路的地理位置、吸引范围和乘客特征等,提出适当的服务内容及服务形式的标准来规范相应的服务。

2. 城市轨道交通服务理念

城市轨道交通企业的服务理念决定了该项服务的市场定位和主要吸引的客流群体,乘客的需求特征和层次也将随之确定。如主要面向市郊景区的城市轨道交通服务与市内通勤的服务应有明显的差异。在服务标准的内容上,市郊景区的城市轨道交通在硬件设施的配备标准、管理规范等各方面应注意保证乘客乘车的舒适性,可设立较多的座椅,同时车体可进行个性化设计,而主要针对市内通勤的城市轨道交通应更注重快捷性和方便性。

3. 企业经营市场环境

企业经营的市场环境包括人口、政治、法律、经济、文化等宏观环境和行业竞争环境。城市轨道交通一般处于最繁忙的运输通道上,是城市交通的骨干,尤其在特大型城市,城市轨道交通作为市内快速交通的主要干线,应该与其他交通方式协调配合。

首先,城市轨道交通服务质量标准随着企业宏观环境的变化而修订。其次,城市轨道交通企业在制定服务质量标准时,不仅要以乘客的需求、服务理念及经营环境为依据,还要考虑同行业其他运输方式的服务质量标准。例如,市郊线的城市轨道交通可参考铁路的市郊列车。城市轨道交通企业在制定服务质量标准时不仅会受到同行业的影响,也会受到不同行业的服务标准的影响。

4. 服务企业的技术和生产特征

服务企业的技术和生产特征也是影响其服务质量标准制定的一个重要方面。客流需求、服务理念及企业经营市场环境是决定运输企业服务质量标准制定的主观依据,是外界对企业的一种要求,而服务企业本身的技术和生产特征是质量标准制定的客观依据。前者是乘客、社会对企业的要求,后者是企业自身能力的一种表现。城市轨道交通企业向乘客提供的优质服务的质量目标必须具有与之相匹配的技术装备,如列车、信号与控制系统,以及综合调度系统、完善的客服系统等。

三、服务质量标准制定原则

乘客在接受服务时,会根据服务的品牌形象调整他们的期望。为了提供最优质的服务,城市轨道交通企业必须制定优质的交通服务标准。目标管理界著名的"SMART原则"同样适用于城市轨道交通服务标准的制定。"SMART"是指服务标准的明确性(specific)、可衡量性(measurable)、可实现性(achievable)、与乘客的需求相吻合(relevant to customers)和及时性(timely)。

1. 明确性原则

明确性原则是指服务质量标准必须明确。如"站外引导标志应设置在轨道交通车站周边"就不够明确。如《城市轨道交通客运服务规范》(GB/T 22486—2022)规定:"在城市轨道交通车站外800m范围内提供清晰、明确、设置合理、引导连续和统一的城市轨道交通导向标志"。另如,列车客室噪声限值应符合城市轨道交通列车噪声限值和测量方法(GB 14892—2006)的规定,也是对服务质量标准非常明确的规定。

2. 可衡量性原则

可衡量性原则是指服务质量标准用定量来表示。如《城市轨道交通客运服务规范》(GB/T 22486—2022)规定"城市轨道交通全天的运营时间应不低于15h",这就是一个明确的可衡量性的标准。

3. 可实现性原则

可实现性原则是指服务质量标准要合适、可操作,过高的标准会打击服务人员的积极性。如不能要求服务设施设备的可靠率为100%,乘客投诉率为0等。制定城市轨道交通服务质量标准远不只意味着确立目标,而是设计一个可实现的工作过程,并且使之彰不断地进行下去,这也包括对现在的服务工作方式进行一次根本的格式调整。

4. 与乘客需求相吻合原则

与乘客需求相吻合原则是指城市轨道交通服务质量标准的尺寸和范围应该以乘客的需求为中心,这是交通服务质量标准中最重要的特点。运输企业应该充分研究乘客心理,制定出既符合自身技术经济特性,又能够体现自身优势并得到乘客认可的标准体系。如要求"在车站出入口、售票处等地公示本车站首末车时间","每列车中至少设置一处轮椅专用位置并配置相应的抓握或固定装置"等。

5. 及时性原则

及时性原则是指为乘客提供服务的反应应及时。优质服务不仅是为了帮助乘客出行所采取的行动,也包括能否及时地提供服务,这是乘客感知和评价服务质量的重要参考。所以制定的服务质量标准应该有目标并且有明确的时间限制。如《城市轨道交通客运服务规范》(GB/T 22486—2022)规定:"对于公众的建议,运营单位应及时处理,并适时进行回复;对于乘客投诉,运营单位应在7个工作日内处理完毕,并将处理结果告知乘客,做好说明和解释工作。"

任务6.2 服务质量评价

一、服务质量评价管理

为规范城市轨道交通服务质量评价工作,推动城市轨道交通服务质量提升,根据《国务院办公厅关于保障城市轨道交通安全运行的意见》(国办发〔2018〕13号)、《城市轨道交通运营管理规定》等有关要求,交通运输部公开发布了《城市轨道交通服务质量评价管理办法》,该办法在2022年7月进行了修订。城市轨道交通服务质量评价坚持以乘客为中心,遵循公平、公正、公开的原则。

1. 服务质量评价单位及办法

城市轨道交通服务质量评价以线路为单位开展。

城市轨道交通运营单位(以下简称运营单位)的服务质量得分,以其所辖线路的服务质量得分按各线路客运量加权平均后,根据运营单位工作表现情况加减分,再按所辖线路规模进行系数调整。对于发生严重延误、重大故障等事项的要予以减分,对于发生淹水倒灌等造成人员伤亡的线路直接记零分。

城市轨道交通线网的服务质量得分,以城市线网所有线路的服务质量得分按各线路客运量加权平均后,再按城市线网规模进行系数调整。

2. 服务质量评价内容

城市轨道交通服务质量评价应当依照《城市轨道交通服务质量评价规范》要求开展,评价内容包括乘客满意度评价、服务保障能力评价及运营服务关键指标评价3个部分。

(1)乘客满意度评价应当通过面访调查、网络调查、电话调查等方式开展。

(2)服务保障能力评价应当通过实地体验、资料查阅、数据调取、人员询问、现场测试等方式开展。

(3)运营服务关键指标评价涉及的数据应当符合有关规定,有条件的城市应当通过智能管理系统直接获取。

服务质量评价工作完成后,评价实施单位应当及时出具评价报告,并对评价报告负责。评价报告应当包括评价工作基本情况、评价结果、存在的主要问题和整改建议等内容。

3.服务质量评价结果

(1)城市轨道交通运营主管部门应于次年1月底前将年度服务质量评价报告书面报送城市人民政府,并抄送相关部门,为建立与运营安全和服务质量挂钩的财政补贴机制提供决策依据。

(2)运营单位应当将服务质量评价结果纳入部门和人员日常工作评价、考核体系。鼓励运营单位建立与服务质量评价结果挂钩的薪酬管理制度。

(3)城市轨道交通运营主管部门应当将评价结果及发现的问题及时通报运营单位,督促运营单位采取有效措施,提升服务质量。运营单位应当及时向城市轨道交通运营主管部门报送问题整改报告。对于规划建设等遗留问题,暂不具备整改条件的,应当在整改报告中详细说明原因,并通过技术、管理等措施加以改进,在保障运营安全的基础上不断提升服务质量。

(4)城市轨道交通运营主管部门应当及时向社会公布服务质量评价结果。

二、服务质量评价规范

交通运输部制定的《城市轨道交通服务质量评价规范》对服务质量评价的具体分值核算、乘客满意度、服务保障能力、运营服务关键指标等方面进行了具体的规范要求。

1.评价分值标准

城市轨道交通服务质量评价包括乘客满意度评价、服务保障能力评价和运营服务关键指标评价,基准分值为1000分。其中,乘客满意度评价分值为300分,服务保障能力评价分值为300分,运营服务关键指标评价分值为400分。

2.评价计算公式

(1)线路服务质量评分。

线路服务质量评价得分为该线路乘客满意度评价、服务保障能力评价和运营服务关键指标评价得分之和,再视情核减扣分。计算方法见式(6-1)。

$$SQ_i = SP_i + SS_i + SI_i - R_i \tag{6-1}$$

式中:$i = 1,2,3,\cdots,I$,I 为城市所辖线路总数;

SQ_i——第 i 条线路服务质量评价得分;

SP_i——第 i 条线路乘客满意度评价得分;

SS_i——第 i 条线路服务保障能力评价得分;

SI_i——第 i 条线路运营服务关键指标评价得分;

R_i——第 i 条线路服务质量评价核减扣分。出现以下情形的(地震、洪涝、气象灾害等自然

灾害及其他不可抗力因素导致的除外),应进行核减扣分:

①发生 5min 以上(含)15min 以下延误事件的,每起减 5 分;

②发生 15min 以上(含)30min 以下延误事件的,每起减 10 分;

③连续中断行车(指线路中有 2 个及以上车站或区间发生行车中断)30min 以上(含)2h 以下的,每起减 20 分;

④发生一般运营突发事件的,每起减 50 分;

⑤发生较大及以上等级运营突发事件的,该线路当年服务质量评价得分记为零分。

(2)运营单位服务质量评分。

运营单位服务质量评价得分,以其所辖线路的服务质量评价得分按各线路客运量加权平均后,根据运营单位工作表现情况加减分,再按所辖线路规模进行系数调整。计算方法见式(6-2)。

$$SQ_{单位} = \gamma \cdot \left(\frac{\sum SQ_i \times P_i}{\sum P_i} + B - S \right) \tag{6-2}$$

式中:$i = 1, 2, 3, \cdots, I_{单位}$,$I_{单位}$ 为运营单位所辖线路总数。

$SQ_{单位}$——运营单位服务质量评价得分。

γ——调整系数。运营单位所辖线路运营里程在 300km 以内,γ 取 1;所辖线路运营里程在 300(含)至 500km 之间,γ 取 1.03;所辖线路运营里程在 500km(含)以上,γ 取 1.05。

SQ_i——运营单位所辖的第 i 条线路服务质量评价得分。

P_i——运营单位所辖的第 i 条线路年度客运量。

B——加分项。因完成政府政策性任务,或者积极组织参加抢险救灾、应急保障等具有较大社会影响的活动,运营单位获得省级及以上人民政府或交通运输部表彰表扬的,每项加 10 分;获得城市人民政府或省级交通运输主管部门表彰表扬的,每项加 5 分;获得城市轨道交通运营主管部门表彰表扬的,每项加 3 分。班组和个人因运营管理工作突出,获得省级及以上人民政府或交通运输部表彰表扬的,每项加 1 分。总加分上限为 50 分。因同一事项获得多项表彰表扬的,按照奖项级别最高的计算一次,不重复加分。

S——减分项。运营单位对行业管理政策执行、重大活动保障等职责不履行或履行不到位的,每发生 1 次,在运营单位当年服务质量评价得分中核减 10 分。

(3)城市线网服务质量评分。

城市线网服务质量评价得分,以城市线网所有线路评价得分按各线路客运量加权平均后,再根据城市线网规模进行系数调整。计算方法见式(6-3)。

$$SQ_{线网} = \gamma \cdot \frac{\sum SQ_i \times P_i}{\sum P_i} \tag{6-3}$$

式中:$i = 1, 2, 3, \cdots, I$,I 为城市所辖线路总数;

$SQ_{线网}$——线网服务质量评价得分;

γ——调整系数。城市线网运营里程在 300km 以内,γ 取 1;城市线网运营里程在 300(含)至 500km 之间,γ 取 1.03;城市线网运营里程在 500km(含)以上,

γ 取 1.05;

SQ_i——城市所辖的第 i 条线路服务质量评价得分;

P_i——城市所辖的第 i 条线路年度客运量。

3. 乘客满意度评价细则

乘客满意度评价总分 300 分,包括进出站、环境与秩序、设施运行、换乘、咨询、投诉、安全感等 7 个评价指标,具体评价内容见表 6-1。

乘客满意度评价内容　　　　　　　　表 6-1

评价指标	服务要求	分值(分)
进出站	进出站指引等信息清晰醒目;购、检票方便快捷;安检工作规范有序,通过顺畅	60
环境与秩序	环境整洁、通风良好、温度适宜;候车乘车秩序良好,无乞讨卖艺、散发小广告等行为	60
设施运行	乘客信息服务、电(扶)梯等服务设施完好、使用正常;列车运行准时、平稳、噪声低;无障碍和人性化设施完备、运行良好	60
换乘	换乘方便快捷、秩序良好	30
咨询	工作人员态度友好、答复准确	30
投诉	投诉渠道畅通、回复及时满意	30
安全感	进出站、候车、乘车等全过程感觉安全可靠	30
总分	—	300

根据乘客满意度评价内容设计调查问卷。调查问卷采用满意、一般、不满意 3 级文字量表,分值系数分别对应 1、0.5、0。

乘客满意度调查样本量应综合乘客总体特征、调查结果精度、调查时间和费用等因素合理确定,每条线路调查样本量不应低于该线路日均客运量的 1‰,且最低不少于 400 份;调查站点应不少于该线路站点总数的 50%,并覆盖该线路换乘车站、常态化限流车站以及日均进站量最大车站等。调查时段应覆盖高峰和平峰运营时段。

乘客满意度得分为各评价指标得分之和。各评价指标得分为全部有效乘客问卷中该指标得分的算术平均值。

4. 服务保障能力评价细则

城市轨道交通服务保障能力评价总分为 300 分,包括进出站、问询、购检票、候车、乘车和基础保障等 6 个一级指标,一级指标下设二级指标。具体评价内容见表 6-2。

服务保障能力评价内容　　　　　　　　表 6-2

一级指标	二级指标	分值(分)	服务要求	评分规则
进出站	标志标识	5	进出站引导标识清晰、醒目、连续、规范	1. 车站出入口附近主要路段没有城市轨道交通导向标志,或没有站名、线路名称、出入口编号等进出站引导标识标志的,扣 5 分; 2. 导向标志或者站名、线路名称、出入口编号等进出站引导标识标志,未满足清晰、醒目、连续、规范要求的,每处扣 1 分

续上表

一级指标	二级指标	分值（分）	服务要求	评分规则
进出站	乘车信息	10	乘车指引和告知信息清晰醒目	未在车站醒目位置提供乘车注意事项、本站首末车时间、周边公交换乘信息、无障碍设施指引，或未张贴禁止、限制携带物品目录的，每处扣2分
		5	非正常运营信息告知及时	未通过广播、告示、网络等提供出入口封闭、严重影响乘客出行的故障，以及限流、封站、甩站、暂停运营等信息的，每处扣1分
	客流组织	15	客流流线规划合理，进出站顺畅	1. 出站客流与进站客流发生严重交叉、对冲的，每处扣1分； 2. 客流流线设计不合理，导致出入口客流严重拥堵的，每处扣2分； 3. 车站出入口通道、楼梯破损（超过100 cm²）或堆放杂物影响乘客通行的，每处扣1分； 4. 恶劣天气情况下，未在车站出入口通道采取防滑、防寒等措施或安排人员进行疏导的，每次扣1分
问询	设施	5	问询设施服务正常*	1. 车站未设置人工问询点或自动查询设备的，每次扣1分； 2. 问询点未标示现时工作状态的，每次扣1分
	人员	10	服务热情、用语规范	1. 答复询问时，未使用普通话的，每次扣1分（乘客提问时使用方言或外语的除外）； 2. 答复询问时，未使用文明用语或使用服务忌语的，每次扣2分； 3. 工作人员在岗期间从事与工作无关的事项，每次扣2分； 4. 服务人员态度恶劣或答复敷衍的，每次扣2分
		5	着装整洁，佩戴服务标志	1. 服务人员着装不整洁规范的，每人次扣1分； 2. 服务人员未佩戴服务标志的，每人次扣1分
购检票	购票	5	乘客购票方便快捷，售票（卡）、充值迅速准确	1. 未提供人工售票服务或者乘客有需要时未提供人工辅助购票服务的，扣2分； 2. 售票点正常运行的售票机不足两台的，每处扣2分； 3. 售票机故障时未有告示的，每处扣1分； 4. 乘客购票出现15人以上排队或排队时间超过5min的，每处扣1分； 5. 售票（卡）、充值、验票、收款与找赎出现错误的，每次扣1分
		5	与其他线路换乘时不重复购票	与线网内其他线路换乘时（不具备物理连通条件的除外）需重复购票的，扣5分
	检票	5	检票便捷有序	1. 每组进出站检票机群具备使用条件的通道少于2个的，每处扣1分； 2. 检票机不具备紧急放行功能的，每处扣1分； 3. 检票机故障未有告示的，每处扣1分； 4. 车站未配置宽通道检票机或无障碍检票机的，每处扣1分； 5. 乘客检票出现10人以上排队或排队时间超过2min的，每处扣1分

续上表

一级指标	二级指标	分值（分）	服务要求	评分规则
候车	广播和乘客信息系统	10	广播清晰、准确、规范，乘客信息系统运行正常*	1. 站台未广播排队候车、安全乘车信息的，每处扣1分； 2. 列车进站时未广播列车到站和开行方向的，每处扣1分； 3. 不能进行人工广播的，每处扣1分； 4. 乘客信息系统运行不正常或不能提供动态运营信息的，每次扣2分
	接发车	5	接发列车规范*	1. 需接发列车的，站台服务人员未按规定接发列车的，每次扣1分； 2. 车控室工作人员未按规定监视列车运行和乘客上下车状态的，每处扣1分
	巡视	10	站台巡视规范，主动向有需要的乘客提供服务*	1. 未按规定定期巡视站台区域内的消防设备、乘客信息服务设备、自动售检票设备、标志标识、照明设备、电（扶）梯、站台门状态、站台候车椅等服务设施设备或记录不完备的，每处扣1分； 2. 高峰时段或客流剧增期，未安排人员有序疏导客流的，每次扣1分； 3. 未对乞讨卖艺、散发小广告等情况及时有效劝阻的，每次扣1分； 4. 有乘客需要帮助，未及时提供帮助的，每次扣1分
	自动扶梯	5	自动扶梯功能良好、运行正常	1. 自动扶梯无故不能正常运行的，每处扣2分； 2. 自动扶梯没有明确的运行方向指示的，每处扣1分； 3. 自动扶梯两端未配备紧急停止开关的，每处扣1分； 4. 自动扶梯旁没有安全提醒的，每处扣1分
	站台门	5	站台门功能良好、运行正常*	1. 站台门不能正常运行的，每处扣2分； 2. 站台门声光报警装置不能正常运行的，每处扣1分； 3. 站台门未安装防撞贴条或者张贴警示标识的，每处扣1分
	卫生	10	环境良好、整洁卫生	1. 天花板、墙面、地面出现严重掉漆、掉灰、残旧等现象或者有明显尘土、污渍、印迹的，每处扣1分； 2. 有垃圾、污物、乱涂乱画及小广告的，每处扣1分； 3. 下雨、结构性漏水等原因导致地面有明显积水的，每处扣2分
		5	卫生间正常使用，定期清洁，无明显异味	1. 卫生间无故不提供服务的，每处扣2分； 2. 卫生间有厕位不能正常使用或者不能正常冲洗，每处扣1分； 3. 卫生间有明显的垃圾、污物、乱涂乱画、小广告、积水、杂物堆放（工具摆放区除外）的，每处扣1分； 4. 卫生间有明显异味的，每处扣1分
	空气和温度	5	通风良好，温度适宜*	1. 通风系统不正常，出现使乘客难以忍受的空气环境的，每处扣2分； 2. 出现使乘客难以忍受的温度环境的，每处扣2分

续上表

一级指标	二级指标	分值（分）	服务要求	评分规则
候车	照明	5	照明良好	1. 无照明或者亮度影响通行的，每处扣3分； 2. 灯具异常闪烁的，每处扣1分
	噪声	5	噪声在可接受范围内	列车进出站时噪声异常刺耳，使乘客难以忍受的，每处扣1分
	标志标识	5	标志标识清晰、醒目、规范	1. 未设置引导乘客有序上下车标识的或者标识不清晰、醒目、规范的，每处扣1分； 2. 未设置换乘导向标识或者标识不清晰、醒目、规范的，每处扣1分； 3. 未明示禁入区域并设置警示标识的，每处扣1分； 4. 标志标识有明显翘角、缺损影响信息正确显示的，每处扣1分； 5. 广告、商业设施、宣传品等遮挡标志标识、指示牌、公告、通告等服务设施，或影响其使用的，每处扣1分
乘车	列车进站	5	列车进站停车、开关门作业规范	1. 列车未按规定进站对位停车的，每次扣1分； 2. 关门作业时司机未进行瞭望确认的，每次扣1分
	标志标识	5	列车安全设施警示标识清晰、醒目、规范	1. 乘客紧急报警装置、紧急解锁装置、安全锤、灭火器等安全设施的警示标识未满足清晰、醒目、规范要求的，每处扣1分； 2. 安全设施警示标识有明显翘角、缺损的，每处扣1分
		5	提供线网示意图和本线线路图	未在车厢提供城市轨道交通线网示意图和本线线路图的，每处扣1分
	列车广播和信息提示	10	列车广播清晰、准确、规范，乘客信息系统运行正常	1. 列车到站时未广播到达车站或者需要开另侧车门未广播告知的，每处扣1分； 2. 列车启动后未广播前方到站信息的，每处扣1分； 3. 列车运行故障或临时停车时，未及时广播告知乘客、安抚乘客情绪的，每处扣1分； 4. 车载乘客信息系统运行不正常，或不能提供动态运营信息的，每次扣2分
	开关门	5	开关门提醒正常	开关车门时，无声音提醒或无警示灯提醒的，每处扣1分
	座椅和扶手	5	座椅完好，扶手数量充足	1. 座椅有损坏，不能正常使用的，每处扣1分； 2. 无特殊乘客优先座椅或无明显标识的，每处扣1分； 3. 扶手数量不足或设置高度不合理的，扣1分
	轮椅专用位置	5	列车设置轮椅专用位置，并有抓握或固定装置	1. 列车未设置轮椅专用位置的，每处扣1分； 2. 轮椅专用位置无抓握或固定装置的，每处扣1分
	空气和温度	10	通风良好，温度适宜	1. 通风系统不正常，出现使乘客难以忍受的空气环境的，每处扣2分； 2. 出现使乘客难以忍受的温度环境的，每处扣2分

续上表

一级指标	二级指标	分值（分）	服务要求	评分规则
乘车	照明	5	照明正常，备有紧急照明	1. 车内无照明的或照明亮度明显不足的，每处扣3分； 2. 灯具异常闪烁的，每处扣1分； 3. 无紧急照明的，每处扣2分
乘车	噪声	5	噪声在可接受范围内	1. 列车运行时噪声异常刺耳，乘客难以忍受的，每处扣2分； 2. 车厢内有关移动电视等设备音量过大影响乘客乘车的，扣1分
乘车	卫生	5	车厢服务设施定期清洁消毒	1. 未按规定对服务设施定期清洁消毒或者记录不完备的，每处扣1分； 2. 起点站驶出的列车地面有垃圾、污物的，每次扣1分； 3. 车厢内座椅、扶手、内墙、玻璃及通风口明显积灰的，每处扣1分
基础保障	基础制度	20	服务管理制度完善	1. 未建立服务质量管理、票务管理、环境卫生管理、信息发布、乘客遗失物保管和招领等基本服务管理规章制度的，每缺失一项扣2分； 2. 未制定客伤处理、大客流等运营突发事件应急预案，或客运安全管理制度不健全的，扣10分； 3. 未建立自动售检票、电（扶）梯、站台门、通风空调等维修保养制度，或维修保养记录缺失的，每缺失一项扣2分
基础保障	人员管理	10	岗位职责和标准明确	1. 未制定岗位职责和工作标准的，扣5分； 2. 未严格执行岗位职责和工作标准的，每次扣1分
基础保障	人员管理	5	人员教育培训到位	1. 未制定年度教育培训计划的，扣2分； 2. 未开展教育培训或教育培训记录缺失的，每次扣2分
基础保障	客运组织	15	客运组织方案合理*	1. 未制定客运组织方案或不满足"一站一方案"的，扣5分； 2. 未根据列车运行图、车站设施设备和人员配备情况要求及时调整客运组织方案的，扣5分； 3. 未按规定针对乘客伤亡、火灾、大客流等情形及时组织开展应急演练的，扣5分
基础保障	服务承诺	5	公布服务质量承诺	1. 未公布服务质量承诺的，扣5分； 2. 服务质量承诺未包括列车正点率、列车运行图兑现率、有关客运服务设施可靠度、有效乘客投诉回复率等内容的，每缺失一项扣1分
基础保障	服务承诺	5	运行图备案	1. 未将运行图报城市轨道交通运营主管部门备案的，扣5分； 2. 运行图调整严重影响服务质量，未及时向城市轨道交通运营主管部门说明理由，每次扣3分
基础保障	服务承诺	5	服务质量承诺备案	1. 未将服务质量承诺报城市轨道交通运营主管部门备案的，扣5分； 2. 未定期向城市轨道交通运营主管部门报告服务质量承诺履行情况的，每次扣3分

续上表

一级指标	二级指标	分值(分)	服务要求	评分规则
基础保障	服务投诉处理	15	投诉受理渠道畅通,处理及时	1.未建立投诉受理处理制度的,扣5分; 2.未设置服务监督(投诉处理)机构的,扣5分; 3.未公布服务监督电话或服务监督机构通信地址的,每次扣1分; 4.未能在接到乘客投诉后7个工作日内回复的,每次扣2分
	服务考核和改进	15	服务考核机制健全,持续改进服务质量	1.未建立企业服务监督考核机制或未将考核结果纳入日常工作考核的,扣5分; 2.未针对行业主管部门通报、企业日常检查、乘客集中反映等暴露的服务质量问题及时制定整改措施或措施落实不到位的,每项扣2分
总计		300		—

注:标*的评价内容和指标,各地可根据实际情况确定是否适用于有轨电车。确定不适用的,不予计分,线路得分以实际计分分值按满分300分等比例折算。

开展服务保障能力评价工作应组成不少于7人的评价组,评价组成员应当与被评价对象无隶属关系或利害关系,其中至少4人具有5年以上(含)城市轨道交通运营管理相关工作经历。

服务保障能力评价应设计抽样方案,车站样本量不应少于该线路站点总数的20%,并覆盖该线路换乘车站、常态化限流车站以及日均进站量最大车站等;列车样本量不应少于5列次。

服务保障能力得分为评价组各专家评价得分的算术平均值。

5.运营服务关键指标评价细则

1)运营服务关键指标评价内容

城市轨道交通运营服务关键指标评价总分为400分,指标包括行车服务、客运设施可靠性、乘客投诉回应等3个类别。具体评价内容见表6-3。

运营服务关键指标评价内容　　　　表6-3

类别	评价指标	分值(分)	评分规则				
			满分	满分×80%	满分×60%	满分×40%	满分×20%
行车服务	列车运行图兑现率(%)	40	≥99.9	99.5~99.9	99~99.5	97~99	<97
	列车正点率(%)	40	≥99.9	99.4~99.9	98.5~99.4	97~98.5	<97
	列车服务可靠度(万列公里/次)	60	≥30	20~30	8~20	5~8	<5
	列车退出正线运营故障率(次/万列公里)	60	<0.1	0.1~0.2	0.2~0.4	0.4~0.8	≥0.8
	客运强度[万人次/(km·日)]	40	≥1.5	0.7~1.5	0.4~0.7	0.2~0.4	<0.2

续上表

类别	评价指标	分值（分）	评分规则				
			满分	满分×80%	满分×60%	满分×40%	满分×20%
客运设施可靠性	自动充值售票机可靠度(%)	20	≥99.8	99~99.8	98~99	97~98	<97
	进出站闸机可靠度(%)	20	≥99.9	99.5~99.9	99~99.5	97~99	<97
	电(扶)梯可靠度(%)*	20	≥99.9	99~99.9	98.5~99	97~98.5	<97
	乘客信息系统可靠度(%)*	20	≥99.8	99~99.8	98~99	97~98	<97
乘客投诉回应	百万乘客有效投诉率（次/百万人次）	50	<1	1~2	2~3	3~5	≥5
	有效乘客投诉回复率(%)	30	100	95~100	90~95	85~80	<85
	总计	400	—				

注：1. 评价标准有关数值分级区间中，分界点下限含本数，上限不含本数。

2. 标*的评价内容和指标，各地可根据实际情况确定是否适用于有轨电车。确定不适用的，不予计分。线路得分以实际计分分值按满分400分等比例折算。

运营服务关键指标得分为本年度该线路所有评价指标得分之和。

2）运营服务关键指标计算方法

（1）列车运行图兑现率。

列车运行图兑现率是指统计期内，实际开行列车次数与列车运行图规定的计划开行列车次数之比。

列车运行图兑现率的计算方法见式(6-4)。

$$A = \frac{N_1}{N_2} \times 100\% \quad (6-4)$$

式中：A——列车运行图兑现率；

N_1——实际开行列次，即该线路实际开行的列车总列次数(不包含加开列次)，列；

N_2——计划开行列次，即列车运行图中规定的开行列车数量，列。

（2）列车正点率。

列车正点率是指统计期内，正点列车次数与实际开行列车次数之比。

列车正点率的计算方法见式(6-5)。

$$B = \frac{N_3}{N_1} \times 100\% \quad (6-5)$$

式中：B——列车正点率；

N_3——正点列车次数，列。

注：正点列车次数是指在执行列车运行图过程中，列车到达终到站的时刻与列车运行图计划时刻相比误差不大于2min(市域快速轨道交通系统和有轨电车除外)的列车次数。对市域快速轨道交通系统，正点的时间界限值是指列车到达终到站的时刻与列车运行图计划时刻相比误差不大于3min。对于有轨电车，正点的时间界限值是指列车到达终到站的时刻与列车计划时刻相比误差不大于5min。

(3)列车服务可靠度。

列车服务可靠度是指统计期内,全部列车总行车里程与5min(有轨电车为10min)及以上延误次数之比,单位为万列公里/次。

列车服务可靠度的计算方法见式(6-6)。

$$C = \frac{L_1}{N_4} \tag{6-6}$$

式中:C——列车服务可靠度;

L_1——全部列车总行车里程,万列公里;

N_4——5min(有轨电车为10min)及以上延误次数,次。

(4)列车退出正线运营故障率。

列车退出正线运营故障率是指统计期内,列车因发生车辆故障而必须退出正线运营的故障次数与全部列车总行车里程比值,单位为次/万列公里。

列车退出正线运营故障率的计算方法见式(6-7)。

$$D = \frac{N_5}{L_1} \tag{6-7}$$

式中:D——列车退出正线运营故障率;

N_5——导致列车退出正线运营的车辆故障次数,即发生车辆故障导致列车必须退出正线运营的故障次数,次。

(5)客运强度。

客运强度是指统计期内,运营线路中单位运营里程上平均每日承担的客运量,为线路日均客运量与线路运营里程的比值,单位为万人次/(km·日)。

客运强度的计算方法见式(6-8)。

$$E = \frac{N_6}{L_2} \tag{6-8}$$

式中:E——客运强度;

N_6——线路日均客运量,万人次/日;

L_2——线路运营里程,km。

(6)可靠度。

可靠度是指统计期内,自动充值售票机/进出站闸机/电(扶)梯/乘客信息系统实际服务时间与应服务时间之比。

自动充值售票机/进出站闸机/电(扶)梯/乘客信息系统可靠度的计算方法见式(6-9)。

$$F = \frac{T_1}{T_2} \times 100\% \tag{6-9}$$

式中:F——自动充值售票机/进出站闸机/电(扶)梯/乘客信息系统可靠度;

T_1——自动充值售票机/进出站闸机/电(扶)梯/乘客信息系统实际服务时间,h。自动充值售票机实际服务时间包括正常的加票和加币时间;

T_2——自动充值售票机/进出站闸机/电(扶)梯/乘客信息系统应服务时间,h。

(7)百万乘客有效投诉率。

百万乘客有效投诉率是指统计期内,乘客有效投诉次数与该线路进站量之比。

百万乘客有效投诉率的计算方法见式(6-10)。

$$G = \frac{N_7}{N_8} \quad (6\text{-}10)$$

式中:G——百万乘客有效投诉率;

N_7——乘客有效投诉次数,人次,乘客有效投诉是指通过服务热线、网站、媒体、来信等方式投诉,且乘客留下联系方式,经过调查属实的涉及该线路的投诉;

N_8——进站量,百万人次。

(8)有效乘客投诉回复率。

有效乘客投诉回复率是指统计期内,已经回复的有效乘客投诉次数与有效乘客投诉次数之比。

有效乘客投诉回复率的计算方法见式(6-11)。

$$H = \frac{N_9}{N_7} \times 100\% \quad (6\text{-}11)$$

式中:H——有效乘客投诉回复率;

N_9——已经回复的有效乘客投诉次数,是指接到有效乘客投诉之日起 7 个工作日内予以回复的投诉次数,人次。

三、服务质量监督

除了对城市轨道交通服务质量进行评价外,还要对服务质量进行监督,《城市轨道交通客运服务规范》(GB/T 22486—2022)规定:

(1)城市轨道交通服务质量应根据服务质量准则进行评价和改进,评价内容可至少包括有效性、可达性、信息、时间、舒适、环境影响和乘客关怀等方面内容。

(2)运营单位应建立乘客投诉受理、乘客建议收集机制,设置受理和处理乘客投诉的机构和人员,制定乘客投诉受理和处理反馈工作流程,限时向乘客反馈投诉处理结果,并做好相应台账记录。

(3)运营单位应在站厅、站台和列车内醒目位置公布监督投诉电话。

(4)运营单位应通过公众开放日、公共信息平台和监督投诉电话等方式听取乘客代表和公众对城市轨道交通运营服务的建议和投诉。

(5)对于公众的建议,运营单位应及时处理,并适时进行回复;对于乘客投诉,运营单位应在 7 个工作日内处理完毕,并将处理结果告知乘客,做好说明和解释工作。一年内有效乘客投诉率和有效乘客投诉回复率应满足下列要求:

①有效乘客投诉率小于或等于百万分之三;

②有效乘客投诉回复率为 100%。

(6)运营单位宜邀请乘客代表或"常乘客"参与服务质量监督工作。

四、服务质量改进

服务质量评价能有效地发现服务过程中的问题,城市轨道交通运营企业应根据服务质量评价结果,积极进行服务质量改进。《城市轨道交通客运服务规范》(GB/T 22486—2022)规定:

(1)运营单位应制定相应的规章制度,按照《质量管理体系 要求》(GB/T 19001—2016)建立服务质量管理体系。

(2)运营单位应定期进行服务质量内部检查,并将内部检查结果和服务质量评价结果记录或直接用于改进服务质量。

(3)城市轨道交通服务质量评价结果应向社会公布,公布频次应与评价频次一致。

(4)运营单位应对乘客有效投诉进行改进。
①对于服务类投诉应及时查找原因,改进相关服务;
②设备设施类投诉应核实设备设施信息,组织相关单位进行处理;
③规章制度类投诉应进行分析,根据需要修改完善制度。

(5)运营单位应确定每年服务质量目标和服务质量改进计划,对以下内容进行重点改进。
①乘客多次投诉的服务内容;
②通过多种途径收到的公众意见,对城市轨道交通服务质量确有影响的;
③根据服务质量评价和服务提供质量提出应进行改进的服务内容;
④可提升城市轨道交通运营服务水平的新技术、新装备。

> **任务实施**
>
> 根据任务单,完成实训任务16乘客满意度评价实训。

练习题

一、填空题

1. 服务质量标准制定原则中,_____是指服务标准要合适、可操作,过高的标准会打击服务人员的积极性。

2. 服务质量标准制定原则中,_____是指服务标准用定量来表示。

3. 服务质量标准制定原则中,_____是指城市轨道交通服务质量标准的尺寸和范围应该以乘客的需求为中心,这是交通服务质量标准中最重要的特点。

4. 服务质量标准制定原则中,_____是指为乘客提供服务的反应速度。

5. 运营服务关键指标中,_____是指统计期内,实际开行列车次数与列车运行图规定的计划开行列车次数之比。

6. 运营服务关键指标中,_____是指统计期内,正点列车次数与实际开行列车次数之比。

7. 运营服务关键指标中，_____是指统计期内，乘客有效投诉次数与该线路进站量之比。

8. 运营服务关键指标中，_____是指统计期内，已经回复的有效乘客投诉次数与有效乘客投诉次数之比。

9. 运营服务关键指标中，_____是指统计期内，自动充值售票机/进出站闸机/电（扶）梯/乘客信息系统实际服务时间与应服务时间之比。

二、简答题

1. 制定城市轨道交通服务质量的依据是什么？
2. 制定城市轨道交通服务质量要遵循哪些原则？
3. 《城市轨道交通服务质量评价管理办法》中的评价计算公式是什么？
4. 如何对乘客满意度进行评价？
5. 如何对服务保障能力进行评价？
6. 如何评价运营服务关键指标？
7. 对服务质量监督和改进有哪些要求？

参 考 文 献

[1] 潘利,李培锁.城市轨道交通车站客运服务[M].北京:人民交通出版社股份有限公司,2017.

[2] 裴瑞江.城市轨道交通客运服务[M].3版.北京:机械工业出版社,2023.

[3] 涂晓燕,夏刚毅,黄朝福.城市轨道交通服务质量管理[M].成都:电子科技大学出版社,2020.

[4] 国家市场监督管理总局,国家标准化管理委员会.城市轨道交通客运服务规范:GB/T 22486—2022[S].北京:中国标准出版社,2022.

[5] 中华人民共和国国家质量监督检验检疫总局,中国国家标准化管理委员会.城市轨道交通客运服务标志:GB/T 18574—2008[S].北京:中国标准出版社,2009.

[6] 国家市场监督管理总局,国家标准化管理委员会.城市轨道交通运营指标体系:GB/T 38374—2019[S].北京:中国标准出版社,2019.

[7] 中华人民共和国国家质量监督检验检疫总局,中国国家标准化管理委员会.城市轨道交通照明:GB/T 16275—2008[S].北京:中国标准出版社,2009.

[8] 中华人民共和国国家质量监督检验检疫总局,中国国家标准化管理委员会.城市轨道交通车站站台声学要求和测量方法:GB/T 14227—2006[S].北京:中国标准出版社,2006.

城市轨道交通客运服务
（第 2 版）

实训任务单

实训任务1　客运服务工作基础知识准备

专业		班级	
实训类别	□个人实训 □小组实训	姓名	
		小组成员	

一、实训目标

加强对客运服务知识的认识,深入理解客运服务工作内涵。

二、实训要求

分小组收集经典案例,并进行小组讨论,分析案例中所体现的客运服务知识,制作成PPT分享汇报。

三、评分标准

序号	项目	内容	标准	得分(分)	备注
1	客运服务知识	服务分类	正确分析案例中的服务类型(10分)		
		服务要求	确分析案例中的服务体现了哪些服务要求(10分)		
		服务内容	正确分析案例中的服务体现了哪些服务内容(10分)		
		服务目标	正确分析案例中的服务体现了哪些服务目标(10分)		
		工作步骤	正确分析案例中的服务体现了哪些工作步骤(10分)		
		工作原则	正确分析案例中的服务体现了哪些工作原则(10分)		
2	展示效果	PPT制作	PPT制作精美,排版合适,无错别字(20分)		
		现场效果	展示过程自然大方,音量适中,吐字清晰;现场反应好(20分)		
		总分			

四、总结与反思

实训任务2　标准服务用语练习

专业		班级	
实训类别	□个人实训 □小组实训	姓名	
		小组成员	

一、实训目标

熟练掌握城市轨道交通常用的礼貌用语和标准服务用语，给乘客留下专业、良好的第一印象，提升城市轨道交通服务形象。

二、实训要求

自由分组，每组不超过6人，创设一个情境，将各岗位的礼貌用语和标准服务用语融入其中。

三、评分标准

序号	项目	内容	标准	得分(分)	备注
1	情境设置	情节	情境设置真实、合理，不生硬(10分)		
		完整	情境中包含售票岗、厅巡岗、站台岗的服务用语应用场景(10分)		
2	知识正确	售票岗	服务用语正确，标准服务用语不少于3句，语言技巧合适(20分)		
		厅巡岗	服务用语正确，标准服务用语不少于3句，语言技巧合适(20分)		
		站台岗	服务用语正确，标准服务用语不少于3句，语言技巧合适(20分)		
3	整体效果	动作编排	动作一致，神情自然，有连贯性，无笑场，展示内容编排巧妙，构思新颖，有较强的艺术感染力，并能凸显服务特色(10分)		
		现场发挥	表演流畅，现场发挥好，有感染力、吸引力，现场气氛好；整体精神饱满，团队相互协调，配合默契(10分)		
		总分			

四、总结与反思

实训任务3 服务行为练习

专业		班级	
实训类别	□个人实训 □小组实训	姓名	
		小组成员	

一、实训目标

熟练掌握服务行业服务行为要求,正确展示服务站姿、坐姿、行姿、蹲姿等仪态,形成"站如松、坐如钟"的行为习惯,培养窗口意识,体现积极向上的精神风貌。

二、实训要求

自由分组,每组不超过6人,进行礼仪操展示,要求在职业情境当中展示站姿、坐姿、行姿、蹲姿等内容,顺序自编,背景音乐自选。

三、评分标准

序号	项目	内容	标准	得分(分)	备注
1	仪容仪表	表情	笑容有亲和力,唇部上移动,略呈弧形,牙齿稍外露,与眼睛、语言和身体动作相结合。目光热情、友好、诚实、稳重、和蔼。注意注视时间、角度和部位(5分)		
		妆容	女士淡妆,妆容美观、端庄大方,短发不过肩,刘海不遮眉。男士面容干净,剃须,头发前不遮眉、侧不盖耳、后不及领(5分)		
		服饰	服装统一、穿着得当、色彩搭配合理(5分)		
2	仪态	站姿	抬头挺胸,收腹立腰,平视前方,男、女士的手位和脚位摆放合适(10分)		
		坐姿	身体端正舒展,立腰挺胸,神态自然、微笑,入座、离座姿势正确(10分)		
		蹲姿	下蹲时右脚在前,左脚稍后,两腿靠紧向下蹲,不翘臀、不弯腰驼背,整个过程一气呵成(注:左右脚可互换)(10分)		
		行姿	优雅而有风度,轻捷而有节奏,摆臂自然,女士也可采用前搭手位(10分)		
		递物	须双手递送东西,动作大方,不弯腰驼背(10分)		
		手势	手臂自然弯曲,右手或左手抬至一定高度,以肘部为轴,朝一定方向伸出手臂,动作幅度不过大、动作舒展大方(10分)		
		鞠躬	上半身折叠,动作优美、大方(10分)		
3	整体效果	动作编排	动作一致,神情自然,有连贯性,无笑场,展示内容编排巧妙,构思新颖,有较强的艺术感染力,并能凸显服务礼仪特色(5分)		
		现场发挥	表演流畅,现场发挥好,有感染力、吸引力,现场气氛好(5分)		
		团队精神	整体精神饱满,团队相互协调,配合默契(5分)		
			总分		

四、总结与反思

实训任务4 客运服务环境建设

专业			班级	
实训类别		☐个人实训 ☐小组实训	姓名	
			小组成员	

一、实训目标
熟练掌握城市轨道交通车站的卫生环境、人文环境，了解该城市轨道交通企业文化环境。

二、实训要求
自由分组，每组不超过6人，到某一城市轨道交通车站考察其卫生环境、感受车站人文环境及企业文化环境，撰写客运服务环境调查报告。

三、评分标准

序号	项目	内容	标准	得分(分)	备注
1	卫生环境	车站整体卫生环境	调查车站整体环境，包括车站站厅、站台等公共区域卫生情况(10分)		
		车站设施卫生	调查车站设施卫生情况，包括但不限于乘客座椅、不锈钢栏杆、扶手、公告栏、消防设施箱柜等(10分)		
		其他区域卫生	调查其他区域卫生情况，包括但不限于茶水间、洗手间、废物箱、商业网点等(10分)		
		列车卫生	调查列车卫生情况，包括但不限于车厢地板、窗户、立杆、拉环、车顶、车内宣传用品等(10分)		
		服务人员卫生	调查客运服务人员仪容仪表情况(10分)		
		环境保护要求	调查车站站台、列车客室的噪声情况(10分)		
2	人文环境	车站人文装饰	调查车站内的人文装饰，包括但不限于车站文化墙、特色座椅等能体现人文特点的装饰及设施(10分)		
3	企业环境	企业文化	通过现场调查及网络资料，调查企业文化(10分)		
4	调查报告文案	调查报告文案质量	1.调查内容描述清晰、全面、深入(10分) 2.调查报告内容完整，格式正确，详略得当(10分)		
			总分		

四、总结与反思

实训任务5　服务标志实训

专业			班级	
实训类别	□个人实训 □小组实训		姓名	
			小组成员	

一、实训目标

增加对客运服务标志的认识,能掌握不同服务标志的分类和作用,掌握各种服务标志的设置要求。

二、实训要求

分小组到不同城市轨道交通车站收集各种服务标志,并制作成PPT进行展示。

三、评分标准

序号	项目	内容	标准	得分(分)	备注
1	服务标志收集	安全标志	以下标志收集齐全,图片效果好,能说明各个标志的作用及其设置要求(10分): 1. 禁止标志; 2. 警告标志; 3. 提示标志; 4. 消防标志等		
		导向标志	以下标志收集齐全,图片效果好,能说明各个标志的作用及其设置要求(20分): 1. 站外导向标志; 2. 乘车、换乘导向标志; 3. 客运服务设施导向标志; 4. 检票设施导向标志; 5. 站台导向标志; 6. 列车运行导向标志; 7. 出站导向标志; 8. 公共服务设施导向标志		
		位置标志	以下标志收集齐全,图片效果好,能说明各个标志的作用及其设置要求(20分): 1. 城市轨道交通位置导向标志; 2. 车站位置标志; 3. 服务设施标志; 4. 检票设施标志; 5. 站台站名标志; 6. 车门信息标志; 7. 出口位置标志; 8. 公共服务设施标志		
		综合信息标志	以下标志收集齐全,图片效果好,能说明各个标志的作用及其设置要求(20分): 1. 运营时间; 2. 轨道交通线网图; 3. 线路图; 4. 票价表; 5. 站内示意图; 6. 车站所在位置示意图; 7. 实时运营信息; 8. 公告; 9. 无障碍设施标志		
2	展示效果	PPT制作	PPT制作精美,排版合适,无错别字(15分)		
		现场效果	展示过程自然大方,音量适中,吐字清晰;现场反应好(15分)		
			总分		

四、总结与反思

实训任务6 通行设施实训

专业		班级	
实训类别	□个人实训 □小组实训	姓名	
		小组成员	

一、实训目标

提升对自动扶梯、垂直电梯的操作能力,掌握各种通行设施的使用注意事项。

二、实训要求

利用实训室仿真设备或虚拟仿真软件操作各类通行设施,并说出使用各类设施的注意事项。

三、评分标准

序号	项目	内容	标准	得分(分)	备注
1	设施操作	自动扶梯	按规定步骤,完成以下操作(20分): 1. 扶梯运行前准备; 2. 开启扶梯; 3. 关闭扶梯; 4. 转换运行方向		
		垂直电梯	按规定步骤,完成以下操作(10分): 1. 开启电梯; 2. 关闭电梯		
2	设施使用注意事项	楼梯	正确说出使用楼梯的注意事项(10分)		
		自动扶梯	正确说出使用自动扶梯的注意事项(15分)		
		垂直电梯	正确说出使用垂直电梯的注意事项(15分)		
		自动人行道	正确说出使用自动人行道的注意事项(10分)		
		站台门	正确说出站台门的5种控制方式(20分)		
			总分		

四、总结与反思

实训任务7　票务设施设备实训

专业		班级	
实训类别	□个人实训	姓名	
	□小组实训	小组成员	

一、实训目标

提升票务设施设备的操作能力,掌握各种票务设施设备的服务要点。

二、实训要求

分小组收集票务设施设备服务案例,并进行案例演练。

三、评分标准

项目	内容	标准	得分(分)	备注
案例展示	案例选题	剧本台词紧扣主题,语言和谐,内容向上,具有启发性(15分)		
	展现效果	剧情感染力强,展示内容编排巧妙(10分)		
		构思新颖,有较强的艺术感染力(10分)		
		体现正确的票务设施设备操作方法(20分)		
		正确提炼服务要点(20分)		
	展示纪律	进场出场迅速有序,注重礼节,表现得体,说话清楚、标准(10分)		
	案例启发性	能针对案例进行经验技巧总结(15分)		
总分				

四、总结与反思

实训任务8　进出站服务实训

专业			班级	
实训类别		□个人实训 □小组实训	姓名	
			小组成员	

一、实训目标
掌握进出站服务中厅巡岗和安检岗的作业程序及标准,掌握进出站服务内容,学会用标准用语回答乘客问题。

二、实训要求
以小组为单位,收集城市轨道交通企业真实的进出站服务案例,进行演练和分析。

三、评分标准

序号	项目	内容	标准	得分(分)	备注
1	案例展示	案例选题	剧本台词紧扣主题,语言和谐,内容向上,具有启发性(15分)		
		展现效果	剧情感染力强,展示内容编排巧妙,构思新颖,有较强的艺术感染力,并能凸显进出站服务特色(45分)		
		展示纪律	进场出场迅速有序,注重礼节,表现得体,说话清楚、标准(10分)		
2	案例分析	准确性	能准确分析案例中厅巡岗及安检岗的岗位服务标准、服务内容等(15分)		
		启发性	能针对案例进行经验技巧总结(15分)		
		总分			

四、总结与反思

实训任务9　售票服务实训

专业		班级	
实训类别	□个人实训 □小组实训	姓名	
		小组成员	

一、实训目标

掌握售票服务中厅巡岗和售票岗的作业程序及标准,掌握售票服务内容,学会用标准用语回答乘客问题。

二、实训要求

以小组为单位,收集城市轨道交通企业真实的售票服务案例,进行演练和分析。

三、评分标准

序号	项目	内容	标准	得分(分)	备注
1	案例展示	案例选题	剧本台词紧扣主题,语言和谐,内容向上,具有启发性(15分)		
		展现效果	剧情感染力强,展示内容编排巧妙,构思新颖,有较强的艺术感染力,并能凸显售票服务特色(45分)		
		展示纪律	进场出场迅速有序,注重礼节,表现得体,说话清楚、标准(10分)		
2	案例分析	准确性	能准确分析案例中厅巡、售票岗的岗位服务标准、服务内容等(15分)		
		启发性	能针对案例进行经验技巧总结(15分)		
			总分		

四、总结与反思

实训任务 10　检票服务实训

专业			班级	
实训类别	□个人实训 □小组实训		姓名	
			小组成员	

一、实训目标

掌握检票服务中厅巡岗和售票岗的作业程序及标准,掌握检票服务内容,学会用标准用语回答乘客问题。

二、实训要求

以小组为单位,收集城市轨道交通企业真实的检票服务案例,进行演练和分析。

三、评分标准

序号	项目	内容	标准	得分(分)	备注
1	案例展示	案例选题	剧本台词紧扣主题,语言和谐,内容向上,具有启发性(15分)		
		展现效果	剧情感染力强,展示内容编排巧妙,构思新颖,有较强的艺术感染力,并能凸显检票服务特色(45分)		
		展示纪律	进场出场迅速有序,注重礼节,表现得体,说话清楚、标准(10分)		
2	案例分析	准确性	能准确分析案例中厅巡、售票岗的岗位服务标准、服务内容等(15分)		
		启发性	能针对案例进行经验技巧总结(15分)		
			总分		

四、总结与反思

....

....

....

....

....

....

....

实训任务11　候车服务实训

专业			班级	
实训类别	□个人实训 □小组实训		姓名	
			小组成员	

一、实训目标

掌握候车服务中站台岗的作业程序及标准,掌握候车服务内容,学会用标准用语回答乘客问题。

二、实训要求

以小组为单位,收集城市轨道交通企业真实的候车服务案例,进行演练和分析。

三、评分标准

序号	项目	内容	标准	得分(分)	备注
1	案例展示	案例选题	剧本台词紧扣主题,语言和谐,内容向上,具有启发性(15分)		
		展现效果	剧情感染力强,展示内容编排巧妙,构思新颖,有较强的艺术感染力,并能凸显候车服务特色(45分)		
		展示纪律	进场出场迅速有序,注重礼节,表现得体,说话清楚、标准(10分)		
2	案例分析	准确性	能准确分析案例中站台岗的岗位服务标准、服务内容等(15分)		
		启发性	能针对案例进行经验技巧总结(15分)		
		总分			

四、总结与反思

实训任务12　行车服务实训

专业			班级	
实训类别	□个人实训 □小组实训		姓名	
			小组成员	

一、实训目标

掌握行车服务中行车值班员岗和列车司机岗的工作程序及标准,掌握行车服务内容,学会用标准用语回答乘客问题。

二、实训要求

以小组为单位,收集城市轨道交通企业真实的行车服务案例,进行演练和分析。

三、评分标准

序号	项目	内容	标准	得分(分)	备注
1	案例展示	案例选题	剧本台词紧扣主题,语言和谐,内容向上,具有启发性(15分)		
		展现效果	剧情感染力强,展示内容编排巧妙,构思新颖,有较强的艺术感染力,并能凸显行车服务特色(45分)		
		展示纪律	进场出场迅速有序,注重礼节,表现得体,说话清楚、标准(10分)		
2	案例分析	准确性	能准确分析案例中行车值班员岗和列车司机岗的岗位服务标准、服务内容等(15分)		
		启发性	能针对案例进行经验技巧总结(15分)		
		总分			

四、总结与反思

实训任务13 客伤处理实训

专业		班级	
实训类别	□个人实训 □小组实训	姓名	
		小组成员	

一、实训目标

掌握客伤处理的原则、程序及注意事项。

二、实训要求

以小组为单位,收集城市轨道交通企业真实的客伤处理案例,进行演练和分析。

三、评分标准

序号	项目	内容	标准	得分(分)	备注
1	案例展示	案例选题	剧本台词紧扣主题,语言和谐,内容向上,具有启发性(15分)		
		展现效果	剧情感染力强,展示内容编排巧妙,构思新颖,有较强的艺术感染力,并能凸显客伤处理特色(45分)		
		展示纪律	进场出场迅速有序,注重礼节,表现得体,说话清楚、标准(10分)		
2	案例分析	准确性	能准确分析案例中客伤处理的原则、程序及注意事项(15分)		
		启发性	能针对案例进行经验技巧总结(15分)		
			总分		

四、总结与反思

实训任务14　失物处理实训

专业		班级	
实训类别	□个人实训 □小组实训	姓名	
		小组成员	

一、实训目标

掌握乘客失物处理的原则、工作程序,以及认领失物程序和失物存放保管规定。

二、实训要求

以小组为单位,收集城市轨道交通企业真实的失物处理案例,进行演练和分析。

三、评分标准

序号	项目	内容	标准	得分(分)	备注
1	案例展示	案例选题	剧本台词紧扣主题,语言和谐,内容向上,具有启发性(15分)		
		展现效果	剧情感染力强,展示内容编排巧妙,构思新颖,有较强的艺术感染力,并能凸显失物处理特色(45分)		
		展示纪律	进场出场迅速有序,注重礼节,表现得体,说话清楚、标准(10分)		
2	案例分析	准确性	能准确分析案例中失物处理的原则、工作程序,以及认领和存放保管规定(15分)		
		启发性	能针对案例进行经验技巧总结(15分)		
			总分		

四、总结与反思

实训任务15　投诉处理实训

专业			班级	
实训类别	□个人实训 □小组实训		姓名	
			小组成员	

一、实训目标

掌握乘客投诉的分类、处理原则、处理程序和处理技巧。

二、实训要求

以小组为单位,收集城市轨道交通企业真实的投诉处理案例,进行演练和分析。

三、评分标准

序号	项目	内容	标准	得分(分)	备注
1	案例展示	案例选题	剧本台词紧扣主题,语言和谐,内容向上,具有启发性(15分)		
		展现效果	剧情感染力强,展示内容编排巧妙,构思新颖,有较强的艺术感染力,并能凸显投诉处理特色(45分)		
		展示纪律	进场出场迅速有序,注重礼节,表现得体,说话清楚、标准(10分)		
2	案例分析	准确性	能准确分析案例中乘客投诉的分类、处理原则、处理程序和处理技巧(15分)		
		启发性	能针对案例进行经验技巧总结(15分)		
			总分		

四、总结与反思

实训任务16　乘客满意度评价实训

专业			班级	
实训类别		□个人实训 □小组实训	姓名	
			小组成员	

一、实训目标

掌握乘客满意度评价细则,学会调查乘客满意度。

二、实训要求

以小组为单位,根据乘客满意度评价细则,设计调查问卷。

三、评分标准

序号	项目	内容	标准	得分(分)	备注
1	调查问卷内容	进出站	问卷题目包括但不限于以下内容:进出站指引等信息清晰醒目;购、检票方便快捷;安检工作规范有序、通过顺畅(10分)		
		环境与秩序	问卷题目包括但不限于以下内容:环境整洁、通风良好、温度适宜;候车、乘车秩序良好,无乞讨卖艺、散发小广告等行为(10分)		
		设施运行	问卷题目包括但不限于以下内容:乘客信息服务、电(扶)梯等服务设施完好、使用正常;列车运行准时、平稳、噪声低;无障碍和人性化设施完备、运行良好(10分)		
		换乘	问卷题目包括但不限于以下内容:换乘方便快捷、秩序良好(10分)		
		咨询	问卷题目包括但不限于以下内容:工作人员态度友好、答复准确(10分)		
		投诉	问卷题目包括但不限于以下内容:投诉渠道畅通,回复及时、满意(10分)		
		安全感	问卷题目包括但不限于以下内容:进出站、候车、乘车等全过程感觉安全、可靠(10分)		
2	调查问卷设计	完整性	问卷结构完整,问卷题目量适中(15分)		
		准确性	问卷问题表达准确,无歧义;问题之间有逻辑性;七个评级指标的分值分布与教材正文中"乘客满意度评价细则"保持一致(15分)		
			总分		

四、总结与反思